I0818892

POUR UNE RAISON DE LA FOI:
LA THÉOLOGIE

CAHIERS DE LA REVUE THÉOLOGIQUE DE LOUVAIN

39

PUBLICATIONS DE LA FACULTÉ DE THÉOLOGIE
UNIVERSITÉ CATHOLIQUE DE LOUVAIN
LOUVAIN-LA-NEUVE

POUR UNE RAISON DE LA FOI:
LA THÉOLOGIE

Conférences de l'École doctorale en théologie (2006-2008)

éditées par

Éric Gaziaux

Éditions Peeters
Leuven – Paris – Walpole, MA
2011

ISBN 978-90-429-2493-2 (Peeters Leuven)
ISBN 978-2-7584-0123-0 (Peeters France)
ISSN 0771-601X
D/2011/0602/75

Introduction

Ce troisième volume de la collection « Conférences de l'école doctorale en théologie » rassemble les conférences qui y furent prononcées lors des années académiques 2006-2007 et 2007-2008. Elles sont précédées d'une réflexion d'Y. Labbé publiée dans la *Revue théologique de Louvain* en 2009 consacrée au statut de la théologie (« Théologie ecclésiale, théologie universitaire », p.9-39)[1]. Dans cette contribution, Y. Labbé part des thèses de P. Gisel qui invitent les théologiens à s'interroger sur la place de leur recherche dans l'Église et l'Université. A l'encontre d'une position qui réduirait la théologie à une théorie de la religion censée relier à une transcendance indéterminée les phénomènes étudiés par les sciences des religions, Y. Labbé fait le choix d'une théologie comprise comme herméneutique de la foi, fondée sur l'événement christologique et construite en interdisciplinarité. C'est parce que la théologie est confessante et critique qu'elle peut être à la fois ecclésiale et universitaire. Ainsi, Y. Labbé privilégie-t-il un modèle dialogal plutôt qu'un modèle libéral ou un modèle intégral, pour caractériser le statut social de la théologie. Ce modèle requiert une implication forte des enseignants et des chercheurs et l'avenir de la théologie ne peut être assuré que si les disciplines théologiques continuent à entretenir un dialogue entre elles. Ce dialogue entre les disciplines théologiques ainsi qu'entre la théologie et d'autres « rationalités » est un axe qui exprime aussi la sensibilité propre à l'exercice de la théologie à Louvain-la-Neuve. C'est pourquoi, nous avons précisément choisi d'ouvrir ce volume par cette contribution qui, d'une certaine manière, sera honorée par les autres.

En effet, le dialogue requis entre différentes disciplines théologiques, entre autres, est déjà mis en scène dans les trois

---

[1] Y. LABBÉ, « Théologie ecclésiale, théologie universitaire », dans *Revue théologique de Louvain*, t. 40, 2009, p. 14-40.

contributions suivantes qui reprennent des interventions données lors de la journée de rentrée de l'école doctorale en théologie et études bibliques, le 13 octobre 2006 et qui avait comme thème « L'ecclésiologie au carrefour de la réflexion théologique ». M. Deneken s'interroge d'abord sur les relations entre ecclésiologie et théologie dogmatique et présente l'Église comme sujet de la théologie et objet d'étude (« Les relations entre ecclésiologie et théologie dogmatique : l'Église, sujet et objet », p. 41-59). Pour mener à bien sa réflexion, il commence d'abord par une étude des rapports entre ecclésiologie et christologie, et considère ensuite l'Église comme *Creatura Sancti Spiritus*. En mettant ainsi en évidence les liens entre ecclésiologie et christologie, M. Deneken montre que le travail ecclésiologique renvoie à la mission de l'Église comprise à partir de la christologie de l'Envoyé. D'où l'étude dans un troisième point du statut de la révélation pour l'ecclésiologie avant d'aborder la place de l'Église dans la foi et de souligner entre autres, en conclusion, l'Église comme *mysterium lunae*.

Avant d'aborder dans sa contribution le statut pluridisciplinaire de la recherche en ecclésiologie (« Le statut pluridisciplinaire de la recherche en ecclésiologie. Une requête de Lumen Gentium 8 : 'L'Église, réalité complexe, faite d'un double élément humain et divin' », p. 61-91), H. Legrand, quant à lui, attire d'abord l'attention sur la distance qui existe entre l'ecclésiologie et l'Église, puis présente la nécessité d'un recours à la pluridisciplinarité en ecclésiologie qui est doublement requis, soit que l'on se situe au point de vue de l'Église comme réalité de foi, soit que l'on réfléchisse au statut même de l'ecclésiologie au sein des différentes disciplines théologiques. Dès lors, H. Legrand est à même de souligner que l'objet même de l'ecclésiologie requiert la pluridisciplinarité et que l'ecclésiologie est nécessairement pluridisciplinaire, du fait de son insertion dans l'ensemble du savoir théologique.

Quant à E. Boone, il consacre son exposé à un essai de théologie pratique à partir de l'expérience des communautés locales du diocèse de Poitiers (« Un nouveau visage d'Église ? Essai de théologie pratique à partir de l'expérience des communautés locales du diocèse de Poitiers », p. 93-110). Il s'agit par là non de présenter un discours de théologie de la pratique des communautés locales au sein de ce diocèse, mais d'essayer de faire de la théologie pratique, c'est-à-dire de proposer un discours proprement théologique en lien avec une pratique pastorale qui produit une certaine théologie. Il s'agit de sortir de la vision dichotomique qui considère la théologie comme relevant de l'ordre théorique et la pastorale comme étant de l'ordre de la pratique pour proposer une réflexion qui serait dans la ligne d'une théologie fondamentale pratique (J.-B. Metz). Trois étapes scandent cette réflexion. La première est consacrée à un regard historique, géographique et sociologique sur le diocèse de Poitiers, la seconde précise la généalogie de l'expérience réalisée en l'inscrivant dans une logique de choix pastoraux déjà anciens, un troisième temps s'interroge sur les références théologiques qui ont présidé à cette option pastorale, tandis que les conclusions posent la question de la fécondité de ce modèle.

Le dialogue constitutif de la réflexion théologique se poursuit par les interventions de J.-D. Causse et F. Nault, prononcées lors du colloque des doctorants, le 19 mai 2007, sur le thème « Théologie, mystique, philosophie : quelles relations ? ». La contribution de J.-D. Causse, « Mystique et politique »(p. 111-121), part d'abord du constat de l'apparence d'un fossé entre le monde mystique et le monde politique. Pour établir l'articulation entre ces deux dimensions, J.-D. Causse tente d'abord, à l'aide de M. de Certeau et M. Lacan, d'établir ce qu'est la mystique et d'exposer un rapprochement entre mystique et politique. Dans un deuxième temps, il aborde la question du langage mystique en y indiquant la portée politique, au moins potentiellement, et en soulignant que la poétique du politique présuppose un langage marqué par le manque, à l'instar de celui de la mystique. Un troisième point aborde une autre articulation possible entre la mystique et la politique, à savoir celui d'une identité secrète échappant à toute mainmise et signifiant ainsi que nul ne peut se rendre maître de ce qui constitue le cœur d'un être humain.

Pour sa part, F. Nault s'interroge sur les rapports entre théologie et philosophie en s'inspirant largement du jeune Heidegger (« Théologie et philosophie. Le jeune Heidegger et la politique d'un partage », p. 123-146). Après avoir apporté des précisions sur sa compréhension de ce rapport et s'expliqué sur le choix de Heidegger pour aborder une telle problématique, il traite dans un premier point de la distinction entre pensée calculante et pensée méditante pour poser ensuite la problématique de la possibilité d'une théologie méditante plutôt que calculante. Or cet accès de la théologie à la pensée méditante ne peut être possible que si la théologie se détache de la raison philosophique. Mais si Heidegger reconnaît, selon F. Nault, la démarche questionnante de la théologie, comment cette dernière ne serait-elle pas aussi philosophie ? Et F. Nault de montrer que si Heidegger revendique un partage net entre la philosophie et la théologie, une certaine lecture de ce dernier expose que cette ligne de démarcation ne peut être pratiquement maintenue et procède de certains « coups de force » du philosophe allemand. D'où la conclusion selon laquelle à la question difficile des rapports entre philosophie et théologie se greffe celle des rapports entre champ théologique, champ philosophique et champ « politique ».

La contribution d'Y. Labbé porte sur « la rationalité de la révélation » (p. 147-174) et reprend un exposé fait lors de la journée de rentrée de l'école doctorale, le 19 octobre 2007, consacrée précisément à la rationalité théologique. Selon Y. Labbé, la rationalité de la révélation est à placer sous la responsabilité du philosophe et apparaît plurielle, déclinée sous les formes d'une rationalité successivement critique, herméneutique, dialogique et, enfin, spéculative. Y. Labbé précise aussi que la révélation est un donné de la théologie chrétienne qui sera soumis, dans ce parcours, aux quatre formes de rationalité mentionnées. Ainsi, dans un premier point, détermine-t-il le concept de révélation en passant en revue la révélation dans les religions et les théologies, puis la révélation comme autorévélation de Dieu. Au terme de cette première étape, Y. Labbé relève quatre questions qui peuvent être posées au nom de la raison : est-il légitime de croire à une telle révélation ? Cette croyance apporte-t-elle un gain de compréhension ? Cette croyance ouvre-t-elle ou pas au dialogue ? Et enfin, peut-elle se formaliser en un concept comme celui d'autorévélation ? Ce sont là les quatre points suivants qui passent en revue la révélation sous une rationalité critique, une rationalité herméneutique, une rationalité dialogique, puis une rationalité spéculative, pour conclure que la révélation de Dieu lui-même par lui-même, selon la foi chrétienne, peut être dite fiable, crédible et intelligible, communicable, et enfin conceptualisable.

J.-B. Lecuit, quant à lui, se penche sur la théologie de la relation entre Dieu et l'être humain pensée à l'aide de l'œuvre d'A. Vergote (p. 175-215). Dans son approche, réalisée dans le cadre d'un séminaire de troisième cycle sur la rationalité théologique, le 13 décembre 2007, J.-B. Lecuit souligne comment la prise en compte de la psychanalyse invite et aide à mettre en valeur deux caractéristiques fondamentales de la foi biblique, non prises en compte dans l'approche freudienne. La première s'énonce dans l'expérience et l'auto-compréhension de la foi comme intersubjectivité dialogale entre l'homme et Dieu, fondée sur l'acte de parole performative de son autorévélation ; la seconde consiste dans le caractère dynamique de la vie de foi, et l'exigence critique de transformation intérieure qu'elle comporte. Ainsi, dans un premier temps, J.-B. Lecuit montre comment il revient au théologien de montrer la continuité et la rupture entre l'existence humaine et la relation à Dieu (ou l'intersubjectivité théologale) pour approcher dans un deuxième temps la nature de cette relation à la lumière de la psychanalyse. Adossée principalement à la réflexion d'A. Vergote, cette contribution illustre comment l'œuvre du professeur louvaniste ouvre de manière exemplaire la possibilité d'une intelligence de la foi éclairée et éprouvée par l'expérience et la théorie analytiques.

Enfin, la contribution de V. Holzer s'interroge sur les relations entre les théologiens et la métaphysique en proposant des repères historiographiques (p. 217-248). Dans un premier point, il aborde la thèse de l'identité de la métaphysique et de la théologie en offrant notamment une lecture de son destin par M. Heidegger, pour déployer ensuite les grandeurs et les limites du rapport entre métaphysique et théologie et toucher, dans un troisième temps, la question de la fin de la « philosophie première » et la naissance possible d'une « philosophie dernière » en s'appuyant sur une lecture de Th. W. Adorno. Il se penche ensuite sur le cas de l'onto-théologie et reprend la question de la conceptualisation de l'être, avant de poser dans un dernier temps la question d'une théologie non métaphysique. Au terme de ce parcours surgissent ainsi à nouveaux frais la complexité inhérente à l'historiographie métaphysique et la difficulté non seulement de parler de la métaphysique en un sens univoque et de reconnaître la complexité des rapports entre philosophie et théologie qui empêche de trancher trop hâtivement la question de l'inféodation d'une discipline au bénéfice ou au détriment de l'autre.

Au vu de ces différentes contributions qui tentent d'éclairer la théologie dans ce qu'elle est et dans les relations vivantes que celle-ci doit entretenir à d'autres rationalités si elle veut encore être crédible, nous avons choisi d'intituler ce volume : « Pour une raison de la foi : la théologie ».

Éric GAZIAUX

Théologie ecclésiale, théologie universitaire

Yves LABBÉ

Juxtaposer simplement « théologie ecclésiale » et « théologie universitaire » laisse ces deux déterminations de la théologie s'accorder ou au contraire s'opposer. Les identifier par un qualificatif plutôt que par un substantif implique que l'Église et l'Université désignent à la fois deux lieux et deux modalités de la théologie chrétienne. Sont en jeu l'institution sociale de la théologie et sa constitution discursive, questions inséparables mais distinctes. Il en allait déjà ainsi dans *Le Conflit des facultés* (1798) instruit et résolu par Kant : la coexistence pacifique des facultés de théologie et de philosophie passait par la coexistence de deux interprétations du christianisme, l'une empirique, l'autre critique, la première restant promise à s'effacer progressivement devant la seconde. Ce n'était certes pas la seule issue raisonnable. La théologie chrétienne ne peut-elle pas toujours s'affirmer en même temps confessante et critique, partant ecclésiale et universitaire ?

Cette possibilité se trouve cependant contestée selon une double perspective, épistémologique et institutionnelle. Alors que plusieurs colloques et déclarations ont manifesté récemment l'actualité d'une interrogation sur la théologie chrétienne[1], notre problème se pose

---

[1] Il suffit de renvoyer à des initiatives prises parallèlement à l'Institut catholique de Paris et à l'Université catholique de Louvain. Colloques : F. BOUSQUET et P. CAPELLE (dir.), *Dieu et la raison. L'intelligence de la foi parmi les rationalités contemporaines*, Paris, Bayard, 2005 ; É. GAZIAUX (éd.), *Perspectives sur la recherche théologique contemporaine. Conférences de l'École doctorale en théologie (2002-2004),* Louvain-la-Neuve, Publications de la Faculté de Théologie, 2005. Déclarations : P. CAPELLE et H.-J. GAGEY, « Une tradition universitaire de rencontre entre foi et raison » dans *Esprit,* oct. 2004, p. 52-68 ; É. GAZIAUX, « Une recherche et un enseignement en théologie : pourquoi ? », dans *Revue théologique de Louvain*, t. 38, 2007, p. 29-40. Les deux derniers manifestes s'appuient sur le consensus d'un groupe qualifié : le premier formé par l'ensemble des doyens des facultés canoniques françaises, le second par

dans les termes suivants : celle-ci peut-elle être encore à la fois ecclésiale et universitaire ? Or, pour y apporter une réponse dans l'horizon de ce qu'il est convenu d'appeler une post- ou une ultra-modernité, marquée par une dispersion des croyances religieuses et une explosion des sciences des religions, j'examinerai d'abord la thèse du théologien protestant Pierre Gisel[2]. Elle réunit divers avantages : d'être argumentée clairement et solidement, d'avoir été souvent présentée devant un public catholique, de rencontrer des problématiques assurément présentes. Ensuite seulement sera défendue la capacité d'une théologie chrétienne à demeurer à la fois confessante et critique, selon les deux perspectives évoquées, la première épistémologique, la seconde institutionnelle. C'est ainsi que je souhaite conclure un parcours en facultés de théologie qui a été partagé successivement, dans une situation typiquement française, entre université catholique et université publique[3].

I. La théologie identifiée à une philosophie de la religion

Selon Gisel, la théologie doit désormais demeurer indéterminée pour n'être pas idéologique, c'est-à-dire déraisonnable (Th, 147).

---

l'ensemble des professeurs à plein temps de la faculté de théologie.

[2] P. GISEL a donné une contribution aux deux colloques précités : « La théologie comme intelligibilité du croire au cœur des rationalités contemporaines » (p. 265-277) ; « Tâche et fonction actuelles de la théologie. Déplacements et perspectives dans le contexte contemporain » (p. 7-33). Cette seconde étude (déjà publiée dans la *Revue théologique de Louvain*, t. 35, 2004, p. 289-315) signale une série de contributions de l'auteur accréditant sa thèse. Deux de ses nombreux ouvrages s'imposent ici entre tous : *La théologie face aux sciences religieuses. Différences et interactions*, Genève, Labor et Fides, 1999 ; *La théologie*, Paris, PUF, 2007. Ils seront désignés respectivement, dans le texte, par les sigles « TSR » et « Th », suivis du numéro de page.

[3] Toujours affecté sur un poste de philosophie, j'ai été dix-sept ans enseignant-chercheur à la faculté de théologie de l'Université Catholique de l'Ouest (Angers). Je l'aurai ensuite été dix-huit ans à la faculté de théologie catholique de l'Université de Strasbourg. Responsable de formations de licence puis de master dans cette dernière faculté, j'ai occupé quelque temps une charge de vice-présidence à ce qui était alors l'Université Marc Bloch (Strasbourg II) ; membre donc de la direction d'une université laïque de service public.

S'il existe des instituts protestants ou catholiques de théologie, il ne saurait y avoir de théologie ni protestante, ni catholique, ni chrétienne. Ne devrait-on pas en retour parler de théologie du christianisme ? Si cette expression, trop indécise, ne semble pas être retenue, une théorie dite à la fois de la religion et du christianisme ne rejoint-elle pas ce qui se nomme communément philosophie de la religion, donc aussi des religions ? Il restera à montrer comment et jusqu'où. L'affaire commence avec un jugement porté sur la religion chrétienne et la société moderne. L'auteur cesserait de se présenter comme théologien s'il abandonnait le projet de les concilier.

Le christianisme est entré dans l'histoire avec l'Antiquité tardive en tant que recomposition du judaïsme dans la culture hellénistique (Th, 12-13). Cette religion se distingue alors non par l'annonce d'un salut venu de Dieu mais par la possibilité d'un renouvellement du monde des hommes. Si elle renvoie à la personne de Jésus, elle n'en fait pas un fondement. « Au total, insiste Gisel, le personnage de Jésus ne se tient pas au *départ* du christianisme, en posture de fondation, d'assignation ou de césure » (Th, 136). La théologie, qui s'est élaborée dans une culture coupée des origines, aura simplement à parler du monde dans son rapport à Dieu. On le constate encore chez Thomas d'Aquin. Commandant la troisième partie de la *Somme théologique*, la christologie n'ajoute rien aux deux autres parties, attentives seulement à un double mouvement du monde à l'égard de Dieu : *exitus* et *reditus* (Th, 22). Il faut attendre l'aube de la modernité, avec les débats contemporains de la Réforme, pour que le christianisme, en situation fortement polémique, se transforme en un corps doctrinal appelant légitimation et partant fondation. Cependant, le christianisme ne peut « qu'être une lignée de *transformations historiques* toujours reprises » (Th, 13) : une tradition symbolique, constituée entre autres par une institutionnalisation d'écritures et de rites, livrée sans retour à l'écart contingent des cultures mais attachée à une visée d'absolu ou d'excès, là représentée comme relation à Dieu.

L'ultra-modernité de notre temps confirmera la modernité propre aux Lumières : le droit de la rationalité à examiner les phénomènes religieux. Cependant, prenant acte de la découverte de l'historicité à l'époque romantique, elle reconnaîtra l'irréductibilité culturelle des systèmes de croyances (TSR, 49-50). Ces derniers sont devenus aujourd'hui l'objet des sciences humaines qui se sont établies indépendamment de la philosophie autant que de la théologie. Celle-ci se retrouvera pourtant avec elles pour regarder les religions comme des phénomènes intégralement et exclusivement humains (TSR, 27). En même temps, rejoignant ici la philosophie, la théologie les préservera comme phénomènes spécifiquement religieux en tant qu'ils gardent la capacité de réveiller dans une société la question de Dieu, en vérité la question de la transcendance (Th, 26, 43). Elle aidera donc les religions à libérer la puissance du croire qui se symbolise efficacement dans la diversité des croyances, au risque toutefois de s'y aliéner durablement. Une obstination de l'auteur à enfermer toute autre possibilité dans une idéologisation illusoire et mortifère (Th, 147) le conduit à placer la théologie devant une alternative : elle sera confessante ou critique, sans concours possible.

Avant d'identifier les tâches imparties à une théologie affranchie de toute détermination, il convient de reconnaître les formes dont elle se départira. Le maître-mot n'est pas Dieu mais le monde, ce dont tout vient et à quoi tout retourne. Ne serait-ce pas là opérer une inversion de l'*exitus* et *reditus* de la théologie médiévale ? La théologie ne s'adosserait plus à un donné théologal mais à des données anthropologiques (Th, 16). De même, elle ne serait plus tournée vers l'attente d'un salut mais vers une transformation du monde (Th, 118). Au lieu de s'appuyer sur un fondement, qui serait recherché aux origines, elle appellerait à un décentrement absolu, à même la relativité de l'histoire (Th, 142). À cet endroit, la règle de la foi ne serait pas livrée dans l'événement Jésus-Christ mais dans le canon chrétien des Écritures. « Le christianisme est assigné non à un événement, à une personne ou à une communauté particulière, déclare Gisel, mais à un *texte* et au *travail de différence* qu'il suppose (déplacement et instauration ou construction) » (Th, 67). De même, à la question première du Christ, qui enferme dans une croyance, se substituerait la question ultime de Dieu, qui ouvre au croire. Dès lors, la théologie ne serait plus une herméneutique de la révélation mais une théorie de la religion, pas davantage une intelligence de la foi mais une critique de la religion. On ne sera donc pas étonné de voir l'auteur placer la théologie libérale très au-dessus de la théologie dialectique, opposant Tillich à Barth (Th, 82-86), et ne pas emboîter le pas à la refondation christologique des théologies chrétiennes contemporaines, en marquant un retrait plutôt inhabituel à l'encontre du concile Vatican II.

Nous savons ce que la théologie ne peut plus être, ne doit plus être. Mais que sera-t-elle désormais ? Il me semble que Gisel en définit l'exercice à travers une triple dialectique qui affecte successivement les phénomènes religieux, les sciences religieuses, la rationalité théologique. Le religieux se structure selon deux axes : « une opération de *symbolisation* et une visée d'*absolu* »[4]. Nous sommes là au cœur du problème. La religion apparaît toujours comme une pratique historique et sociale de symbolisation, d'institutionnalisation ou de cristallisation, productrice de textes, de rites et de croyances ayant une prétention normative. Il n'y a pas de religion simplement conforme à une raison universelle. « Mais, corrige aussitôt l'auteur, la croyance n'est pas seulement ce qui porte à *symbolisation* ; elle est portée et porte à l'*absolu*, tout au moins dans notre sphère occidentale, aussi bien religieuse que sécularisée » (Th, 125). Le terme « absolu », libéré de toute totalisation, se laisse décliner en une suite d'autres termes : Dieu, dépassement, transcendance, absence, vérité et plus souvent excès. « En Occident, est-il encore écrit, la religion – et c'est un effet du christianisme – est liée à l'absolu, dépassement et excès » (Th, 145). Qu'il s'agisse d'opération ou de visée, elle se présente toujours en un double mouvement, à la fois contraire et solidaire, exclusivement anthropologique, que désigne le mot « croire ». C'est pourquoi mieux vaut parler de rapport à Dieu que de Dieu même, sa nomination ou non ne relevant que du procès de symbolisation.

---

[4] P. GISEL, *Qu'est-ce qu'une religion ?*, Paris, J. Vrin, 2007, p. 87.

Le cercle intermédiaire, celui formé par les sciences et la philosophie de la religion, apparaît en position transitoire. D'un côté, sociologie et psychologie, les sciences humaines en général, s'arrêtent aux fonctionnements institutionnels et processus symboliques. Leur regard reste extérieur. De l'autre côté, la philosophie, pour autant qu'elle soit réflexive et critique, pose déjà la question du croire comme visée de ce qui à la fois autorise et outrepasse les croyances[5]. Ce cercle dessiné par les sciences religieuses, la théologie s'en ressaisit selon une rationalité inséparablement analytique et critique. En montrant comment toute religion, le christianisme compris, se construit elle-même à l'articulation d'une opération d'institutionnalisation et d'une visée de transcendance, la théologie réconcilie en rationalité publique religion et modernité. « Ce qui peut spécifier le théologique, souligne Gisel, touche à la *modalité* de l'interrogation ou au type de regard, couplé à une conscience historique en principe particulièrement accusée et à un rapport au réel dont le théologien ne saurait être quitte » (Th, 186). La tâche du théologien du christianisme se distribuera donc entre, d'un côté une étude de la genèse historique commune au christianisme et à l'Occident, de l'autre côté une réflexion sur la symbolisation chrétienne selon son rapport à l'absolu, soit *sub ratione Dei*, suivant une définition classique de la théologie (Th, 119). Dès lors, il reprendra les acquis des sciences humaines, mais avec une perspective transversale parce que transcendantale. Il prolongera aussi l'intention de la réflexion philosophique, mais avec le souci de la réinscrire dans l'historique, le social, le culturel.

La seconde tâche assignée à la théologie mérite un arrêt. L'auteur n'entend ni corriger ni adapter les énoncés théologiques, seulement les restituer à leur énonciation, soit à leur contexte empirique ainsi qu'à leur visée formelle. Selon l'*organon* contemporain des disciplines, la théologie dogmatique se trouve maintenant ramenée à

---

[5] On pourra se reporter ici au premier chapitre de *La théologie face aux sciences religieuses*.

une théologie fondamentale, quoique de type critique. Ainsi, le sens du baptême ne sera plus compris comme entrée dans l'Église moyennant la foi au Dieu de Jésus, mais comme une réponse institutionnelle apportée à une demande de ritualité, c'est-à-dire d'identité. Il faut passer par l'Église, pas nécessairement y entrer. Seule donne sens la symbolisation de la transcendance par laquelle l'homme accède à soi sans disposer ni de soi ni des autres. « J'ai à naître comme sujet, certes, ou à accéder à ma vérité, écrit Gisel, mais cela se fait à partir de ce qui m'est donné et est reçu, fût-ce en s'en démarquant »[6]. Et de nouveau : « Le baptême est greffé sur l'arrivée d'une vie nouvelle. C'est cette vie qui survient, fragile, contingente et particulière, qui est alors en jeu et en cause »[7]. Un tel déplacement de sens, en regard de toute orthodoxie chrétienne, ne suscitera aucune réserve devant la pratique du baptême des nouveau-nés, ni devant l'extrême diversité des demandes de baptême. L'anthropologique suffit quand il réunit une assise historique et son auto-dépassement. Il n'y a là que de l'humain, rendu à sa double formation : une naissance à soi, non sans les autres, sous le mode d'une tradition symbolique.

Un propos audacieux, au regard du théologien confessant, attendait d'être interprété au risque d'être trahi. La distance de l'interprétation s'accroîtra encore avec sa récapitulation. Le respect dû à chacun, en tant que partenaire d'un dialogue d'humanité, ne requiert pas de s'abandonner à un sentiment océanique. Il reste légitime de délimiter les positions, jusqu'à formuler des désaccords pesés, mesurés, réfléchis. P. Gisel cherche donc à comprendre comment le christianisme et l'Occident se sont historiquement liés. Or, le comprendre en théologien, ce serait le reprendre à partir d'une théorie strictement rationnelle qui pense la religion, dans les limites de l'humain, en fonction d'une dialectique de la symbolisation et de

---

[6] P. GISEL, « Le baptême : un rite inscrit en chair et en société humaines » dans *Positions luthériennes*, t. 54, 2006, p. 79-88 (p. 85). L'auteur s'en est expliqué ailleurs plus largement : *Sacrements et ritualité en christianisme. 125 propositions*, Genève, Labor et Fides, 2004.

[7] P. GISEL, « Le baptême », p. 87.

la transcendance, laquelle écarte une approche simplement formelle aussi bien qu'une approche seulement empirique. L'œuvre de E. Troeltsch fait ici figure de modèle. Si la référence à celle-ci rattache la proposition de Gisel au protestantisme libéral, elle accrédite surtout la possibilité d'entretenir un rapport positif à l'institution religieuse avec une perspective critique (TSR, 38-39 ; Th, 36-37). « En définitive donc, écrit Gisel à propos de Troeltsch, c'est parce que le religieux est entre autres analysé sous l'angle de ses procès d'institutionnalisation que le théologique apparaît porteur d'une interrogation irréductible, même si elle peut être reprise, *via* déplacement, au titre d'une instance différente »[8]. Or cette instance se présentait chez Troeltsch comme philosophie de la religion[9]. La nouvelle théologie, l'expression convient ici, permettra donc de réconcilier sciences et philosophie comme, sur un autre plan, culture moderne et religion chrétienne. Cette théologie n'est pas ecclésiale. Elle n'entend pas développer la foi des Églises chrétiennes dans la révélation salvifique de Dieu en Jésus le Christ. Au contraire, elle réduit la théologie ecclésiale, qualifiée d'orthodoxe par différence de libérale, à une idéologisation qui vaut idolâtrie. En retour, la nouvelle théologie se veut plus universitaire que jamais, connaissant pour seules rationalités celles des sciences et de la philosophie en vue d'en garantir elle-même l'articulation. Elle se laisse donc identifier à une philosophie de la religion en qualité de réflexion critique sur les phénomènes religieux pris dans leurs dimensions historique, sociale et culturelle. Le dispositif moderne l'aurait placée dans une faculté de philosophie. Le dispositif actuel la replacerait dans une faculté des sciences des religions.

---

[8] P. GISEL, « L'actualité de Ernst Troeltsch », dans E. TROELTSCH, *Histoire des religions et destin de la théologie. Œuvres III*, trad. J.-M. TÉTAZ, Paris et Genève, Cerf et Labor et Fides, 1996, p. XX.

[9] J. GREISCH classe Troeltsch dans le paradigme critique de la philosophie de la religion, entre H. Cohen et P. Tillich, sous le titre « L''a priori' religieux », dans ID., *Le buisson ardent et les lumières de la raison. L'invention de la théologie de la religion.* Tome 1 : *Héritages et héritiers du XIXe siècle*, Paris, Cerf, 2002, p. 385-413.

II. UNE THÉOLOGIE CHRÉTIENNE CONFESSANTE ET CRITIQUE

Le théologien de Lausanne n'annonce ni une fin programmée des communautés chrétiennes, ni un pouvoir absolu des sciences des religions. Il ne refuserait pas de dire, suivant l'ecclésiologie protestante, que l'Église est là lorsque la Parole est proclamée – l'Écriture lue – et les sacrements célébrés. Mais pour ajouter qu'elle l'est de manière signifiante, non idéologique, si et seulement si elle se présente en simple témoin, parmi d'autres et dans le monde occidental, d'un absolu d'excès. De même, les sciences des religions ne sauraient se fermer sur elles-mêmes. Elles doivent rester ouvertes à la transcendance, soit-elle innommable, et cette exigence ne peut être maintenue que par la théologie, comprise désormais comme théorie de la religion ou philosophie de la religion. L'écart entre ces deux dernières expressions défend simplement la nécessité de ne pas couper la transcendance de la symbolisation. Si la religion demeure confessante, c'est-à-dire positivement instituée, la théologie cesse de l'être, astreinte désormais à la simple raison. Or une théologie chrétienne vraiment responsable, c'est-à-dire fidèle à une foi reçue parce que d'abord donnée, ne doit-elle pas mettre en cause cette séparation entre confessionnalité et rationalité ? Sans nul doute. Si le rapport entre les dimensions confessante et critique de la théologie est devenu aujourd'hui un exercice obligé, on s'y appliquera uniquement sous la forme d'une répartie apportée aux thèses de Gisel. Trois questions, signifiées immédiatement dans les termes les plus communs, suffiront pour dire l'essentiel : l'absolu et l'histoire, la foi et la doctrine, la théologie et les sciences religieuses.

1. L'absolu et l'histoire

Le choix des mots « absolu » et « histoire » inscrit la première des questions d'épistémologie théologique dans une problématique issue des Lumières. Une critique de la révélation par la raison commandait alors de se demander comment le rapport à l'absolu pouvait être soumis aux contingences de l'histoire, à commencer par celle de Jésus. Différentes réponses des théologiens et des philosophes ont tracé depuis plus de deux siècles un devenir de la culture occidentale. Gisel s'est appliqué à le penser, jusqu'à avancer sa propre réponse, non sans se désigner des devanciers, Troeltsch par exemple. La relation entre l'absolu et l'histoire, identifiée à une dialectique de la transcendance et de la symbolisation, s'est ouverte sur deux interprétations : l'une sensée ou rationnelle, l'autre insensée ou idéologique. Il y aurait à choisir entre la raison et l'idéologie. Mais est-ce un choix possible ? La raison juge en effet d'elle-même et de l'idéologie, sans inversion concevable. On reconnaîtra aisément avec l'auteur la réalité de choix empiriquement différents devant le rapport de l'absolu et de l'histoire. Cependant, quel serait le critère formel qui autoriserait à différencier ce qui est sensé et ce qui ne l'est pas ? Si toute croyance n'est pas recevable, qu'est-ce qui permet d'opérer une discrimination ? Le critère qui a été imposé n'est-il pas avéré trop fort, donc indûment exclusif ? Ne confond-il pas le formel et l'empirique ? Le théologien critique n'apparaît-il pas alors en position d'égalité avec le théologien confessant ? À une différence près toutefois : ce dernier ne soutiendrait-il pas une détermination plus humaine, parce que moins étroite, de la raison ?

Notre théologien critique ne semble être ni le premier dans le passé, ni le seul dans le présent, à affirmer que le rapport à Dieu, au moins à la transcendance – les uns ont parlé depuis longtemps d'absolu, d'autres préfèrent parler d'altérité –, n'implique ni d'entrer dans l'Église, ni de se fonder sur Jésus, quitte à ajouter que la fonction sociale et culturelle du christianisme n'est pas achevée dans l'histoire occidentale. Même s'il est permis de douter que le dernier point suffise à convaincre nombre de savants comme de croyants, il ne s'oppose pas à la raison. Mais n'est-il pas lui-même porté par une croyance, une parmi d'autres, qui engage une vision du passé, un choix du présent et un pari sur l'avenir ? Objectera-t-on que cette croyance resterait sensée alors que l'autre croyance serait devenue insensée : celle qui croit en Jésus mort et ressuscité sur la base des écrits apostoliques, à l'autorévélation de Dieu dans cet événement accueilli par la grâce du Saint Esprit, enfin à une vie éternelle donnée dès maintenant et à jamais ? Entre deux croyances, impliquant détermination autant que décision, l'une serait-elle conforme à la raison, l'autre non ? La nôtre perdrait-elle le sens parce qu'elle serait accueil d'une vérité de Dieu et non seulement de l'homme ? Il serait certes insensé de refuser les limites de la condition humaine : dans la compréhension de l'histoire du christianisme depuis ses origines ; dans le témoignage rendu par les Églises au milieu des sociétés et des cultures du monde ; enfin dans l'ancrage du désir, y compris d'éternité, à même notre état charnel et mortel. Il appartient certes aux sciences humaines de découvrir et dénoncer à l'attention de tous les refuges de l'insensé, soit du contresens autant que du non-sens. Cependant, là où se donne du sens possible, il reste à se décider pour un sens, c'est-à-dire une détermination. Le théologien dit critique, comme le théologien confessant, assume la responsabilité d'une détermination. L'une serait-elle malgré tout plus rationnelle que l'autre ?

Dans une brève étude sur le droit de croire, le philosophe analytique R. Pouivet distingue deux conceptions de la rationalité des croyances, l'une dite déontologiste, l'autre fiabiliste. Alors que la première requiert une justification a priori, la seconde se satisfait d'une garantie a posteriori. Selon celle-ci, « ce qu'il est rationnel de croire est exactement ce qu'on n'est pas rationnellement obligé de ne pas croire »[10]. Serions-nous donc rationnellement obligés de ne pas croire en la résurrection de Jésus comme événement fondateur de la révélation de Dieu et du salut de l'humanité ? Serait-il plus rationnel d'y croire en déplaçant le sens de l'énoncé vers son énonciation ? Ne serait-ce pas au contraire avéré plus arbitraire ? En outre, exclure le théologien confessant de la rationalité commune ne supposerait-il pas de lui refuser les mêmes qualités intellectuelles et morales qu'à soi-même, également de préjuger sans justification de l'issue ultime de la crise intervenue entre deux jugements et déterminations incompatibles portant sur la croyance chrétienne ?

---

[10] R. POUIVET, *Qu'est-ce que croire ?*, Paris, J. Vrin, 2003, p. 22.

2. *La foi et la doctrine*

Conclure la première question sur le droit de croire, non pas sur le droit de Dieu[11], confirme un propos plus épistémologique que spéculatif. Déplacer maintenant la relation de l'absolu à l'histoire vers la relation de la foi à la doctrine reproduit les mêmes interrogations, mais par déplacement des possibilités de la croyance chrétienne vers sa réalisation. C'est de nouveau un héritage des Lumières. La raison ne devait connaître qu'une religion là où l'histoire en montre toujours de multiples. Il n'y a qu'une seule foi mais diverses croyances ou doctrines. La procession de la foi en doctrines (*exitus*) se révèle aussi nécessaire que la conversion des doctrines à la foi (*reditus*). L'abondance d'un florilège, à commencer au moins avec Kant sans espoir de le refermer jamais, conférerait sans doute au propos de Gisel l'autorité d'une évidence. Le lieu est devenu commun. On étonne parfois en disant ne pas l'habiter. L'auteur parle donc de croire et de croyance ou, équivalemment, de deux pôles de la croyance : la transcendance, indéterminable, et sa cristallisation en traditions, symboles, institutions, etc. S'il y a une nécessité de l'institutionnalisation, il n'y a de vérité que de l'excès. Le mouvement du croire, selon sa formalisation dialectique, outrepasse jusqu'à la distinction entre religieux et non-religieux. Il se trouve simplement que le christianisme et l'Occident ont été liés dans le trajet du croire et le resteront si le christianisme ne s'obstine pas à se laisser enfermer dans un imaginaire christologique et sotériologique ignoré du Moyen Âge aussi bien que de l'Antiquité. Il y aurait trop à dire sur les sollicitations ici imposées à l'histoire des théologies chrétiennes. On se limitera donc à manifester la pertinence de la christologie et de l'œcuménisme, soit de l'annonce et du dialogue dans la mission des Églises[12].

---

[11] Allusion à la démarche du philosophe C. BRUAIRE, *Le droit de Dieu*, Paris, Aubier Montaigne, 1974.

[12] Je renvoie à l'une de mes études, reprise d'un article paru dans les *Études Théologiques et Religieuses* : « La foi et sa doctrine », dans *La foi et la raison. Sur*

La foi chrétienne ne commence-t-elle pas avec la confiance mise en Jésus reconnu Seigneur et Sauveur dans sa résurrection ? Il y a bien là continuité entre nous et les Apôtres. À la place d'une dialectique de l'un et du multiple, du formel et de l'empirique, nous accédons immédiatement à un échange à double sens entre la foi qui croit et la foi qui est crue : le croire et la croyance ou la foi et la doctrine. Croire au nom de Jésus implique de croire qu'il est le Christ. Le nom même de la foi focalise un énoncé : Jésus (est) Christ. La règle de la foi est son objet ou plutôt son mystère. Elle ne s'identifie pas d'abord à un texte canonique mais à un événement fondateur en lequel s'enracine un nouveau rapport entre la foi et l'histoire qui a initié une tradition d'interprétations. Ce qui fait autorité, ce qui juge, est ce qui se présente : la destinée pascale de Jésus. La théologie ne sera donc pas une doctrine de la foi mais une doctrine du Christ ouvrant vers la connaissance de la révélation de Dieu et du salut du monde. Le déploiement de la foi en doctrine n'entraîne pourtant pas confusion d'une théologie confessante avec une théologie confessionnelle. Ce qui se présente dans la doctrine ne cesse pas d'interpeller le croyant, soit-il théologien. Il l'appelle à répondre par lui-même et pour lui-même à une parole faite promesse. Il est dès lors attendu, même supposé, que le sujet se trouve engagé dans son discours. Il n'est certes pas requis, il ne saurait l'être, que la vie de la foi s'élève à la hauteur de son discours : le visible ne juge pas de l'invisible pas plus que l'intérieur ne garantit l'extérieur. Pourtant, une rupture radicale entre la doctrine et la foi impliquerait une dissimulation qui, pour ne pas mettre en cause la vérité de l'objet, compromettrait assurément celle du sujet.

L'unité de la foi confessée et professée s'est toujours effectuée dans une diversité d'expressions doctrinales. Le caractère encore local du *Credo* dans les Églises prénicéennes ne constituait pas un obstacle insurmontable à leur communion. Cependant, la communion dans la foi demande à être confirmée, voire restaurée,

---

le christianisme, les religions et la mystique, Paris, Salvator, 2000, p. 43-64.

mais pas nécessairement sous une formulation unique. Les différences accusées par une séparation consommée, associées à des histoires et cultures différentes, autorisent seulement une équivalence de totalité à totalité, sur le modèle d'un consensus différencié et d'une différence réconciliée, à l'exemple de la Déclaration commune luthéro-catholique sur la justification[13]. Or, selon la perspective déployée par Gisel, l'œcuménisme doctrinal, le dialogue en quête de communion, perd toute pertinence. D'une part, une philosophie de la religion ne connaît jamais qu'un comparatisme à garantir par de solides études historiques. D'autre part, chaque institutionnalisation du religieux ayant pour seule exigence supérieure sa capacité à renvoyer vers un absolu indéterminé, aucune raison ne conduit à rechercher une détermination commune. De fait, notre auteur retient une seule différence discriminatoire : elle passe entre le symbolique et l'idéologique, entre une vérité éthique et une vérité historique. Ainsi, lorsqu'il se livre à des comparaisons à l'intérieur d'une confession chrétienne ou entre les confessions protestante et catholique, c'est toujours et uniquement *sub ratione Dei* : dans quelle mesure consentent-elles à maintenir la transcendance à distance de l'histoire, à en admettre l'excès ou l'absence ? C'est l'unique raison qui préside à la ressemblance dévoilée entre la théologie naturelle catholique et la théologie protestante libérale : l'une et l'autre ont su s'affranchir de la christologie (Th, 24 et 101). Sollicitées par un comparatisme, ces deux théologies n'auraient aucune aptitude au dialogue. Il faut un sol commun pour entrer en dialogue et ce sol, dans un dialogue œcuménique, ne peut être donné que dans Jésus-Christ annoncé. « Bref, *eux ou moi*, voilà ce que nous prêchons », écrit Paul après avoir énoncé la foi pascale en Jésus, telle qu'il l'a reçue et transmise (1 Co, 15,11).

---

[13] Je renvoie à une autre de mes études, reprise d'un article paru dans la *Revue d'Histoire et de Philosophie Religieuses* : « Dialogue et charité », dans *La foi et la raison II. La religion chrétienne dans l'échange : symbole et dialogue*, Paris, Salvator, 2007, p. 153-181.

3. La théologie et les sciences religieuses

La détermination christologique du foyer de la foi entraîne une détermination chrétienne des théologies qui s'en trouvent autorisées. En christianisme, la théologie ne sera pas une philosophie de la religion mais une intelligence de la foi : une autocompréhension de la foi ou une réflexion de la foi sur elle-même. Or, si cette herméneutique de la foi se recommande d'une rationalité propre, à la fois systématique, critique et heuristique[14], elle entretient aussi un échange permanent avec d'autres rationalités, en particulier celles des sciences humaines et sociales, que celles-ci s'appliquent ou non aux phénomènes religieux : histoire, sociologie, psychologie, etc. C'est pourquoi la théologie se présente depuis quelques décennies déjà en association avec les sciences religieuses[15]. Cependant, avertit É. Poulat, cette association pose un problème épistémologique, « une différence de principe » traversant ces sciences « selon qu'on invoque leur autonomie au nom du libre examen ou leur inscription dans un ordre supérieur »[16], celui de la théologie des Églises. Avant d'évoquer la détermination de la théologie dans son rapport aux sciences humaines et sociales, il semble utile de clarifier la dénomination « sciences religieuses ».

Le dernier auteur cité rappelle que cette dénomination reste propre aux langues française et italienne. Elle a été introduite en France en 1885 lors de la création de la cinquième Section de l'École Pratique des Hautes Études (Paris), décidée avec la suppression, par simple mesure budgétaire, des facultés de théologie catholique d'État, établies au début du siècle sur une base gallicane.

---

[14] Voir en convergence : P. CAPELLE et H.-J. GAGEY, « Une tradition universitaire de rencontre entre foi et raison », p. 63 ; É. GAZIAUX, « Une recherche et un enseignement en théologie : pourquoi ? », p. 30.

[15] C'est en 1973 que s'est constituée à l'Institut Catholique de Paris une unité d'enseignement et de recherche « Théologie et sciences religieuses ». C'est sous la même appellation que, plus récemment, s'est créée à l'Université de Strasbourg une École doctorale réunissant théologies protestante et catholique.

[16] É. POULAT, *Liberté, laïcité. La guerre des deux France et le principe de la modernité*, Paris, Cerf et Cujas, 1987, p. 368.

Il s'agissait de mettre en place, au niveau universitaire, un enseignement des religions émancipé à la fois d'une théologie confessionnelle et d'un rationalisme historique[17]. L'appellation a perduré malgré sa polysémie. Elle se prête en effet à trois usages, donc à trois sens. Le plus ancien, semble-t-il, recouvre le domaine dit aujourd'hui des sciences des religions : sciences humaines et sociales des religions, où le pluriel s'impose au complément autant qu'au sujet[18]. Il s'accorde en France avec « une approche laïque du fait religieux ». À l'autre extrémité, les sciences religieuses ne se distinguent pas d'une théologie confessante exposée dans la diversité de ses disciplines : dogmatique, morale, exégèse, histoire, etc. La faculté de théologie catholique de Strasbourg les identifiait en 1921 « à l'ensemble des disciplines ecclésiastiques »[19]. C'est ainsi qu'est dénommé aujourd'hui, dans quelques facultés catholiques, un enseignement de théologie présentant de moindres ou d'autres exigences disciplinaires[20]. Le troisième sens s'inscrit entre les deux autres. Il a son utilité pour signifier l'intégration dans

---

[17] Voir *ibid.*, chap. XI. La Section des sciences religieuses de l'EPHE se présentera comme « une faculté de théologie *laïcisée*, c'est-à-dire une faculté de théologie qui s'est adaptée aux conditions de l'enseignement supérieur moderne » (*Annuaire 1915-1916*, p. 23-24, cité p. 320).

[18] Rattaché à l'EPHE mais de création plus récente (2002), a été justement nommé un Institut Européen en Sciences des Religions.

[19] C'est ainsi que se définit, en page 2 de couverture, la toute nouvelle *Revue des Sciences Religieuses*. Fondée la même année par la faculté de théologie protestante, afin de préserver le contact avec la science et la pensée allemandes, la *Revue d'Histoire et de Philosophie Religieuses* ne réunit pas arbitrairement philosophie et histoire. Sans qu'il s'en explique, le premier numéro ouvre une série d'articles sur « La philosophie religieuse d'Ernst Troeltsch », lequel enseigne toujours à Berlin (il meurt en 1923). « Il veut, écrit l'auteur E. Vermeil, concilier l'intérêt 'historique' et l'intérêt 'philosophique' que présente la religion » (p. 32). La Société Ernest Renan, créée en 1919, se proposait de « développer en France, dans un public éclairé, le goût pour les études d'histoire des religions et de philosophie religieuse » (cité par É. POULAT, *Liberté*, laïcité, p. 325-326).

[20] Créés en 1987, des Instituts Supérieurs de Sciences Religieuses ont reçu du Saint-Siège de nouvelles orientations, avec une licence portée à cinq ans (réforme datée du 28 juin 2008 et présentée le 25 septembre). Cette licence canonique en sciences religieuses est un diplôme de deuxième cycle là où les licences françaises sont devenues, avec le système LMD, des diplômes de premier cycle.

l'enseignement et la recherche théologiques non seulement d'un ensemble de disciplines internes mais encore de sciences soumises à d'autres rationalités. C'est selon ce dernier usage que s'exerce le rapport entre théologie confessante et théologie critique, également entre théologie ecclésiale et théologie universitaire[21], ce second aspect, spécifiquement institutionnel, étant renvoyé à la troisième partie de notre étude.

Les théologies confessionnelles et les sciences humaines affirment chacune leur autonomie : celle d'une foi donnée à une révélation, une donation, un événement ; celle de rationalités définies par leurs procédures d'investigation, de vérification et de formalisation. Les unes et les autres s'affirment également critiques[22]. Elles ont la capacité de revenir sur elles-mêmes en s'interrogeant sur la validité de leurs résultats et de leurs procédures. Si la critique peut s'exercer de l'extérieur, elle le peut aussi de l'intérieur. On se gardera donc, par exemple, d'opposer l'attitude critique d'une philosophie de la religion et l'attitude spontanée d'une théologie confessante[23]. « L'interprétation institutionnelle est

---

[21] Alors que l'École doctorale de Strasbourg (recherche) optait pour « sciences religieuses », le domaine des formations (enseignement) avait retenu en 2005 « Théologie et sciences des religions », en raison de la mise en place d'une spécialité de master « sciences des religions » qui avait été finalement domiciliée dans les deux facultés ainsi que dans celle des Sciences historiques. La dernière dénomination a disparu avec la nouvelle habilitation des diplômes (2009) alors que s'est aussi effacée, pour un temps sans doute limité, la spécialité de master. Les débats dans les Conseils de l'Université ont montré une convergence, entre une théologie confessante et une science laïque, pour placer les « sciences des religions » en dehors des « théologies », mais pour laisser à ces dernières les « sciences religieuses ».

[22] On ne saurait oublier sur ces questions l'apport conséquent de J. LADRIÈRE dans ses études reprises dans les trois volumes de *L'articulation du sens* (Paris, Cerf, 1970-2004).

[23] Cette séparation entre théologie et philosophie était au cœur du programme de la philosophie de la religion et du christianisme inauguré par H. DUMÉRY, la théologie partageant le caractère non critique de la religion. La critique de la religion, déclarait-il, « peut intéresser le philosophe, l'historien ; elle concerne relativement peu le théologien ; elle ne concerne pas du tout la masse des fidèles » (*La foi n'est pas un cri*, Tournai et Paris, Casterman, 1957, p. 171). Il serait pertinent de comparer les positions de Duméry et de Gisel, celui-ci citant celui-là

croyante et non critique, écrit le sociologue J.-M. Donegani. L'interprétation sociologique se veut critique et non croyante. Seule l'interprétation théologique s'inscrit en même temps sur la dimension croyante et sur la dimension critique »[24]. Il arrive certes que l'interprétation théologique soit surdéterminée par une interprétation institutionnelle. En retour, la critique que la théologie exerce immédiatement sur elle-même se laisse relayer par une autre, passée patiemment par les sciences humaines ou brutalement imposée par celles-ci. La théologie n'attend pourtant pas des sciences humaines un seul renforcement de sa capacité critique. Elle cherche également à les reprendre au service d'une herméneutique de la foi en quête d'une compréhension actualisée, systématisée, appliquée[25]. Leur inscription dans un ordre supérieur, selon une formule citée plus haut, n'entraîne pas automatiquement déni de leur pouvoir de libre examen. C'est ce libre examen qui conduit la sociologue D. Hervieu-Léger à conclure qu'« être religieux en modernité, ce n'est pas tant se savoir engendré que de se vouloir engendré », que le « lieu de la vérité du croire » s'est déplacé « de l'institution vers le sujet croyant »[26]. Ce que la sociologue analyse, avec d'autres, comme une individualisation des croyances, conduira le théologien non seulement à discerner les formes et les causes d'une méconnaissance de l'individu dans la tradition de la foi, jusqu'à y reconnaître des situations de répression, mais aussi à

---

sur le rapport entre transcendance et symbolisation (TSR, 39).

[24] J.-M. DONEGANI, « Pour une conversation entre théologie et sociologie », dans COLL., *La responsabilité des théologiens. Mélanges offerts à Joseph Doré*, Paris, Desclée, 2002, p. 417-430 (p. 430).

[25] Il y aurait lieu de reprendre les orientations définies à Louvain : « En s'articulant à des disciplines positives, comme l'histoire, la philologie, l'archéologie, etc., la théologie interroge ses propres fondements et son évolution historique ; en s'appuyant sur l'apport des sciences humaines comme la psychologie, la sociologie, etc., elle envisage la résonance pratique et effective de la vie croyante dans un contexte culturel de référence ; et c'est à l'effort réflexif, entre fondement et pratique, entre source de la tradition et présent d'un vécu, qu'il revient d'assumer l'unité de l'acte même de la théologie » (É. GAZIAUX, « Une recherche et un enseignement en théologie : pourquoi ? », p. 31).

[26] D. HERVIEU-LÉGER, *La religion pour mémoire*, Paris, Cerf, 1993, p. 245 et 247.

retrouver des traces de l'individu dès le Nouveau Testament, à en discerner des figures au cours de l'histoire, enfin à en redéfinir la place dans la compréhension du mystère du salut ainsi que dans la vie présente des Églises.

Un soupçon restera pourtant, qui n'atteint pas seulement la théologie. Les sciences humaines ne se trahissent-elles pas en tant que sciences lorsqu'elles se préoccupent d'applications ? On le dit aussi dans l'Université[27]. En même temps, il est peu probable qu'elles cessent de le faire, non sans céder parfois à la pression des interprétations institutionnelles. Mais si les sciences humaines, en particulier les sciences des religions, comptent pour les théologies, la position inverse ne pourrait-elle pas aussi se confirmer ? S'interrogeant sur la place d'une faculté de théologie dans une université publique française de lettres et sciences humaines, le président de celle-ci concluait : « Il me semble qu'on ne peut exclure du fait religieux le discours qui fonde le religieux de l'intérieur, qui accepte l'hypothèse de la Révélation ou celle de la présence de Dieu à l'Histoire, bref le discours théologique, chrétien en l'occurrence »[28]. Si les sciences des religions ont à intégrer dans leur champ de recherche la permanence d'une autocompréhension de la foi, consciente de sa source autant que de sa situation, alors la théologie chrétienne ne garde-t-elle pas un autre avenir dans

---

[27] Je ne résiste pas à citer la conclusion d'une étude ancienne de l'épistémologue G. CANGUILHEM, énoncée comme un « conseil d'orientation » prodigué au psychologue : « Quand on sort de la Sorbonne par la rue Saint-Jacques, on peut monter ou descendre ; si l'on va en montant, on se rapproche du Panthéon qui est le Conservatoire de quelques grands hommes, mais si l'on va en descendant, on se dirige sûrement vers la Préfecture de Police » (« Qu'est ce que la psychologie ? », dans *Études d'histoire et de philosophie des sciences*, Paris, J. Vrin, 1968, p. 381).

[28] F.-X. CUCHE, « Quelle place pour une faculté de théologie dans une université de service public française ? » dans *Revue des Sciences Religieuses*, t.78, 2004, p. 67-79 (p. 78) : communication du président de ce qui était alors l'Université Strasbourg II, lors du colloque du centenaire de la faculté de théologie catholique, créée à la fin de 1902 dans une université d'État alors allemande et devenue française. Les Actes ont été publiés sous une forme inversée du titre donné à notre dernière partie : « La théologie dans l'Université et dans l'Église ». Le doyen M. DENEKEN avait alors traité « De la double fidélité » (p. 26-38).

l'Université que celui d'une théorie de la religion s'insérant par transversalité dans les sciences des religions ?

III. La théologie dans l'Église et dans l'Université

La justification d'une double dimension de la théologie chrétienne, l'une confessante, l'autre critique, a pris la forme d'une réponse à la thèse de P. Gisel qui réduisait la théologie, coupée de toute détermination, à la seule dimension critique. Mais, avant de montrer comment une théologie confessante devenait aussi critique, à travers un retour sur ses pratiques, un dialogue entre ses disciplines, enfin son exposition et son ouverture aux sciences humaines et sociales, il a fallu justifier qu'il restait raisonnable de croire à une présence de Dieu dans l'histoire et que la foi chrétienne ne pouvait être coupée de la détermination que Dieu donne de lui-même en Jésus-Christ. Or, une théologie confessante est aussi une théologie ecclésiale. Non seulement elle dit la foi de l'Église, mais, grâce à sa dimension critique, elle interroge l'Église sur sa fidélité à la tradition et sa présence dans la culture, participant ainsi, d'une manière insubstituable, à sa mission. En retour, une théologie critique ne pourra-t-elle pas déployer toutes ses capacités en se réalisant comme théologie universitaire, sans renoncer pourtant à sa dimension confessante ? La théologie chrétienne, dont la théologie catholique, se réaliserait favorablement dans une double appartenance institutionnelle : à l'Église et à l'Université.

Trois traits semblent distinguer une formation universitaire : l'enseignement s'adosse à la recherche ; elle met les savoirs en synergie ; elle est portée par des enseignants-chercheurs. Ces conditions se vérifieraient également pour une faculté de théologie domiciliée dans une université catholique. Si l'université publique connaît des procédures plus strictement réglementées, la canonicité des diplômes passe par l'obtention du *Nihil obstat* pour la nomination des enseignants-chercheurs[29]. En retour, le statut

[29] À Strasbourg, aucun enseignant-chercheur ne peut être nommé s'il n'est pas

universitaire ne serait-il pas pris en défaut si ces derniers se trouvaient écartés du processus statutaire conduisant aux intégrations et promotions de leurs collègues ? Il continue toutefois à se faire autrement de la très bonne théologie. D'une part, l'enseignement supérieur ne se restreint à l'Université ni pour la théologie ni pour les autres disciplines. D'autre part, les traits distinctifs de l'universitaire peuvent se réaliser de manière à la fois substitutive et qualifiée là même où les facultés de théologie ne se trouvent pas insérées dans une université. Ces possibilités ne manquent pas pour la recherche : large pluridisciplinarité, échanges internationaux, colloques universitaires, sociétés savantes, revues spécialisées, intégration à des équipes et centres de recherche hautement reconnus, etc.

Amené à évoquer la faculté de théologie catholique de Strasbourg, le seul cas français d'insertion dans une université d'État[30], je désire seulement m'appuyer sur une situation familière, également privilégiée, dans le but de vérifier la possibilité d'une concorde entre théologie en Église et théologie en Université. Après l'avoir replacée parmi quelques modèles, on évoquera les difficultés propres aux réquisits de la recherche.

1. Les facultés entre l'Église et l'Université

Il serait théoriquement possible de mener une enquête sur les facultés de théologie catholique qui en France délivrent les diplômes canoniques. Si les rapports entre l'Église et l'État y demeurent assez

---

inscrit sur une liste de qualification, conformément à son grade universitaire, ni ensuite élu par une commission de spécialistes, maintenant un comité de sélection, où siègent des membres extérieurs à la faculté, la nomination étant faite finalement par le Ministère (cf. J. SCHLOSSER, « Une faculté d'État en théologie (Strasbourg) : un style théologique ? », dans COLL., *La responsabilité des théologiens*, p. 345-356).

[30] On aurait un bref historique dans L. PERRIN, « Esquisse d'une histoire de la Faculté de théologie catholique de Strasbourg » dans *Revue des Sciences Religieuses*, t. 78, 2004, p. 125-136. Le Centre Autonome de Pédagogie Religieuse créé à l'Université de Metz ne présente pas la même complétude.

stables, il conviendrait toutefois de retenir les évolutions en cours depuis plusieurs décennies : diplômes délivrés conjointement par convention entre un institut catholique et une université publique ; capacité offerte désormais à des formations privées d'entrer dans une école doctorale à laquelle participerait au moins un établissement public[31]. Mais, plus que par les rapports entre l'Église et l'État, notre question se trouve affectée par les rapports entre le religieux et le culturel. C'est en ce lieu que se sont préparés les changements les plus conséquents dans les rapports entre théologie ecclésiale et théologie universitaire, celle-ci cherchant à se détacher de celle-là. Quelques échos reçus de France et d'ailleurs suffiront pour dessiner trois modèles dont chacun se prêterait à diverses interprétations : l'intégral, le libéral, le dialogal. J'assume seul la responsabilité de ces dénominations[32]. Le premier modèle choisit par exclusion la théologie ecclésiale et le second, non moins exclusivement, la théologie universitaire. Seul le modèle dit dialogal refuse l'alternative afin de maintenir une théologie à la fois confessante et critique.

L'exercice de la théologie selon le modèle intégral a été le mode commun des séminaires, où la formation à l'intelligence de la foi, l'initiation à la vie spirituelle et la préparation au ministère presbytéral se trouvaient mutuellement intégrées dans une seule et même institution et sous l'autorité directe de l'évêque diocésain qui nommait, dans les limites de son conseil, des prêtres assumant l'ensemble des missions. Devenus souvent interdiocésains, les séminaires de France ont apporté maintes corrections au modèle, avec au premier rang la constitution d'un corps enseignant

---

[31] L'Institut Catholique de Paris a été pionnier, la même thèse pouvant conduire, après une seule soutenance, à un doctorat en théologie catholique et un doctorat en sciences des religions, par convention avec l'Université Paris IV. Pour les École doctorales, voir l'art. 7 (1) de l'arrêté du 7 août 2006 relatif à la formation doctorale.

[32] A. BIRMELÉ distingue trois modèles comparables dans la théologie protestante, au problème près et déterminant du Magistère : « Recherche théologique et responsabilité ecclésiale : un regard protestant » dans *Revue des Sciences Religieuses*, t. 78, 2004, p. 39-55, spécialement p. 49-51.

diversifié, mobile, spécialisé, largement ouvert aux contributions extérieures. Une distinction forte s'est introduite parfois, au cours des années soixante-dix, entre la formation presbytérale, assurée par le séminaire, et la formation théologique, confiée à un centre ou service interdiocésain : une extension de la situation connue entre les séminaires universitaires et les facultés de théologie. Mais il est arrivé qu'on revienne à la situation antérieure, avec emprise épiscopale sur le choix de tous les enseignants[33]. Or, le modèle intégral s'est invité dans la théologie dite facultaire avec l'institution canonique du Studium Notre-Dame dans l'École cathédrale du diocèse de Paris. Ce n'était pas là une restauration, sinon imaginairement par retour à l'état antérieur à la création des universités ; plus justement une innovation, un renouveau selon ses promoteurs. Rappelant la perspective qui avait présidé à l'initiative du cardinal Lustiger, l'un des doyens écrivait : « Il revient selon lui à l'évêque de confier une participation à sa charge d'enseignement, non pas à une équipe de savants, unis par cooptation et plus ou moins liés à la vie du diocèse, mais à un corps organique, sacramentellement rassemblé par l'évêque »[34]. La constitution d'une communauté facultaire intégrale, sacramentelle avant d'être intellectuelle, sous l'autorité directe de l'évêque docteur de la foi, se coupe, avec détermination, de la tradition universitaire. La recherche passe à l'arrière-plan, en même temps que se réduit l'espace interdisciplinaire. N'est-ce pas le Séminaire qui a finalement raison de la Faculté ?

À l'opposé du modèle intégral, le modèle libéral s'appuie sur le statut universitaire pour affranchir la théologie de l'autorité et de la vie ecclésiales. Dès lors, la théologie confessante s'efface au bénéfice des sciences des religions, quitte à garder sa dénomination.

---

[33] L'expérience a duré vingt-cinq ans dans la région Bretagne, mais avec un effacement progressif de la responsabilité intellectuelle du service théologique, dont j'ai assuré la direction par intérim, sur celle du séminaire, malgré le respect des normes communes.

[34] A. GUGGENHEIM, « Aron Jean-Marie cardinal Lustiger, 'apôtre et prophète' (Eph 3,5) » dans *Nouvelle Revue Théologique* t. 130, 2008, p. 33-36 (voir p. 34).

Le Canada francophone, travaillé par une révolution culturelle, aurait connu une évolution à étapes. Le transfert encore récent de l'espace ecclésial du Séminaire à l'espace public de l'Université obligerait ainsi la théologie à se soumettre à toutes les normes universitaires et à elles seules. « La théologie, écrit G. Routhier, sera évaluée en fonction de critères appliqués à toutes les disciplines »[35] : le niveau des effectifs en formation, la production et la diffusion de la recherche, la capacité d'autofinancement, la pertinence sociale et le rayonnement culturel. Si des résultats ont été atteints, à travers en particulier des collaborations interdisciplinaires, on comprend qu'une théologie confessante et ecclésiale ne favorise guère la réalisation de ces indicateurs. En conséquence, sauf retour au passé, la théologie universitaire ne répondra aux attentes de son milieu qu'en marginalisant l'intelligence de la foi. Une théologie s'en est toutefois accommodée depuis longtemps en pays protestants et anglicans : Scandinavie et Grande-Bretagne. Présentant les raisons de choisir les études théologiques, le site de la faculté d'Oxford répond : « pour ouvrir nos esprits à mieux penser nos valeurs, nos conduites et nos vies spirituelles, ce qui requiert de réfléchir sur les classes, les races et les genres, à travers les perspectives des religions et croyances des communautés locales »[36]. « À Oxford, est-il précisé, nous étudions la théologie comme un objet universitaire, de manière à la fois analytique et critique ». Tous les étudiants s'y retrouveraient, les uns pour s'éprouver, les autres pour s'ouvrir. Et comme la professionnalisation a touché la Grande-Bretagne avant la France, le site énumère les compétences transférables à partir de la théologie en y associant des domaines de métiers : le travail social, le journalisme, l'édition, la banque, l'administration, le conseil, la gestion, les ressources humaines, les relations publiques, « les forces de police et l'enseignement aussi bien qu'un ministère ecclésial ».

---

[35] G. ROUTHIER, « Le Canada francophone », dans J. DORÉ (éd.), *Le devenir de la théologie catholique mondiale depuis Vatican II. 1965-1999*, Paris, Beauchesne, 2000, p. 259-317 (p. 302).

[36] Site de la Faculté de théologie d'Oxford sous le titre : « Why choose Theology ? ».

À la différence des modèles intégral et libéral, un modèle dialogal voudra préserver et promouvoir une théologie confessante en favorisant les échanges à l'intérieur d'une université. À côté de départements de théologie devenus départements de sciences des religions, à côté également de facultés de théologie contraintes à l'isolement, les États-Unis ont connu l'émergence d'un modèle intermédiaire reposant essentiellement sur le désir des chercheurs d'entretenir un dialogue de confiance avec l'Église[37]. Des facultés protestantes connaissent une situation proche : en l'absence de lien institutionnel avec les Églises, nombre d'universitaires demeurent attentifs à leur confession et impliqués dans son existence. Alors que le Saint-Siège a cherché à offrir un statut à un état sorti du cadre canonique[38], la faculté de théologie catholique de Strasbourg continue de reposer sur une convention établie voici plus d'un siècle et renouvelée après la Première Guerre mondiale[39]. Si le cursus des études reste actuellement réglé sur la constitution apostolique *Sapientia christiana* (1979), il doit aussi être soumis à une habilitation quadriennale par le Ministère français en charge de l'Enseignement Supérieur et de la Recherche, selon le processus aujourd'hui commun : adaptation au schéma directeur retenu par l'université, approbation par ses conseils, évaluation par l'agence nationale compétente. Quand un grade canonique (*licentia docendi*)

---

[37] Voir A. DULLES, « Le statut de la théologie dans les universités catholiques aux États-Unis », dans *La responsabilité des théologiens*, p. 295-302, spécialement p. 300-302.

[38] Constitution apostolique *Ex corde Ecclesiae* (1990), Normes générales : « On envisage que d'autres universités catholiques, non établies ni approuvées selon l'un des modes ci-dessus [depuis le Saint-Siège jusqu'à un évêque diocésain], définissent, avec l'accord de l'autorité ecclésiastique locale, leurs propres normes générales avec leurs applications locales et régionales, les introduisant dans leurs documents administratifs, et, aussi loin que possible, conforment leurs statuts existants à la fois aux normes générales et à leurs applications » (art. 1, § 3 – trad. de l'anglais). Voir art. 3, § 3 : une université peut être dite catholique si, établie par des ecclésiastiques ou des laïcs, elle reçoit seulement le consentement de l'autorité ecclésiastique compétente.

[39] Sur les interprétations juridiques de cette convention, voir É. SANDER, « De 1902 à 2002 : la pérennité d'un statut » dans *Revue des Sciences Religieuses*, t. 78, 2004, p. 11-25.

ne correspond à aucun grade d'État, il faut construire une formation sur fonds propres, sous le statut de diplôme de l'Université de Strasbourg, donc aussi avec son accord. Un statut, aussi bon soit-il, ne suffit pourtant pas à faire vivre la théologie catholique dans une université publique. Si une difficulté surgit, mieux vaut lui apporter une solution dans les limites de cette université plutôt que par recours aux autorités de tutelle. Or ceci ne peut se réaliser, ni ne se réalise effectivement, sans une implication forte et sincère des théologiens dans la vie académique. Il leur faut se mettre au service tant de leur université que de leur faculté. Le « dialogue » ne sera pas ici un vain mot : échanges formels et informels avec les autres composantes d'enseignement et de recherche ainsi qu'avec les services et la direction de l'université ; acceptation de missions pour le seul bien de l'université et dans le respect de sa laïcité.

2. La question cruciale de la recherche

Une faculté de théologie établie dans une université publique par une convention internationale trouvera donc son meilleur appui, à travers la succession des réformes et la gestion du quotidien, dans le double engagement de ses enseignants. Une négociation occasionnelle entre les autorités de tutelle, si elle s'impose, ne remplacera jamais une collaboration permanente des théologiens avec leurs collègues dans l'ensemble des fonctions de l'université. Ils auront toujours à apporter les preuves de leur solidarité dans et avec l'établissement commun. Certaines difficultés demeurent, un ancien président d'université strasbourgeoise, déjà cité, le relevait avec aménité et gravité : « La principale concerne le processus de nomination des enseignants. Une université d'État peut difficilement être satisfaite que les recrutements opérés ne se passent pas exclusivement selon la libre décision des pairs et qu'un regard et des critères extérieurs au monde universitaire puissent venir remettre en question des choix fondés sur des raisons scientifiques[40]. » Autant

---

[40] F.-X. CUCHE, « Quelle place pour une faculté de théologie dans une

l'ancrage dans une vie ecclésiale sera perçu au pire comme un élément neutre, au mieux comme un élément favorable à l'étude des faits religieux, y compris par les sciences des religions, autant l'intervention de l'autorité ecclésiale dans la condition statutaire des enseignants sera de plus en plus mal acceptée, qu'elle prenne la forme d'un refus de nomination ou d'une privation d'enseignement. S'il y a là un point crucial, lourd d'une possibilité de crise immédiate, il en est un autre, aux effets à long terme mais en réserve dans les politiques actuelles de recherche. Les facultés de théologie de Strasbourg ne sont pas à ce sujet ni pour le présent particulièrement exposées[41]. Le problème se posera, s'il ne se pose déjà, à l'échelle européenne et sans doute mondiale.

La recherche, appui indispensable d'un enseignement universitaire, avive la compétition dans laquelle sont finalement entrées les universités du vieux continent. Pour les sciences les plus exposées à la compétitivité, l'Union Européenne ne représente plus qu'un voisinage. Le financement, la valorisation et l'évaluation de la recherche en viennent à se conditionner mutuellement. L'inquiétude apparaît sensible parmi les sciences humaines et sociales. Qu'en sera-t-il alors de la théologie confessante ? Même pour des projets circonscrits à une université et limités dans leur financement, les théologiens seront sollicités à conduire une recherche collective à travers des collaborations structurelles avec d'autres champs disciplinaires. Qu'ils soient ainsi non seulement obligés mais peut-être encore attendus apparaît immédiatement positif. Une théologie ecclésiale n'y aurait-elle pas la chance de se voir confirmée comme théologie universitaire ? Deux difficultés cependant se dessinent, l'une relative à certaines conditions requises, l'autre aux risques encourus. La première tient aux priorités imposées par la tutelle

---

université de service public française ? », p. 71.

[41] Le premier rapport de la toute nouvelle Agence d'Évaluation de la Recherche et de l'Enseignement Supérieur (septembre 2008) apparaît très élogieux pour l'École doctorale de théologie et sciences religieuses de Strasbourg, le seul point faible relevé étant le « taux très réduit de financement des doctorants ».

ecclésiastique dans le processus de nomination d'enseignants qui devront plus que jamais se révéler également des chercheurs. La seconde vient des orientations arrêtées par les organismes de recherche en fonction de directives étatiques mais aussi de ressources financières. En supposant que les premières conditions soient réunies, les projets interdisciplinaires soutenus risquent de s'arrêter aux frontières des sciences des religions et, juste au-delà, à la philosophie de la religion, laissant sur le côté la théologie en qualité d'herméneutique de la foi appelée à exercer une responsabilité propre dans un espace interdisciplinaire. Concrètement, l'étude historique de la théologie préserverait une chance, au milieu des recherches historiques et littéraires tournées vers le christianisme ; de même les analyses des pratiques catholiques, dans les recherches psychologiques et sociologiques menées sur les croyances, institutions et comportements religieux. Mais quelle recherche resterait possible, à l'intérieur de l'institution universitaire, sur l'intelligence de la foi de l'Église et l'exercice de sa mission ? Si les théologies systématique et pastorale se trouvaient alors séparées, pour la recherche, non seulement des autres savoirs mais de leurs disciplines associées, elles seraient marginalisées et, avec elles, une théologie à la fois confessante et critique. La dimension œcuménique n'y échapperait pas, écartée au bénéfice d'études simplement comparatives. La situation de l'éthique représenterait sans doute un cas particulier, pour autant que la recherche y resterait ouverte aux convictions partagées.

CONCLUSION

Une marginalisation de la recherche ne suffirait à réduire la théologie ni à une histoire ni à une philosophie de la religion, selon la perspective initialement retracée de P. Gisel. La liberté du jugement demeure, non dépourvue de rationalité. Cependant, l'écart s'élargirait inexorablement et dommageablement entre théologie en Église et théologie en Université, en raison non d'une décision hostile aux communautés chrétiennes mais d'une évolution des finalités et modalités de la recherche, ainsi que de l'effacement des traditions religieuses dans les cultures occidentales. L'état social, dans ses aspects à la fois culturel et économique, ne pèse-t-il pas dès maintenant plus lourd que l'autorité politique ? C'est dans cet horizon, aux issues certes incertaines, que la thèse de P. Gisel mérite attention, bien qu'elle ne pose directement qu'un problème épistémologique et que le problème institutionnel n'ait pas été examiné dans ses aspects juridiques et canoniques.

Si la théologie ne devait rester rationnelle qu'en devenant indéterminée, elle garderait sa place dans l'Université au prix de la perdre dans l'Église. Une théologie chrétienne n'aurait alors aucun motif de retarder une clarification institutionnelle. Mais une théologie identifiée à une philosophie de la religion ne trouvera-t-elle pas vite ses limites dans l'Université ? Si les sciences des religions, promises à se développer, lui accordent l'ouverture à une visée de transcendance, elles se réserveront l'étude des phénomènes religieux. Sciences humaines et sociales, elles s'affirment également libres à l'égard de toute théorie transcendantale de la religion. Dès lors, l'avenir d'une théologie sans détermination serait-il mieux assuré que celui de théologies avec détermination ?

En outre, croire à une détermination de Dieu dans l'histoire n'apparaît pas moins raisonnable que croire à son indétermination absolue. La seconde hypothèse garderait finalement pour unique avantage de rejoindre une pensée (trop) commune. D'autre part, couper le croire de toute détermination demande de scinder le christianisme de Jésus le Christ. Or, même si la question n'a pu être instruite en sciences historiques, il restait légitime de se rapporter au jugement de la foi : Jésus est le Christ, il est le Seigneur et le Sauveur. Ce jugement justifie d'opposer la théologie naturelle médiévale à la théologie moderne libérale, seule la première ayant inscrit ses raisons dans l'intelligence de la foi. Il autorise surtout les Églises chrétiennes à dépasser un comparatisme culturel en un œcuménisme doctrinal, en vue de se réconcilier et de se reconnaître à travers des consensus différenciés. Cependant, une herméneutique chrétienne de la foi doit se montrer aujourd'hui critique autant que confessante : capable d'abord de se mettre elle-même en cause ; capable ensuite de susciter un échange entre ses propres disciplines ; capable enfin d'entrer en confrontation avec les sciences humaines et sociales, en particulier du religieux, soit de se laisser interroger par elles mais aussi de s'employer à les interroger.

Une théologie à la fois confessante et critique voudra habiter en même temps l'Église et l'Université. Elle ne saurait y renoncer que par contrainte. Ce sont des choix opposés, donc exclusifs, qui engendrent les modèles dits intégral et libéral : choix d'un service théologique conçu comme une extension de la mission pastorale et doctrinale du ministère épiscopal ; choix d'un discours théologique soumis au statut des sciences des religions, affranchi de la vie ecclésiale aussi bien que de l'autorité ecclésiale. Mettre en avant un modèle dialogal n'apporte aucune solution institutionnelle et en supporte plusieurs : en université catholique, en université publique et à travers nombre de modulations. On ne pouvait qu'évoquer des exigences, des attentes, des inquiétudes, loin encore des inévitables et parfois difficiles ajustements juridico-canoniques.

Une perspective ecclésiale devait privilégier les attentes de la théologie à l'égard de l'interdisciplinarité universitaire. En retour, une perspective universitaire peut découvrir un avantage à une présence vivante du fait religieux sous la forme d'une autoréflexion de la foi. La nomination des enseignants demeure toutefois un problème difficile dans la mesure où il y a possibilité d'affrontement entre l'approche toujours intégrale de l'Église catholique et l'approche malgré tout libérale de l'Université, de sorte que les chances du dialogue se trouvent dévolues aux théologiens eux-mêmes, enseignants et chercheurs. Ceux-ci se trouvent alors appelés à une double fidélité, individuellement et collectivement, non seulement pour éviter les conflits entre les deux tutelles mais encore pour entretenir une collaboration universitaire. Une difficulté d'un autre ordre pourrait apparaître avec l'évolution de la recherche. L'Église risque en effet de s'attacher à d'autres priorités dans les critères d'attribution des autorisations de recrutement, au moment même où l'Université se sait entraînée à construire et soutenir des programmes qui, pour des raisons à la fois économiques et culturelles, condamneraient à l'isolement le cœur des théologies chrétiennes.

Les relations entre ecclésiologie et théologie dogmatique : L'Église, sujet et objet

Michel DENEKEN

INTRODUCTION

Pour le théologien, particulièrement pour l'ecclésiologue, l'Église est un objet d'étude, sinon de contemplation. Mais elle est aussi sujet de la théologie. Du point de vue de l'histoire, elle a d'ailleurs été sujet avant d'être objet. Faut-il rappeler que l'ecclésiologie constitue une discipline somme toute récente ? L'Église de sujet devient objet à mesure que se fait impérieuse pour elle la nécessité de se définir *contre*. Apostolique, primitive ou patristique, elle doit se définir comme grande Église contre les sectes, contre la gnose, Arius, Nestorius, Pélage, etc. Origène écrit contre Celse et Irénée contre les hérésies. Latine, centralisée et universaliste, elle doit définir les contours de son identité contre l'Orient à partir du XIe siècle. Catholique romaine, elle cherche à s'affirmer contre la Réforme au XVIe siècle. L'ecclésiologie comme discipline naît en partie dans la fièvre controversiste d'une Église qui prend conscience de soi dans une sorte d'adolescence intellectuelle où elle advient à sa propre conscience en luttant contre l'hérésie protestante, et donc, en se confessionnalisant.

L'ecclésiologie implicite se trouve présente dans toute sa diversité théologique et culturelle dans le Nouveau Testament et s'explicite particulièrement dans les moments de crises et de déterminations, par exemple au moment de choisir un successeur à Judas, de s'ouvrir aux juifs et aux païens, d'instituer des responsables de communauté, d'inventer des conseils pour trancher les débats, ou encore de définir qui est dans l'Église et qui est en dehors. On peut même aller jusqu'à dire qu'il y a une ecclésiologie implicite dans la christologie, comme il y a une christologie implicite dans l'ecclésiologie.

Pour étudier l'articulation entre l'ecclésiologie et la théologie dogmatique, il peut se révéler fécond d'aborder plus particulièrement le rapport entre ecclésiologie et christologie. Ceci permet de mettre en évidence le fait que l'ecclésiologie n'est pas dogmatiquement première. Est premier le kérygme pascal confessé au sein d'une communauté. L'Église en constitue le lieu de proclamation en tant que communauté du Ressuscité. Ce simple point de départ situe la manière dont l'ecclésiologie entre dans la dogmatique, ce qu'atteste le *Credo ecclesiam.* Alors qu'il professe croire *en* Dieu Père, Fils et Esprit, le fidèle croit l'Église.

LA DISTINCTION ENTRE CHRIST ET ÉGLISE

Pour définir les liens entre christologie et ecclésiologie, il faut penser une différence instituée et instituante tout en considérant le caractère instituant comme premier[1]. C'est peu dire que la relation entre le Christ et l'Église apparaît au premier plan de la tradition de l'ecclésiologie catholique romaine. Dans ce sens, Vatican II peut se lire comme un correctif, timide, certes, mais réel, par l'incorporation d'une pneumatologie censée corriger la tendance au christomonisme de l'ecclésiologie romaine, visant à maintenir entre Christ et Église une nécessaire et salutaire distinction. Pour dépasser une ecclésiologie du « Christ continué », tentation récurrente de la théologie catholique des siècles passés, on insiste sur la différence assurée et maintenue par l'Esprit Saint. La dimension christologique ne se trouve pas amoindrie par cette émergence de la pneumatologie. Bien au contraire, la christologie n'atteint à sa véritable dimension que sous cette condition d'être pneumatologique[2].

---

[1] Comme le montre H. LEGRAND, « Grâce et institution dans l'Église : les fondements théologiques du droit canonique », dans J. -L. MONNERON, M. SAUDREAU (e.a.), *L'Église : institution et foi*, Bruxelles, Publication des Facultés universitaires Saint-Louis, 1979, p. 173-193.

[2] Cf. A NOSOL, « Christologie und Pneumatologie », dans *Collectanea*

La manière dont la théologie catholique conçoit le lien de fondation entre Jésus et l'Église éclaire bien la question du lien entre christologie et pneumatologie. En effet, le débat s'est d'abord focalisé sur la question du lien entre le Jésus de l'histoire et l'apparition de l'Église institutionnelle, avant d'être compris comme un lien de nécessité dogmatique. Il s'agit alors de confesser le Christ avec et dans la bonne Église. Or, s'il est théologiquement juste de dire qu'elle a également pour origine, donc pour fondation et fondement, l'Esprit Saint, il convient de faire place alors à la dimension pneumatologique de l'Église non seulement dans son actualité, mais également dans sa manifestation dans l'histoire. Cette dimension apparaît pour le moins négligée, presque un demi-siècle après les impulsions de Vatican II, alors qu'au début du XIXe siècle, des théologiens tels que Drey ou Möhler ont mis cette dimension en évidence. Ainsi Möhler commence son ecclésiologie par une pneumatologie[3], et non sans parenté revendiquée, Y. Congar, affirme que l'Esprit Saint est co-instituant de l'Église : « L'Église apparaît venir à la fois du Verbe en son incarnation et de l'Esprit – ou du Seigneur glorifié – incessamment actif au-dedans des personnes comme des structures sacramentelles ou juridiques. Vraiment, Dieu opère avec ses deux mains conjointes »[4]. La fondation de l'Église par l'Esprit Saint apparaît, dans l'ordre de la Révélation, comme tout aussi historique que les actes fondateurs d'Église posés par Jésus,

---

theologica Warszawa, 1980, vol. 50, p. 103-122.

[3] Dans l'avant-propos de *L'Unité*, Möhler écrit, en 1825 : « Il pourrait sembler étrange que je commence par le Saint-Esprit quand le centre de notre foi est la personne de Jésus-Christ. Évidemment j'aurais pu dire que Dieu le Père a envoyé son Fils, qui est devenu notre Rédempteur et Maître, nous a promis l'Esprit Saint et n'a pas failli à cette promesse. Mais ces choses étant connues, j'ai préféré, dès le début, entrer dans le vrai centre de la question. Le Père envoie le Fils, et le Fils envoie l'Esprit Saint. C'est ainsi que Dieu est venu à nous. Et c'est dans le sens inverse que nous parvenons à Dieu. L'Esprit nous conduit au Fils et le Fils au Père. Aussi ai-je voulu commencer par ce qui, dans notre devenir-chrétien, se présente en premier lieu selon le temps », cf. M. DENEKEN, *Johann Adam Möhler,* Paris, Cerf, 2007, p. 66-69 et p. 134-139.

[4] Y. CONGAR, *La Parole et le Souffle* (coll. *Jésus et Jésus-Christ*, 20), Paris, DDB, 1984, p. 135.

tels, entre autres, que l'appel des disciples, la prédication du Règne, l'institution de l'eucharistie. L'Église n'est donc pas seulement *Creatura Verbi*, mais également *Creatura Spiritus Sancti.*

Puisque le même Esprit a historiquement suscité Jésus-Christ et continue de parler dans l'Église, le lien de continuité entre christologie et ecclésiologie est donc la pneumatologie. Mais en même temps qu'il assure une continuité, l'Esprit maintient une distinction en vertu de laquelle l'Église peut continuer d'annoncer la venue du Règne de Dieu (*martyria*), de célébrer les signes du salut (*leiturgia*) et de mener la communauté chrétienne sur les chemins du serviteur (*diakonia*), sans se confondre ni avec le Christ, ni avec le Règne annoncé.

Certains ecclésiologues contemporains, tels que M. Garijo-Guembe[5], ou M. Kehl[6], traitent la dimension christologique dans la dimension pneumatologique de l'Église. Par là, ils ne cherchent pas à développer une conception enthousiaste, spiritualiste ou anti-hiérarchique de l'Église, mais veulent mettre en évidence le caractère d'anamnèse de la christologie en montrant que si Jésus est confessé Christ et Seigneur, si le Livre est lu dans l'assemblée comme Parole actuelle de Dieu, et l'Eucharistie célébrée comme présence réelle du Ressuscité, il s'agit là de l'unique œuvre de l'Esprit. C'est pour éviter une christologie qui s'épuiserait en ecclésiologie qu'ils posent d'abord la pneumatologie en affirmation de principe tant historique que théologique. Il s'agit d'une part de lutter contre une réduction de la christologie dans les limites de la seule ecclésiologie et, d'autre part, de dépasser l'apologétique qui culmine trop souvent dans l'apologie de l'Église catholique.

On ne peut pas faire remonter la fondation historique de l'Église, comme on l'a fait des siècles durant, à de simples actes fondateurs formels et juridiques du Jésus historique. Dans sa structuration institutionnelle concrète, l'Église n'est pas un prolongement pur et

---

[5] M. M. GARIJO-GUEMBE, *Gemeinschaft der Heiligen, Grund, Wesen, Struktur der Kirche*, Düsseldorf, Patmos Verlag, 1988; Introduction.

[6] M. KEHL, *Die Kirche. Eine katholische Ekklesiologie*, Würzburg, Echter Vlg, 1992, p. 67-78

simple des actions de Jésus de Nazareth. Elle est le fruit de Pâques-Pentecôte. Cette conception commence par apparaître chez des théologiens que l'on peut considérer comme les pères de l'ecclésiologie contemporaine. Le premier, J.A. Möhler, le dit ironiquement : « Dieu a créé la hiérarchie ; ainsi l'Église est plus que pourvue jusqu'à la fin des temps »[7]. Une telle conception anhistorique de la naissance de l'Église a souvent réduit l'ecclésiologie à la seule fondation dogmatique de la hiérarchie ecclésiastique. Au contraire, Vatican II, par exemple en *Lumen Gentium* 5, opte pour une conception de la naissance de l'Église qui s'inscrit dans l'histoire du salut.

L'ÉGLISE *CREATURA SANCTI SPIRITUS*

L'identification dogmatique de l'Église avec Jésus-Christ a été corrigée à Vatican II. Möhler, qui utilise l'expression « Église incarnation continuée », ne manque jamais de souligner le caractère analogique de cette affirmation qui sera ontologisée dans la suite par une certaine néo-scolastique. Il se prémunit contre toute assimilation entre Christ et Église en commençant son *Unité* par la pneumatologie. On voit bien l'utilisation dont une telle confusion entre Christ et Église a pu faire l'objet, notamment dans une certaine justification de la hiérarchie ecclésiastique. De même, on comprendra aisément qu'un tel amalgame permet de faire remonter cette structure hiérarchique de l'Église directement en amont au Jésus historique, de sorte qu'en aval, elle peut être présentée comme le seul lieu de la présence continuée et efficiente du Christ dans le monde[8].

---

[7] Recension de T. KATERKAMP, *Des ersten Zeitalters der KG 1. Abt*, dans *Theologische Quartalschrift*, t. 5, München, Wewel, 1823, p. 297. Notons que nombre de commentateurs n'ont pas vu le caractère ironique de cette affirmation de Möhler qui voulait justement dénoncer le caractère trop juridique et purement sociétal d'une ecclésiologie qui réifie l'Église.

[8] M. KEHL, *Die Kirche. Eine katholische Ekklesiologie*, p. 79 et s. ; H. J. POTTMEYER, « Der eine Geist als Prinzip der Einheit in Vielfalt : Auswege aus einer christomonistischen Ekklesiologie », dans *Pastoraltheologische*

L'ecclésiologie catholique n'a pas purement et simplement chassé l'Esprit Saint de son champ. La pneumatologie n'en a jamais été totalement absente. On peut même constater qu'on en parlait même beaucoup, quoique de manière très formelle. Par exemple, pour évoquer la succession apostolique, on a recours à la « *pipeline theory* » dès les premiers siècles[9], et pour fonder le pouvoir juridique on distingue *potestas jurisdictionis*, *sacra* et *ordinis* lorsqu'on ne les confond pas purement et simplement[10]. Deux fonctions sont alors dévolues à l'Esprit Saint dans les traités d'ecclésiologie classiques. La première consiste à assurer le caractère infaillible des actes sacramentels que pose la hiérarchie, ainsi que leur efficience, qui s'étend à l'enseignement doctrinal et à la prédication du magistère ; la seconde est d'animer le corps ecclésial selon la métaphore du Corps mystique. Si l'Église est le corps, le Christ en est la tête et l'Esprit en constitue l'âme (Augustin, Léon XIII, Pie XII[11]). Dans le sens très précis que l'aristotélico-thomisme défère au concept de *forma corporis ecclesiae*, l'Esprit Saint est le principe formel et interne, la *forma formans* de l'Église visible qui s'extériorise en une *societas perfecta.* Autrement dit, l'Esprit Saint fait du corps du Christ visible, hiérarchiquement structuré, le corps mystique du Christ.

La transposition du binôme anthropologique corps-âme dans le domaine de l'ecclésiologie a conduit à une atrophie de la dimension

---

Informationen, t. 5, 1985, p. 253-284; p. 259: W. BREUNING, *Zur Einheit von Christologie und Ekklesiologie*, Düsseldorf, Pamos Verlag, 1980, p. 134-156.

9 Cf. John J. BURCKARD, *Apostolicity then and now. An ecumenical Church in a Postmodern World*, Collegeville, USA, Minnesota, A Michaael Glazier Book, 2004, notamment p. 17 ss. ; cf. J. RATZINGER, « Bemerkungen zur Frage der apostolischen Sukzession », dans K. SCHUH (éd.), *Amt im Widerstreit*, Berlin, Morus, 1973, p. 42 ss.

10 Cfr. L. VILLEMIN, *Pouvoir d'ordre et pouvoir de juridiction. Histoire théologique de leur distinction* (coll. *Cogitatio fidei*, 228), Paris, Cerf, 2003.

11 Pie XII, dans *Mystici Corporis* développe cette idée (Denz. 3308-3310) qu'il reprend explicitement de Léon XIII, dans *Divinum illud* (Denz. 3328) ; cfr. Augustin, *Sermon 267* en la fête de la Pentecôte, I,4, n. 4, PL 38, 1231D : « Ce que notre esprit, c'est-à-dire notre âme, représente pour nos membres, est la même chose que ce que l'Esprit Saint représente pour les membres du Christ, pour le Corps du Christ qui est l'Église ».

pneumatologique. Si nous restons dans le domaine formel de l'analogie, on ne saurait poser un principe dualiste corps-âme dont les deux éléments, par ailleurs disjoints, seraient fixés l'un à l'autre par l'Esprit, ce que l'anthropologie biblique interdit. Dans la représentation corps-âme, le Saint-Esprit n'est plus considéré pour ce qu'il se révèle être, à savoir un don libre et gratuit, sur lequel personne n'a prise, et qu'il faut sans cesse demander au Père, mais comme un agent de permanence contraint. Or la liberté constitue la nature même de l'agir de l'Esprit (Jn 3,1-8). L'ecclésiologie s'est longtemps trouvée exposée au danger qui consiste à identifier l'Esprit Saint au cœur le plus intime de l'Église, induisant une sorte de monophysisme ecclésiologique qui finit par dissoudre presque totalement la part d'humanité dans la divinité. En conséquence, une telle réification de l'Esprit Saint conduit à une divinisation des structures et à une confusion entre la volonté humaine des membres de la hiérarchie et la volonté de Dieu. Ce que saint Augustin a encore consciemment utilisé comme une comparaison, une figure de rhétorique, lorsqu'il affirme que l'Esprit Saint agit dans l'Église *comme* l'âme dans le corps, devient un principe formel chez Bellarmin (1542-1621) et dans l'essentiel de la théologie de l'Église post-tridentine. C'est ainsi que l'on aboutit à l'affirmation : l'Esprit *est* l'âme de l'Église. Seul Louis Thomassin (1619-1695), lointain ancêtre de l'ecclésiologie sacramentelle, a cherché des voies de salut hors de cette impasse[12].

La double origine historique de l'Église en Christ et dans l'Esprit impose dès lors de conjoindre deux affirmations. D'une part, l'Esprit, donné en plénitude dans le Christ, se déploie à partir de lui, mais n'est pas limité à lui : on peut parler d'une indépendance de l'Esprit et d'une œuvre qui lui est propre. D'autre part, l'effusion de l'Esprit, qui dépend de l'œuvre messianique accomplie dans le Christ, ne cesse de renvoyer à celle-ci : l'Esprit ne fait pas une

---

[12] Cf. « Les romantiques allemands, promoteurs de la notion d'Église sacrement du salut ? » dans *Revue des Sciences Religieuses,* t. 67/2, 1993, p. 55-74.

œuvre autre que celle du Christ, qui constitue le critère de discernement pour l'œuvre de l'Esprit.

L'ecclésiologie occidentale s'est trouvée déséquilibrée quand elle a hypertrophié le pôle christologique. Il en a résulté notamment que l'on se plut à considérer la vie de l'Église moins sous le signe de sa vitalité charismatique que sous le seul angle de sa dimension institutionnelle, l'Esprit lui étant en quelque sorte subordonné lorsqu'on ne voit en lui que le garant et l'animateur de cette institution. La réintroduction, dans la ligne de Vatican II, de la dimension pneumatologique de l'Église, et sa double référence dynamique au Christ et à l'Esprit, conduit alors à remettre en valeur l'aspect sous lequel l'Église est « improvisation de l'Esprit » (K. Rahner).

Il en résulte, entre autres, une double conséquence. La première concerne l'histoire du salut. Si l'Église est liée à l'œuvre que le Christ a accomplie « une fois pour toutes », elle est aussi, toujours, une création nouvelle de l'Esprit. Cela signifie que la vie de l'Église ne saurait s'envisager comme la simple continuation et le perfectionnement d'un dispositif qui prendrait sa forme définitive à un moment donné de son histoire, et serait figé à une époque et selon une expression que les idéologies ecclésiales fixent selon leur stratégie. L'Église ne s'édifie pas non plus sur le mode de l'extension d'un dispositif, selon des plans éprouvés et patentés, comme cela peut apparaître dans l'ambiguïté de l'expression *plantatio ecclesiae* parfois utilisée dans le vocabulaire de la mission, mais en vertu de l'accueil et du discernement du nouveau et de l'inédit. La seconde concerne la dimension pneumatologique actuelle de l'Église. En sa réalité concrète, elle apparaît comme l'œuvre conjointe des croyants et de l'Esprit. En effet, elle vit des initiatives et des décisions prises par les croyants dans l'Esprit : elle naît de l'événement pascal et se développe selon des décisions prises en fonction des événements et des situations, ainsi qu'en témoignent les Actes qui rendent compte des décisions prises par l'assemblée de Jérusalem en vertu d'un « nous » apostolique et pneumatologique :

« L'Esprit et nous avons décidé... » (Ac 15,18), dans une sorte d'improvisation de l'Esprit face à une situation inédite.

La question alors posée est celle du discernement à mettre en œuvre dans cette créativité. Le critère et la référence ne peuvent être autres que le Christ et son Évangile, médiatisés dans l'Église par la Parole et les sacrements ainsi que par le ministère pastoral qui a pour rôle propre de maintenir vivante la fidélité à la tradition reçue des apôtres. Cependant, ce ministère ne peut pas monopoliser de façon autoritaire cette fonction de discernement, car il est lui-même lié à cette foi telle qu'elle est vécue dans la communauté ecclésiale, et ses initiatives doivent être reçues dans le *sensus fidei*. Concrètement, il y aura toujours une tension entre la nouveauté qui peut être signe de l'Esprit et la nécessité de la référence à l'événement unique et singulier du Christ et de son œuvre : que commande la fidélité à l'Évangile ? Ce fut déjà l'enjeu de l'assemblée de Jérusalem. Comment être ouvert à l'action de l'Esprit et faire œuvre de créativité, sans risquer que l'Église devienne infidèle ou insignifiante dans la dérive et la dispersion ? Comment, à l'inverse, discerner et, s'il le faut, trancher, sans se refuser à l'Esprit ?

La volonté de fidélité au dépôt de la foi reçue des apôtres constitue la dynamique de l'apostolicité de l'Église. Celle-ci a été comprise dès les origines comme une écoute de l'Esprit. Les Églises sont invitées, dans leur pérégrination terrestre, à « entendre ce que l'Esprit a à leur dire » (Ap 2, 18-29). Cette réponse à l'angoissante question de la fidélité au Christ suppose la vitalité des liens et des processus de communion dans l'Église, et le bon fonctionnement des institutions qui les promeuvent et les servent, mais aussi un sens de la communion qui doit permettre d'échapper à la fois au conservatisme institutionnel et à son inverse symétrique, la volonté sectaire d'imposer à tous le point de vue particulier d'un individu ou d'un groupe.

Dans la contextualité de l'Église aujourd'hui, il ne peut plus y avoir de travail ecclésiologique en catholicisme qui ne prenne pas en compte les autres élaborations théologiques confessionnelles. Et en christianisme, il ne peut plus y avoir d'ecclésiologie sans prise en compte des autres religions.

LE STATUT DE LA RÉVÉLATION POUR L'ECCLÉSIOLOGIE

La question du rapport qu'elle entretient avec la théologie dogmatique conduit immanquablement l'ecclésiologie à se situer au sein d'une théologie de la révélation développée du point de vue de l'histoire du salut. En mettant en évidence le lien entre ecclésiologie et christologie, le travail ecclésiologique renvoie immanquablement à la mission de l'Église elle-même comprise à partir de la christologie de l'Envoyé. Le Christ est l'envoyé de Dieu dans le monde ; en ce sens, il n'y a pas de christologie sans missiologie au sens large. Or le concept de révélation opératoire jusqu'au milieu du siècle dernier relevait d'un modèle qui procède d'une théorie de la connaissance, en l'occurrence une *manifestatio veritatis* et, dans ce sens, une *manifestatio fidei*. Avec le concile Vatican II, un nouveau modèle est promu, celui de l'autocommunication historique de Dieu, nouvelle perspective qui envisage la révélation selon un modèle historique de l'établissement d'une communion. Jésus-Christ est, dans ses paroles, ses actes, dans son existence même et par elle, le révélateur par excellence[13].

Du point de vue ecclésiologique, il s'ensuit que le mystère ineffable, inouï, de Dieu commence par être rencontré comme le mystère sans forme (*gestaltlos*) dans le contexte de la finitude et de la temporalité qui marque la vie humaine dans sa dimension historique. L'homme expérimente alors le sacré comme la venue dans l'ici-bas du « là-haut », si bien qu'il parlera d'une épiphanie, au sein de la finitude, de ce qui est infini. Le symbole dans sa forme terrestre parlera d'un mystère qui se trouve au-delà de toute réalité terrestre, et donc de toute forme. Dans le symbole, le lointain et le proche sont donnés à expérimenter. Ce qui est l'être-ici parle de ce

---

[13] H. DÖRING, *Grundriß der Ekklesiologie. Zentrale Aspekte des katholischen Selbstverständnisses und ihre ökumenische Relevanz*, Darmstadt, Wissenschaftliche Buchgesellschaft, 1986, p. 8 et suivantes.

qui est au-dessus de l'être. Mais cette différence ne se creuse pas, elle est au contraire expérimentée comme singulièrement unie. Dieu parle dans son épiphanie, son symbole (Rahner) et l'homme, rencontrant ce symbole, ce sacrement de la présence de Dieu, est plus qu'un symbole.

Ainsi l'Église fait partie de ce qui est donné dans la révélation comme une « institution de la *communio* ». Elle rend possible la communication des êtres dans leur singularité de membres historiques de l'Église et leur commune demeure dans la communion des saints, parce que l'Esprit Saint instaure la rupture nécessaire qui permet la différenciation des sujets croyants et la pérennité de la présence du Christ au monde par la communauté de ceux qui croient en lui. Rahner évite certes de parler de l'Église comme Christ continué, mais il affirme que l'Église telle qu'elle procède de Jésus-Christ se situe dans une continuité historique[14]. La nature de l'Église comme telle ne saurait constituer un sujet de réflexion théologique si elle était distinguée de la question de sa fonction. Nature et fonction de l'Église ne sont au demeurant qu'une seule et même réalité pneumatologique christologiquement déterminée. Le récit de la Pentecôte évoque une Église manifestée au monde ; nature et fonction y apparaissent confondues quand l'Esprit rend possible la prédication et le témoignage en même temps que l'agrégation des témoins et des baptisés au sein d'une même communauté ecclésiale.

On peut faire là une analogie avec les ministères. L'Église tire sa légitimité de sa fonction dans l'histoire du salut. Si fonctionnalisme il y a, ce n'est bien entendu que dans l'ordre de la révélation et de son économie. L'Église est alors vraiment comprise à partir de ce qu'elle est, à savoir la manifestation historique du salut offert en Jésus-Christ. Une alternative se dessine donc : soit l'histoire elle-même a une signification sotériologique, soit le salut advient seulement dans l'intériorité subjective et ne touche guère les franges de l'existence consciente. Pour sortir de cette alternative, une

---

[14] H. DÖRING, p. 387.

possibilité s'offre : comprendre l'Église non pas comme une institution nécessaire à la préservation d'un message ou au dépôt d'une doctrine, mais comme une communauté historique qui relaie l'offre concrète de salut en Jésus-Christ par la prédication de son Évangile. Du point de vue de la théologie fondamentale, l'Église peut se concevoir ainsi comme insérée dans le processus de révélation historique et d'auto-communication de Dieu.

On pourrait penser que cette manière de présenter l'ecclésiologie relève d'une conception seulement catholique. Or, pareille conception se retrouve en terre luthéro-réformée. C'est le cas de Dietrich Bonhoeffer : « Dieu nous a parlé ; il s'est révélé à nous dans l'Église. L'Église du Christ est le lieu de la révélation de Dieu. Ceci appelle notre reconnaissance »[15]. Cette Église ne résulte pas d'une déduction ; elle n'est pas une réalité de foi secondaire[16]. Bonhoeffer va même plus loin lorsqu'il affirme que « l'Église est toujours déjà là ». « La Parole du Christ vient de l'Église et est dirigée vers l'Église. Parce qu'il y a la Parole, il y a l'Église. Il n'y a de Parole de Dieu que dans l'Église. *Extra ecclesiam nulla salus* »[17]. Cette Église est « avant tout présente à notre volonté. Elle est l'agir représentatif (*stellvertretendes Handeln*) et l'actualisation du Christ, mise en œuvre par l'Esprit Saint »[18]. Bonhoeffer ne se situe en fait pas autrement que dans la pure tradition luthérienne qui affirme qu'en dehors de l'Église chrétienne, personne ne peut venir au Christ[19].

---

[15] D. BONHOEFFER, *Das Wesen der Kirche.* Aus Hörerschriften zusammengestellt und hrsg. von O. DUDZUS, Munich, Kaiser, « Kaiser-Traktate » 3, 1971, p. 16.

[16] « Sie ist nichts Abgeleitetes, nichts sekundäres », p. 51.

[17] D. BONHOEFFER, *Das Wesen der Kirche*, p. 54.

[18] D. BONHOEFFER, p. 53.

[19] M. LUTHER, *Grand catéchisme* II. *De la foi*, 3ème article, dans A. BIRMELÉ et M. LIENHARD, *La foi des Églises luthériennes. Confessions et catéchismes*, Paris-Genève, Cerf-Labor et Fides, 1991, n° 743.

LA PLACE DE L'ÉGLISE DANS LA FOI : *CREDO ECCLESIAM*

L'Église est nommée dans la confession de Nicée-Constantinople comme dans le symbole des apôtres après la mention de l'Esprit Saint. On la trouve aussi dans d'autres confessions de foi anciennes, dans le même ordre et avec davantage de précisions. Par exemple, dans la *Tradition Apostolique* la troisième question baptismale est : « Crois-tu au Saint-Esprit dans l'Église ? ». Qu'après la profession de foi en l'Esprit Saint soient déclinées d'autres clauses sur lesquelles porte la confession du chrétien, peut se comprendre à partir de la pneumatologie de l'Église ancienne. En effet, c'est l'Esprit qui parle par les prophètes qui annoncent la venue du sauveur envoyé par Dieu ; c'est l'Esprit qui éclaire et conduit l'Église dans la vérité ; il la dote de charismes et par sa fonction d'épiclèse il rend Dieu présent et agissant dans les sacrements ; c'est l'Esprit qui garantit au croyant sa participation à la vie divine et à l'immortalité. Dans cette ligne se situe saint Irénée :

> C'est à l'Église elle-même, en effet, qu'a été confié le « don de Dieu » (cf Jn 4,10) comme l'avait été le souffle à l'ouvrage modelé, afin que tous les membres puissent y avoir part et être par là vivifiés ; c'est en elle qu'a été déposée la communion avec le Christ, c'est-à-dire l'Esprit Saint, arrhes de l'incorruptibilité, confirmation de notre foi et échelle de notre ascension vers Dieu : car « dans l'Église, est-il dit, Dieu a placé des apôtres, des prophètes, des docteurs » (1 Co 12,28) et tout le reste de l'opération du Saint-Esprit (1 Co 12,11). […] Car là où est l'Église, là est aussi l'Esprit de Dieu ; et là où est l'Esprit de Dieu, là est l'Église et toute grâce (AH III, 24,1).

Partant du *Credo*, il faut se rendre à l'évidence que l'ecclésiologie se comprend dans la perspective de la pneumatologie, et comme le fruit de l'Esprit. On ne peut tout simplement pas penser l'Église sans d'abord construire une théologie de l'Esprit Saint. Lorsque Congar affirme que l'Église a été co-instituée par le Christ et l'Esprit Saint[20], il ne fait rien d'autre que d'en rappeler la manifestation historique à la Pentecôte. La place où se situe la mention faite de l'Église dans le *Credo* implique un enracinement théologique fondamental de l'ecclésiologie dans la perspective de la pneumatologie. Ce point de départ est honoré par la théologie contemporaine des grandes confessions chrétiennes. En revanche, il n'y a pas de communion de vue sur les modalités de l'agir de l'Esprit Saint.

Le christocentrisme ecclésiologique catholique a fondé l'insistance particulière de sa tradition confessionnelle sur la dimension institutionnelle et hiérarchique de l'Église, et, partant, des ministères. Corriger cette conception de l'Église pensée analogiquement avec le mystère de l'incarnation a été possible grâce au passage opéré par Vatican II, notamment dans la réception de *Mystici corporis*, à une ecclésiologie du sacrement. Dans cette perspective, les ministères deviennent la cause instrumentale qui produit l'Église, comme l'a montré Congar[21]. La tradition catholique comprend la continuité de l'Église, son caractère institutionnel et les différentes manifestations historiques de la tradition qui en procèdent dans la conception sacramentelle du ministère, la valorisation de la Tradition, ou encore l'affirmation de la succession apostolique. La tradition protestante, quant à elle, met davantage l'accent sur la liberté de l'Esprit Saint, sur le surgissement de formes toujours neuves, par lesquelles Dieu, au moyen de sa Parole, guide son Église, la soutient, la console et la pourvoit selon le sacerdoce universel des baptisés et le don de ses charismes. Pour Congar, les protestants comprennent l'action de l'Esprit Saint qui suscite l'Église selon le chaîne suivante : Dieu – croyants – Église – ensemble des croyants[22]. Les catholiques envisagent, quant à eux, cette succession à partir du *logos* incarné – Église-institution – vie chrétienne en Église. La même chose peut être dite du ministère.

---

[20] Y. CONGAR, *Je crois en l'Esprit Saint,* vol. 2, Paris, Cerf, 1979, p. 16.

[21] Y. CONGAR, « Ministères et structuration de l'Église », dans *Ministères et communion ecclésiale*, Paris, Cerf, 1971, p. 34 et suivantes.

[22] Y. CONGAR, *Jalons pour une théologie du laïcat*, Paris, Cerf, 1953, p. 55.

Dans la tradition catholique on aura Jésus-Christ – apôtres et ministère hiérarchique – Église alors que les traditions de la Réforme promeuvent généralement le schéma Saint-Esprit – Église – ministères. Mais les deux schémas se combinent pour rendre compte de la réalité chrétienne, comme le souligne Congar :

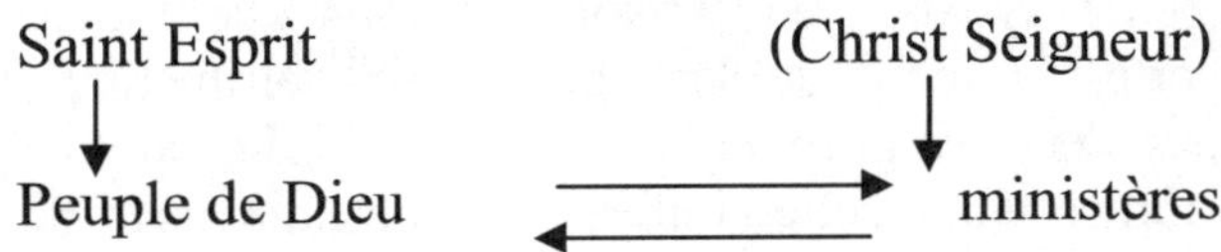

Dans la tradition orthodoxe, on parlera de la double dimension pneumatologique et christologique de l'Église comprise à partir du mystère de l'Incarnation et de la Pentecôte. « La vie sacramentelle de l'Église est la continuation de Pentecôte, ou bien plus encore, la vie de l'Église se fonde en deux mystères complémentaires : le mystère de l'eucharistie et le mystère de la pentecôte ; cette dualité se retrouvera tout le temps dans l'existence de l'Église »[23]. N. Nissiotis a formulé la critique classique à l'encontre du catholicisme en lui reprochant un christomonisme dont il voit l'origine dans l'application à l'ecclésiologie du *filioque* de l'Église latine. En effet, le sacramentalisme christocentrique l'emporte sur le prophétisme pneumatologique, la hiérarchie sur la liberté de la foi, la dimension pétrinienne sur la paulinienne, ce qui produit le cléricalisme et l'hypertrophie du ministère de Pierre[24]. Toutefois, si le constat est juste, la cause n'en est certainement pas le *filioque*, car les ecclésiologies pneumatiques nées dans les Églises de la Réforme n'ont pas donné au *filioque* cette même importance.

La dogmatique catholique doit sans cesse rappeler que dans le *Credo*, l'Église ne reçoit pas la même détermination syntaxique. Le

---

[23] G. FLOROVSKY, « Le corps du Christ vivant. Une interprétation de l'Église », dans *La Sainte Église universelle*, Neuchâtel, Delachaux et Niestlé, 1948, p. 19.

[24] N. NISSIOTIS, « The main ecclesiological Problem of the Second Vatican Council », dans *JES*, t. 2, 1965, p. 31-62 et p. 48 ; cf. également « La pneumatologie ecclésiologique au service de l'unité de l'Église », dans *Istina*, t. 12, 1967, p. 325.

« *in* » qui introduit les trois personnes de la Trinité est absent. Déjà à la fin de l'ère patristique, des auteurs tels que Fauste de Riez (410-495) s'étonnent que les articles complémentaires du *Credo* soient mis en dépendance de l'Esprit Saint:

> Ainsi, tu dis « je crois "en" la sainte Église catholique » ! Pourquoi essaies-tu de susciter une énorme confusion dans l'emploi de cette petite syllabe "en" ? Nous croyons que Église est, en quelque sorte, la mère de la régénération spirituelle ; nous ne croyons pas "en" l'Église en tant qu'auteur du salut. En effet, puisque l'Église universelle confesse que ce salut vient de l'Esprit Saint, comment pourrait-elle croire qu'elle a, en elle-même, ce pouvoir ?
>
> Donc, puisque l'enseignement reçu des Pères et répandu sur toute la terre confirme l'obligation absolue de croire en la seule Trinité, retranche cette syllabe « en » devant le nom Église ou bien affirme, par une profession de foi manifeste, en t'appuyant sur les Écritures, que tu crois, en toute certitude « en » l'Église, démontre-le par des témoignages, persuade-nous par les divines prophéties, après avoir renoncé à l'arrogance de tes paroles (I, 2)[25].

En dehors de la patristique tardive, d'autres traditions théologiques attestent cette interprétation : Alcuin, les grands scolastiques tels qu'Alexandre de Halès, Albert le Grand, Thomas d'Aquin. Le *catéchisme romain* assume cette interprétation lorsqu'il dit sans ambiguïté :

> Il faut donc croire qu'il y a une Église une, sainte et catholique. En ce qui concerne les trois personnes de la Trinité, le Père, le Fils, et le Saint-Esprit, nous croyons en eux en ce sens que nous mettons notre foi en eux. Mais nous modifions notre mode d'expression et confessons que nous croyons l'Église catholique, et non en elle[26].

Le sens des confessions de foi est donc clair : nous croyons au Saint-Esprit qui sanctifie l'Église et la conduit dans la vérité. Dans ce sens, l'Église peut être comprise comme une réalité sacramentelle

---

[25] FAUSTE DE RIEZ, *De l'Esprit Saint*, introduction, traduction et annotation de J. BERTHON, préface de G. SAVORNIN, Association pour l'étude et la sauvegarde du patrimoine religieux de la Haute Provence, Digne 1999. L'ouvrage est disponible à la *Librairie La Procure* à Paris ; CSEL 21, p. 103 et suivantes.

[26] *Catéchisme du concile de Trente*, Chapitre X, § IX.

qui se donne comme un point de contact, lieu de rencontre entre Dieu et son peuple et, par lui, avec le monde. *Lumen Gentium* 8,1 reprend l'analogie entre l'Église et l'incarnation, mais à partir d'une interprétation fonctionnelle de celle-ci. L'Église a une fonction, n'étant pas sa propre fin, mais instrument de l'Esprit Saint.

La dimension sociale et ecclésiale de la foi ne doit pas être oubliée. On croit dans et avec l'Église[27]. Ou comme l'écrit K. Barth : d'abord il y a l'Église, puis, par elle et en elle, les croyants[28]. La foi ecclésiale en Jésus-Christ dépend de la Tradition qui nous vient des communautés chrétiennes qui nous précèdent et, en dernier ressort, du témoignage des apôtres. C'est pour cela qu'il faut dire qu'il y a d'abord l'Église. Notre foi se réfère à la confession de foi de l'Église. Les conciles dans le passé n'ont pas cherché autre chose qu'à expliciter la foi comme l'atteste la formule de ratification du concile de Tolède : *Haec est catholicae Ecclesiae fides*[29].

CONCLUSION : *ECCLESIA MYSTERIUM LUNAE*

À côté des affirmations bibliques, des images de l'Église ont été forgées à partir de la philosophie hellénistique, de la mythologie, ou encore de la religion d'autres cultures. On a par exemple largement développé au IIIè siècle une ecclésiologie de l'Église *mysterium lunae* (mystère de la lune). Cette image, étrange au demeurant, devait caractériser le type de lien existant entre Christ et son Église. En effet, l'Église ne vit pas ni ne rayonne par elle-même ou à partir d'elle-même ; elle luit à partir du Christ qui est son soleil et donc sa lumière (*Lumen Gentium* 1). Comme la lune qui luit dans la nuit, ainsi l'Église fait resplendir au milieu de ce monde la lumière du Christ. Elle ne produit donc pas la lumière par elle-même, tout

---

[27] H. DE LUBAC, *Credo*, Einsiedeln, Johannes Verlag, 1975, p. 143.

[28] K. BARTH, *Kirliche Dogmatik, D* I/2, p. 230 et s. ; IV/1, p. 839.

[29] Cité par H. DE LUBAC, *Credo*, p. 145 ; H. DENZINGER, *Symboles et définitions de la foi catholique. Enchiridion Symbolorum*, édité par Peter HÜNERMANN pour l'édition originale et par J. HOFFMANN pour l'édition française, Paris, Cerf, 2005, DH 485.

comme elle ne secrète pas son propre message ni ne se trouve à l'origine du salut qu'elle offre. Comme un signe réconfortant dans la nuit des hommes, l'Église brille dans les ténèbres de l'ignorance, de la culpabilité, de la perdition. Son rayon de lumière est médiatisé par une luminosité matte et voilée. Tandis que le Christ est le soleil qui luit d'un éclat incomparable, la lumière que doit refléter l'Église est changeante, fluctuante, selon les phases et les saisons. Parfois croissante, parfois décroissante, elle est toujours tributaire de sa relation au Christ soleil. L'Église comme lumière peut même s'approcher de l'extinction parfois, mais c'est alors qu'elle repart pour une nouvelle phase de croissance.

La première phrase de *Lumen Gentium* évoque le thème de l'*Ecclesia mysterium lunae* auquel Hugo Rahner a consacré une brillante étude[30]. Ce thème a été repris, par exemple, dans *Novo Millenio Ineunte* en 2000 par Jean-Paul II[31]. Le pape affirme que les pères ont aimé cette image pour montrer la dépendance de l'Église par rapport au Christ (§ 54). Aujourd'hui, la réflexion sur l'herméneutique de l'ecclésiologie de communion conduit à dépasser la tension entre christomonisme et pneumatomonisme par une compréhension trinitaire du mystère de l'Église. On comprendra qu'il ne s'agit pas là de retourner à une conception statique mais de développer une dynamique. L'évolution convergente de théologiens venus d'horizons divers indique une direction à suivre. Karl Rahner et Yves Congar[32] insistent sur le développement d'une christologie pneumatologique. L'Église, mystère dérivé (Congar), est donc à la fois sujet et objet de la théologie. Comme sujet, elle se reçoit de l'Esprit Saint qui lui donne sa vie actuelle pour être la communauté

---

[30] Cf. H. RAHNER, *Griechische Mythen in christlicher Deutung*, Zürich, Rhein Verlag, 1957, Bâle, 1984.

[31] Citant saint Augustin: « Luna intelligitur Ecclesia, quod suum lumen non habeat, sed ab Unigenito Dei Filio, qui multis locis in Sanctis Scripturis allegorice sol appellatus est » dans *Enarr. in Ps.* 10, 3: CCL 38, 42.

[32] K. RAHNER, *Traité fondamental* de la foi. *Introduction au concept du christianisme*, tr. G. JARCZYK, Paris, Le Centurion, 1983, p. 353-355. ; Y. CONGAR, « Pneumatologie dogmatique », dans B. LAURET et F. REFOULÉ, *Initiation à la pratique de la théologie*, t. 2, Paris, Cerf, 1982.

d'accueil du Ressuscité vivant au milieu d'elle. Pour cette raison l'ecclésiologie s'enracine dans le double envoi par le Père du Fils et de l'Esprit. Comme objet, elle ne peut être déchiffrée que par les yeux de la foi, et donc sous la motion de l'Esprit, afin de conduire au Christ. Pour cette raison, l'Esprit Saint est le seul sujet qui, à travers les baptisés, puisse dire « je » crois et « notre » Père, se révélant ainsi agent de la communion des baptisés en une même foi.

Le statut pluridisciplinaire de la recherche en ecclésiologie Une requête de *Lumen Gentium* 8 : « L'Église, réalité complexe, faite d'un double élément humain et divin »

Hervé LEGRAND

Avant de réfléchir à la pluridisciplinarité inhérente à la recherche ecclésiologique, avant même de préciser ce qu'on peut entendre par pluridisciplinarité, il ne semble pas hors de propos d'attirer d'abord l'attention sur la distance qui existe entre l'ecclésiologie et l'Église.

L'ECCLÉSIOLOGIE ET L'ÉGLISE

Chacun le sait, la sociologie n'est pas la société ; ce n'est qu'une théorisation, un ensemble d'interprétations de la société, ou encore, plus modestement et plus exactement, un ensemble d'outils pour essayer de comprendre la société. Il est tout aussi évident que l'ecclésiologie n'est pas l'Église. Tout doctorant en théologie sait cela. Dès sa première année d'études même, tout étudiant en théologie s'est rendu compte qu'il y a, comparativement, autant de distance entre l'ecclésiologie et l'Église qu'entre la sociologie et la société.

Naturellement, aux yeux du croyant ordinaire, et même pour le croyant un peu spécial qu'est déjà, ou qu'est en train de devenir un doctorant en théologie, l'Église réelle est beaucoup plus importante que ce que l'ecclésiologie peut en dire. Les fidèles se sentent concernés, avant tout, par l'Église dont ils ont l'expérience, beaucoup plus que par les discours tenus à son sujet. Ils entretiennent toutes sortes de liens avec l'Église qui leur est familière, là où ils vivent. Mais ils s'intéressent aussi aux prises de parole et au rôle de leur Église à travers le vaste monde, tels que les médias les leur répercutent désormais, car ils ont pris conscience ainsi du fait que leur Église est devenue véritablement mondiale et véritablement multiculturelle, manifestant une catholicité qui conjugue les différences et l'unité. Il n'en va pas autrement pour nous, théologiens de profession. Même si c'est par la réflexion ecclésiologique que nous aurons à nous mettre à son service, cette Église, qui est localement *notre* Église et qui est *notre* Église à travers la planète, compte aussi pour nous beaucoup plus que l'ecclésiologie : la manière même dont nous avons été affectés récemment par les échos irrationnels suscités par la conférence de Benoît XVI à Ratisbonne le montre bien.

Au regard de cette Église que nous aimons, et qui peut aussi nous irriter, justement parce que nous l'aimons, l'ecclésiologie est une réalité bien ténue. Car l'ecclésiologie n'est pas autre chose que la diversité des interprétations formulées par les théologiens au sujet de l'Église, et la conversation qui s'ensuit entre eux, et tout autant, on l'espère, entre eux et les pasteurs et les fidèles intéressés, auxquels ces mêmes théologiens souhaitent être utiles. Ces interprétations sont nécessairement des simplifications, à vrai dire quelquefois encore assez complexes, mais des simplifications tout de même, de la réalité ecclésiale. Ces simplifications ont à faire la preuve de leur utilité, une utilité que l'on aurait tort de croire universelle, car l'ecclésiologie savante n'est pas accessible à tout un chacun, et elle ne serait d'utilité directe que pour un petit nombre. En revanche, les futurs théologiens, les futurs prêtres et évêques en ont évidemment besoin. Ils ont bien raison de s'y intéresser, et de s'y intéresser techniquement. Car on ne saurait exercer lucidement des responsabilités dans l'Église sans bien connaître son identité profonde et ses fonctionnements habituels.

Approche pluridisciplinaire et non interdisciplinaire

Puisque l'ecclésiologie relève d'une approche « savante » de l'Église, il est compréhensible que l'on veuille réfléchir à l'intérêt, et même à la nécessité d'une approche pluridisciplinaire de l'ecclésiologie. En cohérence avec la remarque faite initialement on consacrera un premier temps à légitimer une telle approche, tant au point de vue de l'Église qu'à celui de l'ecclésiologie. Mais auparavant quelques précisions de vocabulaire sont nécessaires pour savoir ce qu'il faut entendre par pluridisciplinaire.

Une approche interdisciplinaire de l'ecclésiologie n'est guère envisageable

On confond souvent, dans le langage courant, l'interdisciplinarité et la pluridisciplinarité. Dans ses *Problèmes généraux de la recherche interdisciplinaire et mécanismes communs*, Piaget - une autorité en matière d'épistémologie, s'il en est - montre que la recherche interdisciplinaire a pour objet spécifique l'étude de mécanismes communs à plusieurs disciplines. Réussissant à identifier une parenté relative entre les problèmes que rencontrent les sciences de l'homme et les sciences de la vie[1], ce genre d'étude a permis l'émergence du structuralisme. Il suppose de se familiariser avec les problèmes de base et l'épistémologie spécifique de plusieurs autres disciplines que la sienne, et d'identifier des homologies dans leur pratique scientifique. Mais, dans notre domaine, une telle tâche n'a jamais été entreprise avec succès jusqu'ici, comme J. van der Ven le remarquait encore récemment :

> « Beaucoup de livres et d'articles ont été écrits sur le travail interdisciplinaire entre théologie et sciences sociales, sur ce qu'il est, sur sa raison d'être et sa méthode, mais je n'en connais pas de véritables exemples, et jusqu'aujourd'hui je n'en ai trouvé nulle part au monde »[2].

---

[1] J. HAVET (dir.), *Tendances principales de la recherche dans les sciences sociales et humaines*, t. 1, Paris, Mouton ; La Haye, Unesco, 1970, p. 559-628.

[2] J. VAN DER VEN, « Theorie der Kirche. Zwischen sozialwissenschaftlichen Empirie und theologischer Ekklesiologie », dans K. GABRIEL (Hrsg.), *Zukunftsfähigkeit der Theologie. Anstösse aus der Soziologie Franz Xaver Kaufmanns*, Paderborn, Bonifatius Verlag, 1999, p. 55.

Inutile de nous attarder davantage sur l'interdisciplinarité. En revanche, il convient de réfléchir aux types de pluridisciplinarité qui peuvent et doivent être mis en œuvre en ecclésiologie.

Il n'y a pas de propos ecclésiologique vraiment pertinent sans recours à la pluridisciplinarité

L'ecclésiologie catholique s'est vue reconnaître une réelle autonomie depuis le siècle dernier, lorsqu'elle a pu s'émanciper des traités d'apologétique et de droit public ecclésiastique. Peu importe qu'on l'ait située, depuis, dans le champ de la dogmatique ou dans celui de la théologie pratique, ou dans les deux. Le fait est là, son émancipation a été rendue possible par le mouvement général de complexification de l'entreprise théologique, à l'instar de toutes les entreprises intellectuelles. Alors qu'au début du XIXe siècle, on pouvait encore rêver d'une approche encyclopédique de l'ensemble du savoir, en notre temps, aucun individu ne peut plus maîtriser l'ensemble des disciplines. Et, du fait de l'explosion des informations disponibles et de la spécialisation croissante dans tous les domaines, très rares sont ceux qui peuvent dominer même leur propre discipline. Pour les mêmes raisons, la théologie a éclaté, elle aussi, en une grande diversité de spécialisations et de méthodes, rendant la communication difficile entre théologiens pratiquant des disciplines différentes.

À titre d'exemple, voici comment un exégète de l'université de Yale décrit comme insurmontable, pour le théologien individuel, le fossé qui s'est creusé partout entre exégèse et dogmatique :

> « J'ai rapidement pris conscience qu'un rideau de fer sépare la Bible de la théologie, pas seulement à Yale [...], mais pratiquement dans l'ensemble du monde anglophone. Je suis convaincu que la faute en revient aux deux disciplines : des méfiances profondes et le désintérêt ont empêché jusqu'ici toute interaction ». La vie, ajoute-t-il, « est trop courte pour qu'un spécialiste de la Bible puisse faire autre chose que des lectures sélectives, en butinant ici et là »[3].

[3] B. S. CHILDS, Biblical Theology of the Old and New Testaments: Theological Reflection on the Christian Bible, Minneapolis MN, Fortress Press,

Naturellement, de tels propos valent pour les dogmaticiens qui voudraient parcourir le chemin inverse. Au moment d'entreprendre une thèse, de tels rappels à la réalité, au lieu de renforcer l'angoisse, devraient avoir un double bénéfice : ils justifient l'insistance des directeurs de thèse sur la nécessaire délimitation du sujet par leurs doctorants et ils permettent d'attirer l'attention des étudiants sur l'équipement requis pour traiter le sujet choisi, tempérant ainsi l'impatience de ceux qui espèrent de la pluridisciplinarité une vision synthétique, relevant peut-être plus de la nostalgie d'une vision holistique de la réalité que de la démarche proprement croyante.

Cette remarque ne disqualifie pas pour autant le souhait, compréhensible, de tout étudiant en théologie de parvenir à une vue d'ensemble de son savoir : c'est même en ecclésiologie qu'un tel souhait est le plus requis et le plus réalisable, car cette discipline exige de conjuguer dans l'acte théologique, l'esprit le plus spéculatif et le plus pratique. Il est presque impossible à un ecclésiologue de devenir un *Fachidiote*, comme disent joliment nos amis allemands en parlant d'un collègue qui sait tout d'un domaine particulier, sans rien comprendre à l'ensemble.

En effet, le traitement adéquat d'une question ecclésiologique ne peut qu'être pluridisciplinaire. Cela est requis par son objet même, cette Église « faite d'un double élément humain et divin », comme le rappelle Vatican II[4]. Elle relève donc tant du discours dogmatique que de nombreuses autres disciplines de l'ordre des sciences humaines. Ainsi tout savoir sur le devoir-être de l'Église, au sein de l'histoire et de nos sociétés, toute démarche ecclésiologique, suppose de prendre en compte l'exégèse, la dogmatique, le droit canon, la théologie pratique, etc. Voyons donc successivement comment le recours à la pluridisciplinarité est doublement requis,

---

1992, p. XVI.

[4] Précisons que l'usage du terme élément ici n'a pas un sens technique repérable. Son choix n'a pas été l'objet de discussions : il provient du vocabulaire de Pie XII dans *Mystici Corporis*, AAS 10, 1943, p. 222 et dans *Humani generis*, AAS 42, 1950, p. 571 (mais le mot ne s'y trouve pas à l'endroit indiqué par l'édition du Centurion).

soit que l'on se situe au point de vue de l'Église comme réalité de foi, soit que l'on réfléchisse au statut même de l'ecclésiologie au sein des différentes disciplines théologiques.

I. L'OBJET MÊME DE L'ECCLÉSIOLOGIE REQUIERT LA PLURIDISCIPLINARITÉ

1.1. Une pluridisciplinarité se légitimant à partir de l'Église comme réalité de foi

En ecclésiologie, il n'est plus nécessaire de fonder la légitimité du recours à une pluralité de disciplines, y compris à des disciplines relevant des sciences humaines. Pour l'immense majorité des théologiens catholiques de culture européenne ou nord-américaine, un tel recours apparaît même nécessaire. Un passage de *Lumen Gentium* a naguère autorisé, au sens fort de ce terme, cette démarche, au nom même de la foi. Voici le texte de son n. 8 qui entraîne le choix de l'épistémologie théologique à mettre en œuvre en ecclésiologie :

> « Le Christ, unique médiateur, crée et continuellement soutient sur la terre, comme *un tout visible*, son Église *sainte*, communauté de *foi*, *d'espérance* et de *charité*, par laquelle, il répand, *à l'intention de tous*, la *vérité* et la *grâce*. Cette *société organisée hiérarchiquement* d'une part et le *Corps mystique* d'autre part, l'*assemblée discernable aux yeux* et la *communauté spirituelle*, l'Église *terrestre* et l'Église *enrichie des biens célestes* ne doivent pas être considérées comme deux choses, elles constituent au contraire *une seule réalité complexe*, faite d'un *double élément humain et divin* ».

Par un tel énoncé, riche de tant de termes dont on relèvera l'articulation, la Constitution dogmatique sur l'Église de Vatican II encourage manifestement la théologie catholique à développer sur l'Église un discours théologique conjuguant la dogmatique et d'autres savoirs. Un tel énoncé coupe même l'herbe sous les pieds de quiconque voudrait soustraire l'Église à une approche relevant des sciences humaines, parce qu'elle relève de la foi. Car, bien différemment, dans ce texte conciliaire, l'Église se présente elle-même « à tous », « comme un tout visible », « discernable aux yeux » de quiconque s'intéresse à elle. Les concepts ainsi choisis, ceux de « société », « d'organisation », de « hiérarchie », de « visibilité sociale par tous », indiquent même, avec la clarté désirable, qu'on ne saurait comprendre l'Église, avec la justesse requise, sans lui appliquer des catégories sociologiques, en plus des catégories dogmatiques mentionnées, elles aussi, avec clarté : « communauté de foi, d'espérance et de charité », répandant « la vérité et la grâce », « corps mystique », enrichi « des biens célestes », « élément divin ». L'Église est « une seule réalité complexe », et non une juxtaposition d'éléments. C'est légitimement et nécessairement que l'épistémologie requise par un tel objet sera pluridisciplinaire, faisant appel non seulement à la dogmatique et à la sociologie, comme cela ressort avec évidence du vocabulaire choisi, mais aussi, en une légitime analogie, à l'ensemble des sciences humaines.

Il sera permis, il s'impose même, de signaler qu'on se trouve ici dans un climat bien différent de la tradition théologique luthérienne et réformée, selon laquelle l'Église, à laquelle nous croyons, est essentiellement cachée[5], ou invisible[6]. À notre sens, Rudolf Sohm était fidèle à l'héritage de la Réforme lorsqu'il a forgé son fameux *dictum* au sujet de l'Église : ce qui est visible en elle n'est pas l'Église, et ce qui, en elle, est véritablement Église ne saurait être

---

[5] Sur ce point, Luther s'exprime comme suit, de manière principielle : « Ce que l'on croit n'est ni corporel ni visible : l'Église romaine extérieure, nous la voyons tous ; aussi elle ne peut être l'Église véritable qui est crue, laquelle est une communauté ou une assemblée des saints dans la foi ; cependant nul ne voit celui qui est saint ou croyant », *De la papauté de Rome, contre l'illustre romaniste de Leipzig*, WA 6, 300-301. Certes Melanchthon voudra nuancer cette position en récusant que l'Église puisse être une *civitas platonica* ; mais sa formulation n'est pas comprise comme une correction véritable.

[6] Zwingli, source de la tradition réformée, oppose l'*ecclesia visibilis* et *invisibilis*, comme on le voit dans son *Expositio christianae fidei* de 1531, *Corpus Reformatorum*, vol. XCIII, pars V, Huldreich Zwinglis Sämtliche Werke, Bd. VI, V. Teil, Zurich, 1991, p. 109-110.

visible[7]. Cette conviction a été reprise quasi-littéralement, récemment, par l'évêque luthérienne de Hanovre, Margot Kässman. Certes, comme évêque luthérien, elle n'a pas, dans son Église, un magistère équivalant à celui d'un évêque catholique. Toutefois, on notera que son diocèse de Basse Saxe est le plus important diocèse de son pays et surtout que, déléguée au Conseil œcuménique des Églises et membre de son Comité central, elle a motivé sa démission de cette instance, par protestation de conscience contre le refus de l'Église orthodoxe de pratiquer une intercommunion qui contrevient à l'unité visible de l'Église. À la question de savoir : « *Quelle direction (devrait donc) prendre l'œcuménisme du XXI*[e] *siècle?* », elle répond : « *En premier lieu, je souhaite que l'on arrive à affirmer qu'aucune Église n'a la vérité et qu'aucune Église n'est l'Église "une", mais que chaque Église est témoin de la vérité et que l'on prenne pour point de départ l'*Ecclesia invisibilis, *l'Église invisible qui est l'Église une* »[8]. Si telle était toujours aujourd'hui la position officielle des Églises classiques de la Réforme[9], il y aurait

---

[7] Voici un de ses énoncés axiomatiques : « Die Kirche Christi ist unsichtbar. Darum gibt es keine sichtbare Gemeinschaft, welche als solche die Kirche Christi wäre. Auch sofern sie Wort und Sakrament besitzt und verwaltet, ist die sichtbare, "leibliche" Christenheit *nicht* Kirche Christi. Sie besitzt Wort und Sakrament nur äusserlich, scheinbar », *Kirchenrecht* Bd. II (Hrsg. E. Jacobi und O. Mayer), München-Leipzig, 1923, p. 135. [L'Église du Christ est invisible. Aussi n'existe-t-il aucune communauté visible qui, en tant que telle, serait l'Église du Christ. Même si elle possède la Parole et le sacrement et bien qu'elle les administre, la chrétienté visible et « constituée en corps » *n'est pas* l'Église du Christ. La parole et le sacrement ne sont siens qu'extérieurement, apparemment »]. NB : dans le vocabulaire luthérien, *Christenheit* (que nous traduisons ici littéralement par *chrétienté*) est, avec *Gemeinde* ou *Gemeinschaft*, la désignation habituelle de l'Église, le mot *Kirche* (Église) étant très rare sous sa plume.

[8] *Il Regno* n.10, 15 mai 2003, p. 297.

[9] À notre connaissance, il n'en existe pas de révocation officielle. La Concorde luthéro-réformée en Europe, dite de Leuenberg, ne touche pas à cette position, pourtant apparue comme intenable au temps du *Kirchenkampf* nazi, si bien que le Synode de Barmen énonça la thèse suivante: « Il est impossible dans l'Église de séparer la confession de foi et l'organisation extérieure », Thèse 4) : « Erklärung der DEK », dans *Die Bekenntnisse und grundsätzlichen Aüsserungen zur Kirchenfrage* I, Göttingen, 1935, p. 95.

évidemment là une différence séparatrice, au plan doctrinal, entre elles, d'un côté, et les Églises catholique et orthodoxe, de l'autre.

Une seconde remarque s'impose au sujet de la prise de position de Vatican II que nous commentons : elle ne reconduit pas la doctrine de saint Robert Bellarmin, inverse exact de la position de la Réforme, à laquelle il a opposé la visibilité d'une Église définie comme « un rassemblement d'hommes aussi visible et palpable que la réunion du peuple romain, le royaume de France ou la République de Venise »[10]. En effet, le texte de *Lumen Gentium* se réfère ensuite à la christologie chalcédonienne par l'allusion au « double élément humain et divin » :

> « C'est pourquoi, en vertu d'une analogie qui n'est pas sans valeur, on la [l'Église] compare au mystère du Verbe incarné. Tout comme, en effet, la nature prise par le Verbe divin est à son service comme un organe vivant de salut qui lui est indissolublement uni, de même le *tout social que constitue l'Église* est au service de l'Esprit du Christ qui lui donne la vie, en vue de la croissance du corps (Ep 4,16) ».

Ce texte ne reconduit pas non plus le thème de l'Église comme incarnation continuée, qu'on pouvait trouver autrefois sous bien des plumes catholiques, mais il exprime un principe épistémologique, homogène à la christologie de Chalcédoine, soulignons-le, libérant ainsi l'ecclésiologie de tout monophysisme. Celui qui récuse, par principe, un regard sur l'Église, issu des sciences humaines, est infidèle à l'équilibre de sa foi. Le catholique doit faire sienne l'entièreté de la vérité humaine concernant l'Église, tout comme il doit faire sienne l'entièreté de la vérité qui lui vient de Dieu. Ainsi se trouve pleinement légitimé l'appel à une pluralité de disciplines dans le traitement théologique de l'Église. Cela semble même conditionner toute approche adéquate et fructueuse de l'Église, et pas seulement de l'ecclésiologie.

---

[10] IV Controversia generalis, III, 2.

1.2. En ecclésiologie la pluridisciplinarité se révèle comme un outil heuristique indispensable

Le numéro 8 de la Constitution dogmatique sur l'Église de Vatican II met l'accent sur la dimension sociale de celle-ci, on l'a souligné. Puisqu'il s'agit de réfléchir à la pertinence du recours à des disciplines autres que la dogmatique dans le traitement d'une question ecclésiologique, choisir en exemple la sociologie, discipline qui a la société pour objet, apparaît tout indiqué pour notre étude de cas. *Lumen Gentium* légitime d'emblée cette démarche, on l'a vu. Il nous reste donc à établir que l'épistémologie requise par l'ecclésiologie demande le recours à la pluridisciplinarité, au bénéfice même de l'heuristique théologique. Épistémologiquement, l'étude de l'Église, qui est réellement un « tout social » selon Vatican II, ne peut être menée adéquatement, si l'on se borne à ses seules déterminations dogmatiques. S'en contenter représenterait un danger, peut-être même, comme on va essayer de le montrer, un programme d'auto-aveuglement, si l'on nous pardonne cet humour un peu provocant. Car, dans ce cas, il est banal de le faire remarquer après Bourdieu, on laisserait des intérêts cachés ou, plus exactement, non élucidés, continuer de produire dans l'Église des effets non maîtrisés, risquant de façonner la réalité de la vie des chrétiens plus efficacement que les doctrines. Si l'on se refusait à une telle démarche, trop rapidement qualifiée d'herméneutique du soupçon, on resterait démuni pour identifier des questions que seules d'autres disciplines permettent de mettre en lumière. Bien qu'absolument indispensable, l'ecclésiologie dogmatique ne peut rendre compte que partiellement de la figure de l'Église réelle et de son action. Naturellement, s'agissant de cerner la vérité au sujet de l'Église, la sociologie sera affectée, elle aussi, de partialité. Identifier l'Église avec ce que la sociologie en dévoile serait, en effet, aussi périlleux que de confondre la sociologie avec la société, méprise qu'on a déjà signalée.

Si l'on se situe œcuméniquement en ecclésiologie, comme Vatican II et les derniers papes[11] l'ont prescrit avec insistance, on se convaincra vite qu'on ne peut séparer l'analyse des facteurs doctrinaux, qui expliquent la genèse et justifient la permanence des divisions confessionnelles, de celle de divers facteurs sociaux qui y ont eu et y ont toujours leur part. Pour l'illustrer, on va tenter de montrer comment la pluridisciplinarité se révèle heuristiquement fructueuse pour éclairer les enjeux théologiques du schisme entre l'Orient et l'Occident, question qui redevient d'une grande actualité puisque Benoît XVI a fait de son dépassement l'une des priorités de son pontificat.

Habituellement, les dogmaticiens de l'Église orthodoxe et de l'Église catholique s'accordent sans peine pour situer les causes de notre séparation dans les divergences *doctrinales* au sujet de la papauté et du *Filioque*. De part et d'autre, ils rendent compte plus ou moins aisément de ces divergences. Mais si on leur demandait pourquoi, pendant des siècles, pas un seul latin n'a choisi de devenir oriental (« orthodoxe») et pas un seul byzantin n'a voulu devenir latin (« catholique »), en traversant ainsi la frontière tracée par Constance entre les Empires d'Orient et d'Occident en 395, ils ne proposeront guère de réponse qui aide à décrypter l'histoire réelle et à surmonter les divisions d'aujourd'hui.

En revanche, tout en attribuant leur rôle aux facteurs doctrinaux, des théologiens ouverts à une lecture sociologique de la même réalité[12] se feront une idée plus complexe de la naissance du schisme et de sa perpétuation selon des lignes de fracture relevant de facteurs non dogmatiques, mais qu'une intelligence théologique de la réalité doit prendre en compte. Au-delà de l'histoire politique[13],

---

[11] On se souviendra, par exemple, du rappel de Jean-Paul II dans son encyclique *Ut unum sint* 3 : « L'Église catholique est irréversiblement engagée dans le mouvement œcuménique », dans *Documentation catholique*, n° 92, 1995, p. 568.

[12] Une telle lecture récuse qu'une société se constitue à partir des convictions intimes des sujets qui la composent, et encore moins à partir des idées claires auxquelles ils peuvent parvenir.

[13] Elle explique, dans une pénible actualité œcuménique, que Croates

mentionnons, sans souci d'exhaustivité, quelques autres disciplines parentes de la sociologie, qui peuvent acquérir valeur heuristique pour l'ecclésiologie.

La *linguistique* est l'une de ces disciplines. Sans vouloir réduire la querelle du *Filioque* à un malentendu linguistique, on ne saurait l'isoler de la structure de la langue des interlocuteurs, puisque *procedere* en latin et *ekporeuesthai* en grec ne recouvrent pas le même champ sémantique, le verbe grec ne pouvant avoir qu'un seul sujet d'origine tandis qu'en latin on peut « procéder » de plusieurs sources. Ce rôle important de la linguistique dans les questions proprement doctrinales et ecclésiales est illustré également par les querelles christologiques de l'Église ancienne[14]. Avec la langue, on touche aussi la question de l'identité culturelle.

Les *facteurs culturels*, tels que le P. Congar les a analysés, il y a déjà un demi-siècle, dans une étude pionnière parue dans les *Mélanges Lambert Beauduin*, intitulée *Neuf cents ans après*[15], ont joué aussi un rôle décisif dans ce qu'il appelle *l'estrangement* entre catholiques et orthodoxes, d'un terme du vieux français, passé en anglais, qui lui sert à exprimer une sorte de dérive des continents culturels, entre les mondes latin et byzantin.

Les *identités ethniques*, très puissantes, se combinent souvent aux identités culturelles, si bien que la géographie des schismes suit quasi-inexorablement celle des identités ethno-culturelles. Les Syriens orientaux, appelés à tort nestoriens, qui se sont enracinés dans l'Empire perse, n'ont pas voulu ou pas pu se maintenir en communion avec l'Église de l'Empire romain. Certes, la querelle du monophysisme a pris naissance, en monde grec, mais le schisme qui en est résulté a fini par épouser la frontière entre les régions hellénisées et les mondes non grecs (copte, syriaque et arménien).

---

catholiques et Serbes orthodoxes s'opposent toujours le long d'une frontière fixée, il y a quinze siècles, sur la Sava et la Drina.

[14] Ce que Pie XII a reconnu dans l'encyclique *Sempiternus Rex* dès 1951 (cfr. AAS 43, 1951, p. 625-644), ouvrant ainsi la voie aux différents accords christologiques entre l'Église catholique et les anciennes Églises d'Orient qui ont vu le jour à partir des années 1970.

[15] *Mélanges L. Beauduin*, Chevetogne, 1954, p. 3-95.

La fidélité à l'orthodoxie finira par coïncider avec la fidélité à l'Empire des Romains (c'est-à-dire des Grecs) : les orthodoxes seront significativement désignés comme melkites par leurs adversaires, c'est-à-dire comme des partisans de l'Empire.

Ainsi se découvre l'importance des relations entre *Église* et *État* dans le succès des divisions comme dans la préservation des identités religieuses. Lors de la Réforme, dernier exemple pour ne pas entrer dans trop d'analyses, le catholicisme se réduira, peu ou prou, aux régions colonisées par l'Empire romain d'Occident, à l'exception compréhensible de la Pologne et de l'Irlande, deux nations qui ne survivront qu'en rejetant la religion officielle des États voisins qui les occupent et les oppriment.

Une analyse des tensions internes de l'Église orthodoxe contemporaine, qui se manifestent dans la compétition décelable entre certaines Églises autocéphales[16], confirmerait sans aucun doute combien une approche pluridisciplinaire en ecclésiologie peut avoir valeur heuristique s'agissant de la catholicité de l'Église, et même s'agissant, plus généralement, de la priorité accordée à certains thèmes théologiques[17].

---

[16] À défaut de familiarité avec l'histoire de l'Église orthodoxe, l'observation de son présent permet de mesurer l'action de ces facteurs ethnoculturels. Alors que son unité n'est menacée par aucun différend dogmatique, elle connaît néanmoins actuellement de fortes tensions, notamment entre Moscou et Constantinople, qui s'expriment sous couvert de l'interprétation de la portée du 28e canon de Chalcédoine. La presse séculière rapporte des relations mutuelles complexes en Estonie, en Ukraine, en Moldavie, en Hongrie, en Grande-Bretagne où l'exarque de Moscou a choisi de passer sous la juridiction de Constantinople et se trouve menacé d'excommunication pour cela par son Église mère. Peut-être même en trouve-t-on un écho jusque dans le cadre de la Commission internationale de dialogue catholique orthodoxe, au sein de laquelle le représentant de Moscou a protesté contre une rédaction attribuant une primauté à Constantinople dans la convocation des conciles panorthodoxes. Si ces tensions peuvent être passagères, en revanche la fragmentation de la diaspora en juridictions concurrentes qu'un Jean Meyendorff déplorait en termes très vifs, il y a déjà un demi-siècle (cfr. *Orthodoxie et catholicité*. Paris, Seuil, 1965, p. 106-107, qui reprend un texte de *Contacts* 1962/1), semble plus structurelle et nuit, selon le même auteur, au témoignage de l'Orthodoxie, en contredisant sa théologie de l'épiscopat et de l'eucharistie.

[17] Le scandale qu'éprouva N. Afanassief devant l'éclatement de l'unité de

La modeste pluridisciplinarité que l'on vient de mettre en œuvre (puisqu'elle se limite à l'histoire et à la sociologie) est d'un apport considérable pour l'intelligence proprement théologique de questions ecclésiologiques.

S'agissant d'une question essentielle comme la *catholicité de l'Église,* on est fondé à se demander quelle part a été faite aux diversités linguistiques, culturelles et ethniques dans la communion de l'Église, tant par les catholiques que par les orthodoxes. L'image-guide de la Pentecôte renversant Babel dans une Église qui parle toutes les langues et qui, eschatologiquement, veut rassembler autour du trône de l'Agneau un peuple de toutes tribus, langues et nations, ne s'est-elle pas effacée de part et d'autre ? Du côté latin, on a proclamé la supériorité du rite romain sur tous les autres[18], ce qui n'a été corrigé qu'à Vatican II[19], et n'est-il pas vrai que l'Église orthodoxe s'est identifiée pendant longtemps à l'Église grecque qui a byzantinisé les patriarcats d'Antioche, d'Alexandrie et de Jérusalem[20], les pourvoyant même exclusivement d'évêques

---

l'Église d'Ukraine en trois juridictions concurrentes, au moment de la Révolution russe, puis les disputes juridictionnelles au sein de la même diaspora, n'aurait pas peu contribué à l'élaboration de l'ecclésiologie eucharistique dont on lui est redevable, cfr. P. PLANK, *Die Eucharistieversammlung als Kirche. Zur Entstehung und Enfaltung der eucharistischen Ekklesiologie Nikolaj Afanas'evs (1893-1966)* (coll. *Das östliche Christentum NF, Bd 31*), Würzburg, Augustinus, 1980, p. 20-29 ; et aussi H. LEGRAND, « L'ecclésiologie eucharistique dans le dialogue actuel entre l'Église catholique et l'Église orthodoxe. Convergences atteintes et progrès encore souhaitables », dans *Istina*, t. 51, 2006, p. 359-361.

[18] L'encyclique *Allatae Sunt* de Benoît XIV affirme ce que le Bienheureux Pie IX reprend dans *Plura Sapienter,* 1847 : « Du fait qu'il est le rite de la sainte Église romaine, mère et maîtresse de toutes les Églises, le rite latin jouit d'une supériorité qui fait qu'il prévaut sur le rite grec », *Codificazione canonica orientale*, Rome, 1931, Fasc. II, parte prima, p. 533.

[19] *Sacrosanctum concilium* 4 corrige Pie IX dans les termes suivants : « La sainte Mère Église considère comme égaux en droit et en dignité tous les rites légitimement reconnus » ; doctrine identique en *Orientalium ecclesiarum* 3.

[20] Cfr. par exemple, V. PARLATO, « La politica di accentramento effettuata dal Patriarcato di Constantinopoli e consequente lesioni dell'autonomia degli altri patriarcati orientali nel IX secolo », dans *Kanon*, t. 5, 1981, p. 79-84.

hellénophones, à Antioche jusqu'au début du XXe siècle, et à Jérusalem jusqu'à aujourd'hui[21] ?

Une question en ressort : n'a-t-on pas identifié ainsi une cause essentielle du schisme, plus décisive que le *Filioque* et la papauté qui, dans leurs durcissements, apparaîtraient à la fois comme des symptômes et des effets d'une catholicité déficiente?

On y a encore découvert l'importance théologique des *relations de l'Église et de l'État,* dont on aurait tort de minimiser l'actualité, même aujourd'hui, car le pape lui-même est toujours un chef d'État. Jean-Paul II a usé, de fait, de cette prérogative dans ses relations avec les Églises orthodoxes. Quand l'une de celles-ci hésitait à l'inviter, le pape pouvait à ce titre, par nonce interposé (l'Église orthodoxe n'en a pas !), négocier sa visite auprès d'un État qui pouvait y trouver son intérêt ; si bien que l'Église nationale, en vertu de la symphonie orthodoxe entre Église et État, le recevait également, fût-ce quelquefois avec une réticence déclarée[22]. On ne se

---

[21] Le Saint Synode du patriarcat orthodoxe de Jérusalem, dont tous les fidèles sont arabes, était composé exclusivement d'évêques grecs jusqu'en 1992, quand fut ordonné un métropolite arabophone conformément à l'art. 25 de la Loi fondamentale négociée avec le gouvernement jordanien, qui prévoit que deux arabophones au moins doivent y siéger. Sur les problèmes concrets qui résultent de cette situation, cfr. *Proche Orient Chrétien,* t. 55, 2005, p. 412-418, et t. 56, 2006, p. 142-149, et *Service orthodoxe de Presse* n. 304 (janvier 2006), p. 3-4.

[22] Les termes particulièrement pesés du communiqué du Saint Synode de l'Église bulgare, au terme de la visite de Jean-Paul II en ce pays, illustre bien une difficulté dont les catholiques n'ont habituellement pas conscience: «Sa Sainteté le patriarche de Bulgarie et des évêques membres du synode […] ont accueilli au Palais synodal le chef d'État du Vatican, le pape Jean-Paul II, à sa demande. Cette rencontre se situait dans le cadre de la visite officielle du pape dans notre pays, sur invitation du gouvernement et de la communauté catholique », *Service Orthodoxe de Presse* 270 , juillet-août 2002, p. 27. Il démentait aussi le communiqué du Saint-Siège selon lequel les deux chefs d'Église s'étaient embrassés : « Il n'y a pas eu d'accolade de paix entre les deux hommes, mais seulement une poignée de main », *Agence France Presse* du 24 mai 2002, qui signale aussi qu'à son départ, aucun évêque orthodoxe n'avait salué le pape. Pour s'informer des objections théologiques des Églises de la Réforme à l'endroit de l'État du Vatican (qui n'est plus qu'une curiosité pittoresque pour les catholiques), on verra l'étude de L. VISCHER, « Der Heilige Stuhl, der Vatikanstaat und das gemeinsame Zeugnis der Kirchen. Eine zu wenig diskutierte ökumenische Frage », dans *Oekumenische Skizzen*, Frankfurt, Lembeck, 1972, p. 166-193.

tromperait sans doute pas trop non plus en pensant que le patriarcat de Moscou ne conçoit pas son territoire canonique d'une manière totalement indépendante de la symphonie entre l'Église et la nation russes. Lorsque le Saint-Siège entend nommer des évêques catholiques, partout en Russie et sans concertation avec lui, c'est de bonne foi que ce même patriarcat déclare que le Vatican opère selon des critères séculiers, ceux du droit à la liberté religieuse, garanti internationalement par les États, et regrette qu'il ne se laisse pas guider par des critères théologiques gouvernant les justes relations devant exister entre des Églises sœurs[23]. Pour éviter les malentendus ecclésiologiques, on voit ainsi combien il peut être utile de dépasser l'évocation abstraite des relations entre Église et État pour voir ce qu'elles signifient en chaque contexte concerné.

Enfin on a découvert, grâce à une telle approche, combien *la violence et la charité* déterminaient les relations entre chrétiens. Le détournement de la IVe Croisade pour conquérir Byzance et son empire a fait beaucoup plus que le *Filioque* pour rendre définitive la rupture de la communion entre les deux Églises[24] ; en tout cas bien plus que l'incident de 1054, que les chroniqueurs byzantins ont ignoré. Plus près de nous, à partir du XVIIe siècle et surtout entre 1850 et 1950, l'uniatisme a été perçu comme une autre forme de violence, plus sournoise certes, mais envenimant les relations mutuelles en sapant la confiance à notre égard[25]. Significativement,

[23] Tel est, nous semble-t-il, le vrai sens des propos du métropolite Kirill de Smolensk et Kaliningrad dans le cadre de la crise liée à la transformation des administrations apostoliques de Russie en diocèses de plein exercice quand il déclare : « La question du prosélytisme (entre nous) ne relève ni du droit séculier ni des droits de l'homme, mais de l'éthique des relations inter-ecclésiales », http://www.russian-orthodox-church:org.ru.

[24] On verra la lecture représentative qu'en fait le plus grand œcuméniste grec contemporain J. ZIZIOULAS, « Efforts toward the Union of the Churches after the Fourth Crusade », dans A. LAIOU (dir.), *Urbs Capta. La IVe Croisade et ses conséquences*, Paris, Lethielleux, 2005, p. 345-354. Elle a peut-être quelques liens avec l'historiographie coutumière en Grèce, cfr . C. MALTEZOU, « The Greek Version of the Fourth Crusade : From Niketas Choniates to the History of the Greek Nation », dans A. LAIOU (dir.), *Urbs Capta*, p. 151- 159.

[25] Au point que l'orientation œcuménique consécutive à Vatican II est vue, en quelques milieux orthodoxes, comme une nouvelle stratégie pour les dominer,

il n'a eu quelque succès qu'à la faveur de la faiblesse politique des nations orthodoxes dominées, selon le cas, par des puissances politiques catholiques, polonaise lors de l'union de Brest-Litovsk ou austro-hongroise (en Transylvanie), ou bien ottomane, lors de l'union des Melkites. À cette violence s'est ajoutée la ruse, les uniates conservant tous les dehors de l'orthodoxie (rites, coutumes, costumes, titulatures). À leur tour, les uniates ont été persécutés et réintégrés de force dans l'Église orthodoxe par les tsars à deux reprises, avant de l'être, de façon plus tragique encore, par Staline dans toute l'Europe qu'il avait satellisée, à la seule exception de l'Église unie de Bulgarie. De tels constats réintroduisent avec force la dimension de la charité dans la réflexion théologique, cette charité qui s'était refroidie dans les relations entre « Grecs » et « Latins », c'est le moins que l'on puisse dire. Mais une théologie dont la charité serait absente vaudrait-elle une heure de peine ?

*

Qu'avons-nous gagné à cette rapide approche pluridisciplinaire ? De nous poser une question qui est, épistémologiquement, un point de passage obligé en ecclésiologie : est-ce que sous le pavillon doctrinal du *Filioque* et des dogmes de 1870, d'autres marchandises ne voyageraient pas en fraude ? Leur identification est nécessaire pour l'intelligence théologique de ce qui est réellement en jeu, et elle nous permet aussi de repérer les voies et les moyens de débloquer un contentieux cristallisé autour de ces deux points. Certes, le *Filioque* et la primauté romaine soulèvent des enjeux de vérité doctrinale, mais leur traitement ne s'est-il pas avéré bien stérile depuis des siècles parce qu'il était frontal ? En revanche, une conversion évangélique du rapport que les chrétiens entretiennent de fait avec la violence sociale, ethnique, voire étatique, dans l'oubli de la catholicité, ne permettrait-elle pas, – c'est un minimum –, de créer un climat favorable à la solution de ces questions ? Un tel climat ne

---

après l'échec des précédentes.

saurait être considéré comme extérieur à l'essence même de la vie chrétienne[26].

On peut donc avancer, sans paradoxe, que la pluridisciplinarité en ecclésiologie est loin d'être une « hétéro-interprétation » sécularisante, en provenance des sciences humaines, et qu'elle s'opposerait à l'auto-interprétation dogmatique, seule pertinente pour un croyant, comme certains le disent polémiquement. En fait, selon nous, l'approche pluridisciplinaire de l'Église fait partie de la tâche du théologien parce que l'Église est « une seule réalité complexe, faite d'un double élément humain et divin ». Le théologien catholique doit prendre en charge toute la vérité humaine et divine de l'Église, sans séparation et sans confusion[27]. De plus, sans recours à la pluridisciplinarité et à sa fonction heuristique, l'intelligence proprement chrétienne de l'Église serait bien amoindrie, et l'on n'atteindrait pas non plus ces dynamismes profonds qui lui permettent d'approfondir la fidélité à son Seigneur, dans l'écoute de l'Esprit de Pentecôte, qui conserve les particularités en dépassant tous les ethnocentrismes.

Après ces parcours proprement théologiques, il nous faut, une dernière fois, prendre le chemin de la réflexion épistémologique sur le caractère nécessairement pluridisciplinaire de l'ecclésiologie en tant que discipline intra-théologique.

---

26 C'est ce qu'avaient en vue les deux grands précurseurs du dialogue catholique-orthodoxe que furent Athénagoras Ier et Paul VI en voulant conjuguer le dialogue de la charité et celui de la vérité.

27 Peut-être ceci correspond-il à la conviction de Thomas d'Aquin, selon qui la théologie est à la fois spéculative et pratique, cf. Ia, q.1, art. 4, corps : « La doctrine sacrée, sans cesser d'être une, s'étend à des objets qui appartiennent à des sciences philosophiques différentes (...) Il se peut donc bien que, parmi les sciences philosophiques, les unes soient spéculatives et les autres pratiques ; mais la doctrine sacrée sera, pour sa part, l'une et l'autre », ajoutant qu'elle sera toutefois « plus spéculative que pratique ».

II. L'ECCLÉSIOLOGIE EST NÉCESSAIREMENT PLURIDISCIPLINAIRE, DU FAIT DE SON INSERTION DANS L'ENSEMBLE DU SAVOIR THÉOLOGIQUE

La réflexion ecclésiologique n'est pas seulement soumise aux méthodes générales qui régissent l'ensemble de la théologie. Elle se situe aussi en dépendance d'autres savoirs théologiques et au carrefour de nombre d'entre eux. Explorons maintenant cette autre « source » de sa pluridisciplinarité.

La théologie comme telle a commencé par être un commentaire de l'Écriture. Pendant toute la période patristique, tel est son genre habituel. Il ne se diversifiera pas avant le XIIIe siècle occidental, quand une réflexion spéculative sur les réalités de la foi prendra place à côté du commentaire biblique. Le P. Chenu fait remonter la naissance de la théologie spéculative au *Sic et Non* d'Abélard[28] ; depuis lors, l'enseignement universitaire de la théologie fera sa place à la philosophie parmi les ressources requises pour sa tâche spécifique[29].

C'est aussi au XIIIe siècle que le droit canonique va s'émanciper de la théologie en devenant une science du Décret, puis des Décrétales, n'hésitant pas à recourir comme ressource conceptuelle au droit romain, païen, tout comme la théologie spéculative avait recours à la philosophie grecque. Ces trois disciplines, l'exégèse, la théologie spéculative, le droit canonique, demeurent pour tout ecclésiologue des points de passage obligés. Il faut y ajouter la liturgie, bien que tard venue comme science, parce qu'elle témoigne avec évidence de la précédence de l'Église sur l'ecclésiologie.

---

[28] M.-D. CHENU, *Introduction à l'étude de saint Thomas d'Aquin*, Paris-Montréal, Institut d'études médiévales, 1954, p. 71, p. 113, p. 226.

[29] Ceci est clairement énoncé par S. Thomas dès la première question de la *Somme théologique*, cfr. Ia pars, q.1 art. 1, ad 2um : « Une diversité de "raisons", ou de points de vue, dans ce que l'on connaît, détermine une diversité de sciences. (...) Rien n'empêche donc que les objets mêmes dont traitent les sciences philosophiques, selon qu'ils sont connaissables par la lumière de la raison naturelle, puissent encore être envisagés dans une autre science, selon qu'ils sont connus par la lumière de la révélation divine ».

Certes, il ne s'agit pas d'exiger de tout ecclésiologue qu'il maîtrise chacune de ces disciplines - ce serait impossible, on l'aura compris -, mais il ne peut manquer d'interroger, au moins en principe, ces quatre dimensions de tout sujet qu'il entreprend de traiter. C'est une conséquence épistémologique du statut intra-théologique de l'ecclésiologie, qu'on va maintenant illustrer brièvement.

2.1. L'ecclésiologie doit se développer en fidélité étroite à l'Écriture

Sur la relation de l'ecclésiologie à l'*Écriture*, on peut être bref. Vatican II a prescrit qu'elle soit « comme l'âme de toute théologie »[30]. C'est désormais un réflexe en théologie catholique, moins par complaisance tardive aux requêtes de la Réforme que par souci de vérité. Pour l'ecclésiologue, c'est une nécessité : comment pourrait-il sinon vouloir se prononcer sur les rapports entre l'Église et le Royaume de Dieu, ou sur la fondation de l'Église par Jésus, ou encore sur les fondements du ministère ? Compte tenu du fossé entre Écriture et dogmatique, évoqué au début de nos réflexions à travers une citation de Childs[31], ne lui faut-il pas montrer, par exemple, que l'édifice des dogmes de Vatican I peut se fonder sur le Nouveau Testament ? En parlant ici de fondation et de fondement, deux concepts qui sont loin d'être identiques, on veut indiquer que le recours à l'Écriture est inséparable d'une réflexion de théologie fondamentale[32], c'est-à-dire de la mise en œuvre d'une

---

[30] Optatam Totius 16.

[31] Cf. *supra* note 3. Rappelons à ce sujet que la théologie biblique s'est constituée, dès le milieu du XVIIIe siècle, en concurrence avec la dogmatique en milieu luthérien. Renvoyons au titre de l'ouvrage programmatique de Anton Friedrich BÜSCHING, *Gedanken von der Beschaffenheit und dem Vorzug der biblischen-dogmatischen Theologie vor den alten und neuen scholastischen*, 1758, et à celui de l'*Antrittsvorlesung* de Johan Philip GABLER de 1787 : *De iusto discrimine theologiae biblicae et dogmaticae regendisque recte utriusque finibus*.

[32] Sur cette question on verra par exemple: F. SCHÜSSLER FIORENZA, *Fundational Theology: Jesus and the Church*. New-York, Crossroad, 1984.

herméneutique qui s'étend à l'histoire des dogmes, et qui suppose d'abord une théologie de la tradition.

2.2. L'ecclésiologie doit intégrer les perspectives de la théologie spéculative

Par théologie spéculative, on entend la réflexion chrétienne qui s'est développée au sujet de Dieu dans une relation vivante à la philosophie, ou plutôt aux philosophies, car, dans la tradition classique, la théologie a fait alliance tantôt avec le platonisme, tantôt avec l'aristotélisme, avec des résultats divergents, qui se font sentir encore jusqu'à aujourd'hui, par exemple, dans ce qu'on a appelé le débat des cardinaux[33], où le Cardinal Kasper, se réclamant de la tradition aristotélico-thomiste, prenait ses distances par rapport au Cardinal Ratzinger dont il rattachait la pensée au platonisme, cela précisément dans le cadre d'une controverse ecclésiologique[34].

Soulignons d'emblée que la théologie spéculative, qui s'est donné comme tâche de se confronter au mystère de Dieu, est aussi d'une pertinence immédiate pour traiter du mystère de l'Église. Le terme de mystère est ici parfaitement approprié pour décrire la relation de l'Église à un Dieu qui est Père, Fils et Saint-Esprit, puisque l'Église est désignée à juste titre comme le Peuple de Dieu le Père, le Corps du Christ et le Temple du Saint-Esprit, ainsi que *Lumen Gentium* ne manque pas de le développer dès son introduction. Il est donc impossible à l'ecclésiologue de traiter un grand nombre de thèmes relevant de lui sans les situer dans cet horizon. On nous pardonnera de n'en mentionner que quelques-uns, toujours par mode d'exemples.

Si l'on se préoccupe de l'ordonnance de la communion ecclésiale, la relation entre la christologie et la pneumatologie devra être établie avec le plus grand soin, car de l'équilibre qui y sera instauré dépendra, par exemple, l'articulation dans l'Église de la

---

[33] Cfr. K. McDONNELL, « The Ratzinger/Kasper Debate: The Universal Church and Local Churches », dans *Theological Studies*, t. 63, 2002, p. 227-250.

[34] Cfr. W. KASPER, « On the Church », dans *Tablet*, June 23, 2001, p. 930.

responsabilité entre « un », « tous » et « quelques-uns », si importante pour l'œcuménisme et d'abord pour la pastorale des Églises en Occident[35]. C'est ainsi, aussi, qu'on saura mesurer l'enjeu du reproche de christomonisme, souvent fait au christianisme latin[36], qui conforterait une surestimation de la hiérarchie, allant de pair avec le sous-développement de la vie synodale et avec la réduction des processus de réception à la seule obéissance au magistère.

Prenons une autre question, plus techniquement liée à la réflexion philosophique, indispensable à l'ecclésiologue : que faut-il entendre par le rôle instrumental de l'Église dans la médiation du salut ? Selon la façon dont on construira puis articulera ce concept, on s'y trouvera devant la séquence Dieu, le Christ, l'Église et le salut ; ou bien Dieu, le Christ, l'Esprit Saint et la communion de salut. Derrière cette question, dont on voit l'importance dans le dialogue avec la Réforme[37], s'en profile une autre, celle de savoir si l'on peut désigner l'Église, comme une personne, qui aurait une subsistance propre. Une telle attribution induirait aisément l'antériorité chronologique et ontologique de l'Église universelle sur les Églises particulières, et la récusation de leur simultanéité. Cet enjeu, soulevé par *Dominus Iesus*[38], sous-tend les échanges publics entre les cardinaux Kasper et Ratzinger[39].

---

[35] Cfr. H. LEGRAND, « Responsabilité personnelle, collégiale et synodale dans l'Église catholique. Convergences entre la réception de Vatican II et le BEM », dans *Mélanges Lukas Vischer*, Genève, 2007 (en anglais).

[36] Voir sur ce point Y. CONGAR, « "Pneumatologie" ou " christomonisme" » dans la tradition latine ? », dans *Ecclesia a spiritu sancto edocta* (Mélanges Philips), Gembloux, Duculot, 1970, p. 41-63.

[37] Voir A. BIRMELÉ, Le salut dans les dialogues œcuméniques (coll. Cogitatio fidei, 141), Paris, Cerf, 1986.

[38] Cfr *supra* note 33.

[39] Comme l'a noté K. MCDONNELL, « Walter Kasper on the Theology and the Praxis of the Bishop's office », dans *Theological Studies*, t. 63, 2002, p. 713, note 8, il y a là « Indeed, a very large claim ». Un indice mesurable s'en trouve dans le manque d'adhésion de la communauté théologique catholique à cette opinion théologique. Par communauté, on entend constater ici que sur une quarantaine d'ecclésiologues, de rang universitaire et de toutes aires culturelles et orientations théologiques, à s'être prononcés sur cette question, on n'en trouve qu'un seul à lui donner son accord, mais sans dire pourquoi. On trouvera leur liste

On voit dès lors que des problèmes spéculatifs comme celui-ci doivent être véritablement pensés. On sait comment les argumentations de J. Maritain[40] et du Cardinal Journet[41] en faveur d'une subsistance de la personne Église – la réflexion de H. U. von Balthasar relevant d'un autre traitement[42] -, n'avaient pas réussi à convaincre Y. Congar[43], qui a expliqué les bonnes raisons qu'il avait de rester fidèle à saint Thomas d'Aquin sur cette question[44].

L'ecclésiologue ne peut rester démuni devant ces tentatives, peu homogènes, soit dit en passant, avec les options fondamentales de *Lumen Gentium* 8, telles qu'on les a analysées. Il lui faut se demander s'il est épistémologiquement pertinent qu'en théologie, une spéculation, d'un statut peu assuré (et qui reste, de toute façon, de l'ordre de la spéculation), puisse servir de fondement à des thèses, peu fondées par ailleurs. Surtout quand les conséquences qu'on croit pouvoir en tirer sont quelquefois très considérables.

Ainsi dans la seule présence du terme *subsistit in* dans *Lumen Gentium* 8, on a cru trouver un argument pour refuser que l'Église du Christ puisse subsister hors des frontières visibles de l'Église catholique actuelle[45]. Pourtant, d'une part, les *emendationes* relatives

---

et les références à leurs écrits dans l'*Annexe C* de H. LEGRAND, « La théologie des Églises sœurs. Réflexions ecclésiologiques autour de la Déclaration de Balamand », dans *Revue des sciences philosophiques et théologiques*, t. 88, 2004, p. 495-496.

[40] J. MARITAIN, *De l'Église du Christ. La personne de l'Église et son personnel*, Bruges, DDB, 1970, p. 30-47, p. 78-81, p. 381.

[41] Ch. JOURNET, « De la personnalité de l'Église », dans *Revue thomiste*, t. 69, 1969, p. 192-200.

[42] H. U. VON BALTHASAR, *Qui est l'Église ?* Saint-Maur, Parole et Silence, 2000. Les références de cet auteur ne sont pas néo-thomistes, mais relèvent de la phénoménologie de la sponsalité, qui va si loin que de considérer Marie comme le « centre personnel » de l'Église.

[43] Y. CONGAR, « La personne "Église" », dans *Revue Thomiste*, t. 71, 1971, p. 613-640.

[44] Y. CONGAR, « La personne "Église"», p. 633-634 : « La notion de subsistance relève de l'histoire de l'école thomiste [...] Saint Thomas lui-même l'ignore en tant que réalité distincte de la substance individuée » et il y voit « une idée adventice ».

[45] On trouve cette interprétation dans la Déclaration *Dominus Iesus*, AAS 92,

à cet énoncé, rapportées par les *Acta Synodalia*, ne font pas la moindre allusion à la thèse scolastique de la subsistence de l'Église[46], et d'autre part la discussion des *modi* afférents permet d'établir, avec une quasi-certitude, que ce terme de *subsister* a été choisi précisément pour refuser l'identification exclusive de l'Église du Christ et de l'Église catholique singulière. L'enjeu n'est ici rien de moins que la fidélité à un concile œcuménique, en un domaine d'importance majeure pour l'Église catholique et pour son engagement œcuménique. Car en injectant dans *subsistit in* un sens dont il est pourtant impossible de retrouver la trace, on attribue à l'Église universelle d'être la mère de toutes Églises particulières singulières[47] et on affirme aussi, du fait même, que l'Église du Christ coïncide exclusivement avec l'Église catholique.

Si l'énoncé de *Lumen Gentium* 8 devait être ainsi compris, on serait de plus obligé d'imaginer que l'Église universelle pourrait exister *préalablement* aux processus concrets, confessants et sacramentels, qui l'instituent, et *indépendamment* de ces mêmes processus, comme si l'Église pouvait exister sans les croyants et sans les sacrements de la foi. Mais voilà qui, en toute rigueur épistémologique, est vraiment difficile à penser, rien ne pouvant justifier un tel « être de raison »[48]. Certes, l'unique Église du Christ

---

2000, p. 757-758, explicitée à la note 56.

[46] Dans sa thèse de la Grégorienne, A. von TEUFFENBACH, *Die Bedeutung des « subsistit in » (Lumen Gentium 8). Zum Selbstverständnis der katholischen Kirche*, München, Utz, 2002, prétend que tel doit être le sens de *subsistit*, qui ne peut signifier que *est*, parce que telle était l'opinion personnelle du Père S. Tromp sj, l'un des rédacteurs. Comme l'a relevé P. Knauer sj, dans sa recension (*Theologie und Philosophie*, t. 78, 2003, p. 614-615), cette conclusion n'est possible qu'en dérogeant aux règles habituelles de l'herméneutique : l'opinion d'un membre d'une commission ne peut passer pour celle de cette commission.

[47] Pour une analyse détaillée, cfr. H. LEGRAND, « La théologie des Églises sœurs. Réflexions ecclésiologiques autour de la Déclaration de Balamand », p. 474-481.

[48] Il y a aujourd'hui un très large consensus des théologiens autour de la position du Cardinal de Lubac écrivant : « Une Église universelle, antérieure, ou supposée existante en dehors de toutes les Églises particulières, n'est qu'un être de raison », H. DE LUBAC, *Les Églises particulières dans l'Église universelle*, Paris, Aubier, 1971, p. 54.

préexiste dans le dessein de Dieu et existe dès maintenant comme réalité eschatologique, mais on voit mal pourtant comment, dans l'étape actuelle de l'histoire du salut, cette donnée pourrait entraîner que l'existence simultanée de l'Église et des Églises ne serait pas conforme à ce même dessein de Dieu.

On voit combien le travail conceptuel est nécessaire à l'ecclésiologue : il ne peut pas ne pas être, lui aussi, dans son registre, un théologien spéculatif. Mais avec l'esprit spéculatif, il doit pouvoir conjuguer l'esprit le plus pratique, attentif notamment à la manière dont les processus de confession de foi et les sacrements, que l'on vient de mentionner, institutionnalisent l'Église. C'est dire qu'un ecclésiologue doit s'y connaître en droit canon, autre discipline théologique majeure, même si le droit n'a pas bénéficié, depuis un siècle, d'un renouveau comparable à ceux que l'on a pu observer dans le reste de la théologie.

2.3. L'ecclésiologue doit intégrer à sa réflexion l'institutionnalité de l'Eglise, c'est-à-dire le droit canonique

Dans une Église aussi juridique que l'Église catholique, un ecclésiologue se situerait en dehors de la réalité en n'intégrant pas le droit canonique à sa réflexion. Un seul exemple permettra de s'en convaincre : comment sans être canoniste, pourrait-il comprendre la façon dont les grandes décisions et orientations relatives à la collégialité des évêques provenant du dernier concile, saluées comme « l'épine dorsale » et « le centre de gravité de Vatican II »[49], se sont transformées en leur contraire ? Un témoin exceptionnel comme Y. Congar écrivait dans son *Concile au jour le jour* :

> « On avait le sentiment que c'était fait ! Vatican II avait équilibré Vatican I [...] à une majorité qui n'est jamais descendue en dessous

[49] Sans citer ses sources, le cardinal Eyt attribue la première proposition à U. Betti et la seconde à A. Wenger, « La collégialité épiscopale », dans *Le deuxième concile du Vatican 1959-1965* (coll. *École Française de Rome*, 113), Rome 1989, p. 54.

de 87% »[50]. « Rendre à l'épiscopat plus d'importance et d'initiative dans le régime concret de l'Église, actuellement dominé par un certain exercice de la primauté papale, celui qui comporte le système actuel de la Curie et la centralisation romaine »[51], « système auquel achoppent toutes les autres Églises qui se représentent le pouvoir papal comme absolutiste et monarchique »[52].

En fait, les textes relatifs à la collégialité des évêques ont été retraduits en dispositions canonico-disciplinaires qui font des évêques diocésains actuels des « fonctionnaires du pape », comme le professeur G. Bier l'a démontré dans sa thèse d'habilitation[53], en des conclusions généralement reçues, même si ses présupposés théologiques ont été récusés, çà et là, à juste titre selon nous. Ainsi, l'immense travail de Vatican II sur la collégialité, destiné à rééquilibrer Vatican I, et considéré comme faisant époque, a trouvé une traduction absolument paradoxale dans la législation post-conciliaire. Alors même que *Lumen Gentium* 27 voyait dans les évêques des « vicaires et légats du Christ [qu'on] ne devait pas considérer comme les vicaires des pontifes romains », les documents promulgués par la Curie, spécialement entre 1993 et 2003, les ont transformés en fonctionnaires du pape. Après Vatican II, la position de l'épiscopat se trouve minorée dans une mesure qui était clairement inacceptable pour Pie IX, à l'issue de Vatican I. À deux reprises, il avait expressément refusé, en forme spécifique[54],

---

[50] Y. CONGAR, Le Concile au jour le jour. Troisième session, Paris, Cerf, 1965, p. 44.

[51] Y. CONGAR, Le Concile au jour le jour. Troisième session, p. 37.

[52] Y. CONGAR, *Vatican II. Le concile au jour le jour,* t. I, Paris, Cerf, 1963, p. 18.

[53] Rechtlich als eine päpstlichen Beamten est sa conclusion, cfr. G. BIER, Die Rechtsstellung des Diözesanbischofs nach dem Codex Iuris Canonici von 1983 (coll. Forschungen zum Kirchenrechtswissenchaft, Bd 32). Würzburg, 2001, p. 376.

[54] Aux textes repris dans *Denzinger-Hünermann* 3112 et 3117, il faut ajouter sa Déclaration au Consistoire du 15 mars 1875, où il dit vouloir « combler de ses louanges » les évêques allemands pour leur réfutation de Bismarck, et la « confirmer de la plénitude de son Autorité apostolique » ; voir le texte latin publié par O. ROUSSEAU, « La vraie valeur de l'épiscopat dans l'Église d'après d'importants documents de 1875 », dans Y. CONGAR et B. DUPUY (éd.),

que l'on puisse tirer de Vatican I une telle conclusion, qui était celle de Bismarck[55].

Une telle péripétie révèle combien la collaboration fut déficiente entre ecclésiologues et canonistes à Vatican II[56]. Il ne s'agit pas là d'un accident. En fait, le chantier du statut théologique et épistémologique du droit canonique crie misère depuis longtemps[57], et les ecclésiologues doivent être encore aujourd'hui aussi attentifs que naguère au diagnostic critique, mais porteur d'une intuition décisive, énoncé par Louis Bouyer dans les années 70 sur l'état du droit canonique comme discipline, dans sa relation à l'ecclésiologie :

> « Il en est arrivé, trop souvent, à se réduire à une casuistique sans horizon, appuyée sur un commentaire seulement littéral du Code et des décisions des congrégations romaines. Ce n'est pas jeter le droit par-dessus bord qui nous tirera de cette situation désastreuse, mais seulement une étude historique et théologique, de la tradition canonique [...]. Supposer que nous pourrions aujourd'hui, dans l'Église catholique, édifier une ecclésiologie satisfaisante, et en particulier d'orientation œcuménique, sans avoir à nous engager dans de telles recherches est une chimère que l'on peut qualifier de catastrophique »[58].

L'épiscopat et l'Église universelle (coll. *Unam Sanctam*, 39). Paris, Cerf, 1962, p. 735.

55 « Die Bischöfe sind nur noch seine Werkzeuge, seine Beamten », *Denzinger-Hünermann* 3112 (édition allemande).

56 On a analysé ce point dans H. LEGRAND, « Que sont devenues les réformes institutionnelles envisagées à Vatican II ? », dans A. MELLONI et C. THEOBALD (dir.), *Vatican II. Un avenir oublié*. Paris, Bayard, 2006.

57 Cf. H. LEGRAND, « Grâce et institution dans l'Église : les fondements théologiques du droit canonique», dans J.-L. MONNERON, (dir.), *L'Église institution et foi*, Bruxelles, Presses universitaires Saint-Louis, 1985, p. 139-172. Plaidoyer pour une réflexion sur l'originalité de l'institutionnalité chrétienne comme institutionnalisation de la grâce et pour la réhabilitation du droit canonique.

58 L. BOUYER, *L'Église de Dieu*, Paris, Cerf, 1970, p. 209.

2.4. L'ecclésiologue doit être familier de la liturgie comme lieu théologique

Ce que l'Église fait elle-même, dans ses assemblées en prière, est beaucoup plus important que ce que l'on dit qu'elle fait. Certes l'adage *lex orandi, lex credendi* ne peut être interprété mécaniquement[59], mais un constat comme celui que J. F. Puglisi a pu établir au terme de la recherche très étendue que nous lui avions suggérée pour sa thèse, est de la plus haute importance : toutes les Églises chrétiennes célèbrent leurs ordinations selon une structure ecclésiologique identique[60]. Cela ne manque pas d'être théologiquement très significatif : dans les discussions sur les ministères, les théologiens ne surestiment-ils pas ce que les Églises en disent et ne tiennent-ils pas trop peu compte de ce qu'elles font réellement ? Approfondir l'intelligence de ce que l'on fait de commun ne représenterait-il pas une excellente voie de réconciliation ?

Osons encore un mot sur la liturgie comme lieu théologique, toujours sur le mode concret. Tous les rituels d'ordination, depuis les origines, prévoient, par exemple, l'appel du futur ordonné par l'Église, celui-ci ne se présentant jamais comme volontaire. Le régime actuel de la candidature, officialisé très tardivement[61], n'a

---

[59] Cfr. P. De Clerck, « "Lex orandi et lex credendi". Sens original et avatars historiques d'un adage équivoque », dans *Questions liturgiques et pastorales*, t. 59, 1978, p. 193-212.

[60] Cfr. J. F. Puglisi, *The process of Admission to Ordained Ministry. A Comparative Study, Epistemological Principles and Roman Catholic Rites*. Vol. I, Collegeville MN, Liturgical Press, 1996; vol. II, 1998, vol. III, 2000 avec une préface par H. Legrand.

[61] En 1931, un décret de la Congrégation des sacrements a exigé de tout ordinand qu'il jure sur les saints Évangiles qu'il se présente : « libre de toute pression, violence et crainte, le désirant spontanément et le voulant de pleine et libre volonté car j'expérimente et je ressens que je suis réellement appelé par Dieu (*cum experiar ac sentiam a Deo me esse revera vocatum)* », *Acta Apostolicae Sedis* 23, 1931, p. 127. Une telle innovation contredit la Tradition, encore rappelée par s. Pie X, en forme spécifique, en 1911, dans le cadre de la controverse Branchereau-Lahitton. Elle se conforme ainsi au subjectivisme contemporain, sévèrement critiqué par ailleurs.

guère de statut théologique[62]. Il est même quelque peu illogique, en excluant qu'un futur évêque se porte candidat et en préférant appeler des diacres jugés aptes, plutôt que d'attendre leur candidature, du moins en France. Ainsi les évêques sont-ils paralysés devant leur devoir de « distribuer les charges »[63]. Mais ce n'est pas par respect de la tradition.

Si l'ecclésiologue ne peut s'appuyer sur le renouveau canonique, il peut en revanche puiser largement dans le renouveau des études liturgiques. Au-delà des exemples donnés, il serait facile d'en illustrer la fécondité.

2.5. Enfin l'ecclésiologue gagnera toujours à faire l'histoire de la question qu'il doit traiter

C'est à peine si, pour terminer, l'on ose mentionner l'histoire. Y. Congar, un maître de l'ecclésiologie contemporaine, disait : « J'ai fait, je continue de faire et, si Dieu le permet, je ferai toujours beaucoup d'histoire [... elle] est l'un des meilleurs instruments d'accès à la vérité et de service de cette même vérité »[64]. Cela se vérifie pour tous les dossiers dont l'ecclésiologie peut avoir à connaître, pas seulement l'histoire de l'Église et des Églises, mais aussi celle des institutions, des textes, et surtout des mœurs. Il suffit généralement de faire l'histoire d'une question pour la comprendre en ses principaux paramètres. Dans un présent aussi complexe que le nôtre, un regard historique permettra souvent de discerner ce qui relève des énoncés de la foi ou de l'une des figures culturelles que cette foi a prise dans l'Église. Ce qui permettra d'aborder de façon plus informée et plus sereine bien des questions considérées comme épineuses : le statut des femmes en christianisme[65], leur non

---

[62] Voir à ce sujet notre monographie de H. LEGRAND, « La théologie de la vocation aux ministères ordonnés : vocation ou appel ? », dans *La vie spirituelle*, n. 729, décembre 1998, p. 621-640.

[63] Tradition apostolique d'Hippolyte 3 (coll. *Sources chrétiennes*, 11 bis), Paris, Cerf, 1968, p. 47.

[64] Cfr. Y CONGAR, *Chrétiens en dialogue*, Paris, Cerf, 1964, p. 125.

[65] Renvoyons à un classique comme celui de K. E. BØRRESEN, *Subordination*

ordination chez les catholiques[66], et plus généralement nombre d'attitudes chrétiennes persistant jusqu'au XIXe siècle, quand ce n'est pas jusqu'à nos jours, vis-à-vis du judaïsme[67], de l'esclavage[68], de la sexualité[69], et de bien d'autres questions. Arrêtons ici une énumération qui sinon pourrait tourner à l'encyclopédisme, c'est-à-dire à l'abandon du propos méthodologique que l'on a choisi de développer.

---

et équivalence : nature de la femme d'après Augustin et Thomas d'Aquin. Oslo, Universitetsforlaget, 1968. Ou, pour un aperçu rapide de la tradition orientale, à H. LEGRAND, « Le femmes sont-elles à l'image de Dieu de la même manière que les hommes ? Sondages dans les énoncés de quelques Pères grecs », dans *Nouvelle revue théologique*, t. 128, 2006, p. 214-239 [Corrigenda : nn. 53 et 54, lire PG 31 et non 37 ; p. 234, 4e ligne du bas lire Grégoire et non Basile !]. Les dispositions du droit canonique byzantin donnent aussi à réfléchir sur l'enracinement anthropologique préchrétien des attitudes à l'égard des femmes, cf. E. M. SYNEK, « Zur Rezeption altestamentlicher Reinheitsvorschriften ins Orthodoxe Kirchenrecht », dans *Kanon*, t. 16, 2000, p. 25-70

[66] Bien qu'antérieur à *Sacerdotalis ordinatio*, notre essai sur ce sujet garde peut-être un intérêt de méthode, cfr. H. LEGRAND, « *Traditio perpetua servata ?* La non-ordination des femmes : tradition ou simple fait historique ? » dans P. DE CLERCK et E. PALAZZO (dir.), *Rituels* (Mélanges Gy), Paris, Cerf, p. 393-416.

[67] La thèse (qui a eu trois éditions !) de M. SIMON, *Verus Israel. Études sur les relations entre chrétiens et juifs dans l'empire romain (135-425)*, Paris, de Boccard, 1948, 1964 et 1983 est une lecture indispensable pour prendre la mesure de l'antijudaïsme chrétien. On y ajoutera le travail éclairant de G. MICCOLI, *Les dilemmes et les silences de Pie XII,* Bruxelles, Éditions Complexe, 2005.

[68] Voir exemple R. KLEIN, *Die Haltung der kappadokischen Bischöfe Basilius von Caesarea, Gregor von Nazianz und Gregor von Nyssa zur Sklaverei*, Stuttgart, Franz Steiner Verlag, 2000. Seul l'archaïsme doctrinal peut expliquer que les cisterciens de Franche-Comté aient eu des serfs jusqu'à la Révolution française et les capucins des esclaves, au Brésil, encore en 1888.

[69] Cfr. J. T. NOONAN, Contraception. A History of its Treatment by the Catholic Theologians and Canonists, Cambrigde, Mass., Harvard University Press, 1965, 1966, tr. fr. Contraception et mariage, Paris, Cerf, 1969. J. T. NOONAN Jr, A Church that can and cannot change. The Development of Catholic Moral Teaching, Notre-Dame University Press, 2005. R. GRYSON, Les origines du célibat ecclésiastique du 1er au 7ème siècle, Gembloux, Duculot, 1970. À compléter par l'article du même : « Dix ans de recherches sur les origines du célibat ecclésiastique », dans *Revue théologique de Louvain*, t. 11, 1980, p. 175-185.

CONCLUSION

L'ecclésiologie, ce parcours l'aura montré, est plutôt un art savant qu'une science, peut-être même n'est-elle qu'un artisanat raffiné[70]. Les théologiens qui choisiraient de s'y consacrer ont peu de chances de devenir des *Fachidioten*, pour reprendre à nouveau l'amusante expression germanique, car, en exerçant cet art, ils seront nécessairement conduits à acquérir une large culture. Parviendront-ils pour autant à cette synthèse dont certains rêvent ? La pluridisciplinarité, même bien menée, n'offre pas une telle garantie.

En revanche, une telle approche, par une sorte de méthode de corrélation, permet d'avancer des conclusions plus sûres que lorsqu'elles ne se fondent que sur une seule discipline. Ainsi, lorsque le recours à la *Konfessionskunde*[71] permet de constater que les attitudes vis-à-vis de l'autorité, de la sexualité et du culte de Marie varient de façon solidaire et cohérente, dans les Églises catholique, orthodoxe et protestante, l'ecclésiologue a comme le sentiment de trouver la clé d'une énigme et il se met à penser que son apport pourrait être une aide dans un domaine où le besoin est grand de comprendre des positions bien divergentes.

Mais en fin de compte, en ecclésiologie, comme dans les autres disciplines théologiques, le savoir ne deviendra fructueux qu'en conduisant à un jugement juste, une justesse que rend fondamentalement possible le *sensus fidei*. Ce dernier est ecclésial, et non individuel, et il ne repose pas exclusivement sur la science. C'est pourquoi pratiquer l'ecclésiologie, même de la manière la plus technique, relève, à n'en point douter, d'une vocation profondément chrétienne.

---

[70] Cfr. le titre d'A. DULLES, *The Craft of Theology. From Symbol to System*, New-York, Crossroad, 1992.

[71] À partir de Möhler, cette comparaison des confessions a longtemps joué un rôle important en ecclésiologie.

Un nouveau visage d'Église ? Essai de théologie pratique à partir de l'expérience des communautés locales du diocèse de Poitiers[1]

Éric BOONE

Je voudrais préciser immédiatement le projet de mon intervention. En effet, comme l'énonce le titre, je souhaiterais proposer un essai de théologie pratique… et je dois m'arrêter un instant sur cette ambition.

Il ne s'agira pas de présenter ici un discours de théologie *de la pratique* des communautés locales dans le diocèse de Poitiers, discours qui se surimposerait à une pratique préexistante, en lui imposant des cadres et des injonctions, mais bien de tenter de faire de la théologie *pratique*, c'est-à-dire de proposer un discours proprement théologique en dialogue avec une pratique pastorale qui, elle-même, produit une certaine théologie. Il nous faut ainsi sortir d'une dichotomie mortifère entre, d'une part, la théologie qui serait de l'ordre de la « théorie » et la pastorale qui serait de l'ordre de la « pratique », l'un donnant des justifications à l'autre, la pastorale n'étant alors réduite qu'à mettre en œuvre ce que le discours théologique aurait énoncé au préalable. Cette vision, encore trop souvent répandue, oublie que toute action – pastorale en l'occurrence – a une intelligence et que rien n'est simple application de principes pensés ailleurs. L'action pastorale n'est pas le résultat

[1] Pour une description plus complète de l'expérience des communautés locales, on pourra lire A. ROUET, E. BOONE, G. BULTEAU, J.P. RUSSEIL, A. TALBOT, *Un nouveau visage d'Église. L'expérience des communautés locales à Poitiers*, Paris, Bayard, 2005. Je dédie bien volontiers ces lignes à André Talbot, prêtre du diocèse de Poitiers, à l'heure où il me cède la responsabilité du Centre Théologique. Cet article lui doit beaucoup, jusque dans sa lettre parfois. Surtout, son amitié indéfectible et son soutien me sont précieux au quotidien.

d'une théorie théologique que l'on pourrait simplement décliner, analyser et critiquer. Il ne s'agit donc pas ici de présenter un plan abstrait, puis son application, avant de mesurer les éventuels écarts entre l'un et l'autre, mais bien de montrer comment un diocèse situé historiquement et géographiquement essaie aujourd'hui, entre idéalisation d'un passé irrémédiablement révolu et dramatisation possible du contexte qui est le sien, d'avancer selon l'humble réalisme de la foi.

Ainsi, le projet que je veux développer dans ce cadre de conférences pourrait s'inscrire – si ce n'était prendre le risque d'être prétentieux - dans la ligne de ce que Jean-Baptiste Metz appelle la théologie fondamentale pratique[2]. Nous allons essayer de prendre en compte comme lieu théologique une réalité vécue de la foi, pour tenter de mener un discernement proprement théologique, en référence au donné révélé et aux ressources de la tradition de l'Église.

Pour ce faire, il me faut d'abord indiquer quelques éléments pour mieux appréhender la réalité qui est celle du diocèse de Poitiers. Cela ne constituera pas de simples remarques préliminaires mais appartient en propre au projet d'essai de théologie pratique. Le diagnostic est important et la théologie dialogue alors avec les sciences historiques, avec la réalité géographique et sociologique. Mais, j'insiste, ce premier dialogue appartient à l'acte théologique comme tel.

Je pourrai, dans un deuxième temps, indiquer la généalogie de l'expérience et voir comment elle s'inscrit dans la logique de choix pastoraux déjà anciens. Nous analyserons ici quelques enjeux théologiques de ce déploiement des communautés locales.

Enfin, sous forme de remarques conclusives, nous pourrons tenter de mesurer le chemin parcouru depuis dix ans, en pointant les nouveautés qui émergent ainsi. Il me faut donc d'emblée reconnaître le caractère lacunaire de mon propos qui s'intéresse à une réalité

---

[2] J.-B. METZ, La foi dans l'histoire et dans la société. Essai de théologie fondamentale et pratique (coll. *Cogitatio fidei*, 99), Paris, Cerf, 1999.

vivante et en constante évolution ; pourtant, il y a là encore une dimension qui appartient en propre à la théologie qui reste toujours ouverte sur des évolutions possibles ou des ajustements nécessaires puisque l' « objet » de son discours est proprement un sujet : le Dieu de Jésus confessé Christ et Seigneur.

I. RAPIDE REGARD SUR LE DIOCÈSE DE POITIERS

Poitiers est une très ancienne cité qui a connu un développement important à l'époque gallo-romaine. Jules César connaît déjà « la cité des Pictons ». La communauté chrétienne s'y est sans doute installée très tôt : le premier évêque connu a marqué l'Occident chrétien puisqu'il s'agit de saint Hilaire (évêque en 349 – mort en 368), défenseur infatigable de la foi trinitaire, à l'instar d'Athanase à Alexandrie. À l'époque d'Hilaire, la communauté semble déjà importante et elle s'est installée dans les bas-quartiers de la ville. Nous gardons fièrement la trace de cette époque grâce au magnifique baptistère du 4ème siècle, monument unique qui se dresse au cœur de la ville.

La figure de saint Martin, ami d'Hilaire, peut-être baptisé par lui, est également attachée au diocèse puisqu'il y a fondé l'abbaye toujours bien vivante de Ligugé (aujourd'hui aux portes de la ville de Poitiers) avant de partir pour Tours où il sera choisi comme évêque.

Une autre figure marque le diocèse : celle de sainte Radegonde, reine des Francs, femme de Clotaire. Originaire de Thuringe, en Allemagne, elle quitte la cour en 555 et se réfugie en Poitou où elle fonde le premier monastère féminin d'Occident (aujourd'hui, monastère Ste Croix). Le monastère accueillera en 569 une relique de la Sainte Croix, accueillie à Poitiers par l'hymne du *Vexilla Regis* composé par Venance Fortunat (535-600).

Ces notations historiques trop rapides ont leur importance. Nous tenons en effet souvent à honorer ces racines anciennes de notre Église diocésaine, qui innervent la pastorale diocésaine jusqu'aujourd'hui. Le diocèse est en effet très soucieux de formation avec une insistance sur la foi trinitaire et la relation d'amour que cela comprend (conformément à l'esprit d'Hilaire ; l'existence du Centre Théologique en témoigne) ; il met en avant le dynamisme baptismal et son importance fondatrice dans la vie des croyants (le baptistère nous le rappelle sans cesse) ; il développe une pastorale de la proximité, notamment dans les campagnes, et du service de la charité concrète, à l'image de Martin, en se souciant du développement spirituel de tous les baptisés (imaginons, si nous le pouvons, l'audace de Radegonde qui propose, au milieu du 6ème siècle, une forme de vie monastique pour des femmes !).

Aujourd'hui, la ville de Poitiers est une capitale régionale (Poitou-Charentes) de petite taille (environ 85.000 habitants), marquée par une forte tradition universitaire (à peu près 25.000 étudiants ; l'université a été fondée en 1431). La ville est située au centre-ouest de la France, sur l'axe routier et sur la voie de chemin de fer Paris-Bordeaux. Un pôle économique important s'est développé au Nord de la ville, traçant un axe Poitiers-Châtellerault important, avec, en son centre le pôle symbolique et touristique du Futuroscope.

Le diocèse, quant à lui, est largement rural. Il comprend deux départements (Vienne et Deux-Sèvres) pour environ 745.000 habitants. C'est une terre contrastée, marquée à la fois par un anticléricalisme tenace (dans la région niortaise par exemple), un protestantisme rural, encore très présent (dans le nord ou le sud des Deux-Sèvres notamment ; environ 13.000 personnes) et marqué par le souvenir douloureux des guerres de religion, un catholicisme populaire vivant (dans le nord des Deux-Sèvres, sous l'influence de la Vendée) ou aussi ceux que l'on appelle les Dissidents (là encore dans le nord des Deux-Sèvres ; environ 3.000 personnes), c'est-à-dire les fidèles de la Petite Église, née du refus du concordat de 1801. Évidemment, l'évolution actuelle de la société française en général conduit à une certaine homogénéisation des attitudes religieuses. Notons encore une caractéristique nouvelle dans ce paysage contrasté : grâce à la liberté de circulation des personnes dans le cadre de l'Union européenne, environ 20.000 Britanniques sont venus s'installer en Poitou et ce chiffre est en constante augmentation. Une paroisse anglicane très dynamique a été installée il y a deux ans et a déjà vécu trois ordinations de prêtres. Depuis la fin du Moyen-âge, le diocèse catholique comprenait 604 paroisses, beaucoup d'entre elles ayant moins de 300 habitants.

Le diocèse compte près de 300 prêtres, avec une moyenne d'âge à peu près équivalente au clergé français en général (autour de 66 ans). Environ 250 prêtres ont reçu une charge pastorale, parfois très réduite. 36 diacres permanents sont ordonnés dans le diocèse, avec une petite quinzaine en formation. Une centaine de laïcs ont reçu une lettre de mission de l'archevêque ou de son représentant qui leur confie un « ministère reconnu » (moyenne d'âge autour de 46 ans ; le diocèse assure un salaire pour l'équivalent de 60 emplois à temps plein destinés aux activités pastorales, catéchèse, services diocésains, aumônerie d'hôpitaux...). Le pôle ministériel s'est donc largement diversifié dans les vingt dernières années.

C'est dans ce diocèse qu'ont été installées des communautés locales depuis 1995. Leur nombre atteint aujourd'hui environ 320. Nous sommes d'ailleurs à peu près au bout du processus d'installation. Les équipes d'animation de ces communautés (appelées depuis le dernier synode équipes de base) sont constituées d'hommes et de femmes qui n'ont pas de statut ministériel mais qui sont appelés à mettre en œuvre les charismes des sacrements de l'initiation.

II. Genèse et développement des communautés locales

Un premier synode diocésain a été célébré entre 1988 et 1993 ; sa convocation fut décidée après l'organisation du diocèse, au début des années 80, en 73 secteurs pastoraux qui constituent les unités de base de la pastorale. Après la publication du *Code de Droit Canonique* de 1983, le diocèse s'est bien entendu doté d'un Conseil presbytéral (qui avait connu une éclipse après une crise), d'un Conseil pour les Affaires Économiques mais aussi d'un Conseil Pastoral Diocésain qui a promu et conduit la démarche synodale.

Volontairement généraliste, le synode de 1993 s'est interrogé, à l'instar de bien des diocèses en France, sur un éventuel regroupement paroissial. La décision fut négative et le souhait exprimé que, lorsque les conditions seraient réunies, les secteurs paroissiaux pourraient devenir de « nouvelles paroisses ». Mais la priorité donnée par le synode fut la revitalisation des communautés, souhait exprimé par une phrase programmatique élaborée au sein du CPD et qui servit de référence permanente tout au long du synode : « Au cœur du monde, des communautés responsables de la mission construisent ensemble l'Église, avec des ministres à leur service ». On peut certes interroger une telle formulation mais elle fut reçue par l'ensemble des 250 délégués synodaux en permettant de donner une orientation commune. La priorité fut ainsi donnée, très consciemment et volontairement, à la mission plutôt qu'à la conservation de structures ou à une nouvelle organisation destinée à assouvir des « besoins religieux ». La capacité des communautés chrétiennes à s'organiser, à prendre des initiatives – en raison même de la grâce des sacrements de l'initiation chrétienne – fut affirmée avec force, en même temps que la fonction structurante des ministères ordonnés pour l'Église. Ainsi, trois éléments cherchaient à s'articuler : compétence baptismale, mission et structuration ministérielle de l'Église.

En 2003, un deuxième synode diocésain fut célébré, traitant de la question particulière des « acteurs de l'Évangile » et de l'articulation des ministères. Là encore, la structure d'énonciation du document synodal inscrit la recherche diocésaine dans le mouvement que l'on vient d'indiquer : le premier chapitre, intitulé « Au service de la mission », rappelle l'être missionnaire de l'Église et les conditions actuelles de cette mission ; un deuxième chapitre (« Vivre la communion dans les territoires ») indique bien la volonté d'enraciner l'élan missionnaire dans la spécificité de communautés différentes mais cherchant à vivre la communion ; enfin, le troisième et dernier chapitre évoque la question spécifique des acteurs et des ministres (ordonnés ou non) de l'Évangile. C'est donc en raison d'une perspective ecclésiologique, assumée comme telle, que les aménagements des structures pastorales ont été entreprises.

Entre les deux synodes, en 1994, Albert Rouet a succédé à Joseph Rozier, brutalement décédé. Le nouvel arrivé a inscrit la pastorale dans l'histoire de l'Église diocésaine en y apportant, fort logiquement, ses intuitions propres. La réception du synode qui commençait à peine en a été marquée, notamment par la proposition d'instituer partout dans le diocèse des « communautés locales ».

De quoi s'agit-il ? La décision a été prise à partir d'une réflexion sur la nature même de l'Église, conformément au témoignage du Nouveau Testament. L'Église naît chaque fois que la Parole est annoncée, célébrée et vécue dans la charité. Ainsi sont apparues les trois fonctions essentielles de la communauté locale : annonce de la foi, prière-liturgie-sacrements, charité. Pour ces trois pôles, on *appelle* des personnes en fonction de leurs charismes propres. Chacun des responsables appelé aura pour mission de constituer autour de lui une équipe pour que l'ensemble de la communauté soit active. Mais il convient également que ces pôles travaillent de façon articulée et avec les moyens matériels nécessaires à l'accomplissement de la mission. Sont donc *élus* par l'ensemble de la communauté locale un responsable des affaires matérielles et un « délégué pastoral » dont le rôle est de garder une vision d'ensemble sur la communauté et de permettre le dialogue entre les pôles.

Ces cinq personnes constituent donc l'équipe de base de la communauté locale. L'accent est mis sur la responsabilité collégiale de cette équipe dont les relations doivent donner le signe de la communion fraternelle vécue au nom de l'Évangile. Les personnes élues ou désignées le sont pour un mandat de trois années, renouvelable une seule fois.

Mais la constitution de cette équipe ne suffit pas à l'installation d'une communauté locale. L'Église est d'abord communion et il faut aussi que cette communauté locale soit effectivement intégrée dans un secteur pastoral qui constitue un espace humain homogène. C'est la communion des communautés locales au sein d'un secteur dans lequel sont envoyés les prêtres qui constituent l'Église. Chaque secteur s'inscrit bien entendu dans l'Église diocésaine, de sorte qu'aucune instance ne peut se dire autosuffisante. C'est d'ailleurs au niveau du secteur que se prépare l'appel aux trois charges d'annonce de la foi, de célébration de la foi ou de charité. Plusieurs communautés locales forment ensemble un secteur. Le Conseil Pastoral de Secteur rassemble, entre autres, les délégués pastoraux des communautés locales. Les réunions de ces conseils sont présidées par le prêtre qui a reçu la charge pastorale du secteur. C'est là que s'élabore le projet pastoral qui n'est pas une liste d'activités ou de vœux pieux, mais la manifestation du ministère même de l'Église et la mise en œuvre de moyens adaptés en vue d'une fécondité apostolique.

Lorsque l'équipe de base s'est constituée, l'archevêque (ou son représentant) vient l'installer au cours d'une célébration liturgique, le plus souvent lors d'une eucharistie dominicale. La célébration se structure autour de trois moments importants : au début, l'appel des personnes qui vont recevoir une charge. Le prêtre est appelé en premier, comme prêtre dans la communauté locale (mais sa mission concerne, rappelons-le, l'ensemble du secteur) ; le prêtre appelle ensuite les membres de l'équipe de base, un à un. Vient ensuite, pendant la liturgie de la Parole, la remise des charges à chacun. Un à un, les membres de l'équipe disent publiquement leur acceptation de la mission confiée. À la fin de la célébration, dans un geste hautement symbolique, tous les membres de l'équipe de base, avec le prêtre, sont invités à poser la main sur l'Évangile ouvert ou sur une croix tandis que l'on prie pour leur nouvelle mission. Lorsque l'évêque est présent, les personnes l'entourent et tiennent avec lui la crosse qui atteste la responsabilité du pasteur et la vigilance du veilleur. Ils sont alors envoyés. Ainsi, la remise des charges est vécue au sein d'une dynamique d'appel et d'envoi qui rappelle la nature même de l'Église, appelée et envoyée. Nous ne sommes pas dans une logique associative, mais bien dans une dynamique sacramentelle.

Ces communautés locales sont d'abord nées en milieu rural. C'est là en effet que l'effacement de la visibilité ecclésiale était le plus visible mais aussi que les besoins d'une pastorale de proximité se faisaient le plus sentir. Récemment, les villes se sont organisées de la même façon, avec une difficulté objective : les villes sont souvent organisées en réseaux, sociologiques de surcroît, plutôt que sous mode de proximité géographique. Les solidarités avec les populations d'un quartier sont donc plus difficiles à manifester immédiatement et le réflexe, souvent, est de s'organiser immédiatement et exclusivement autour des activités liturgiques. Ainsi, la récente installation de communautés locales de quartier (qui ne sont donc non pas en référence immédiate à une église) ou l'installation de communautés africaines, vietnamiennes ou bientôt latino-américaines disent ce souci de proximité.

III. QUELLES RÉFÉRENCES THÉOLOGIQUES ONT PRÉSIDÉ À CE CHOIX PASTORAL ?

L'horizon de la mission

Le déploiement des communautés locales s'inscrit ainsi sur l'horizon de la mission, qui est première. L'organisation pastorale ne veut pas d'abord encadrer les « besoins religieux » des communautés mais constituer, partout où cela est possible, des signes de la présence active de l'Évangile du Christ aujourd'hui. Il ne s'agit donc surtout pas de reproduire un modèle clérical dont la nouveauté serait qu'il est désormais appliqué à des laïcs, mais de permettre le déploiement de la grâce baptismale qui nous habilite et nous appelle à la mission. L'équipe de base de la communauté locale n'est pas installée pour aider le prêtre et suppléer à tout ce qu'il ne peut pas ou plus faire mais pour aider l'ensemble de la communauté à porter effectivement la responsabilité de la mission. Pour cela, dans beaucoup de communautés, on insistera sur les rencontres permises par les demandes de baptêmes, de mariages ou de sépultures et sur l'implication, même ponctuelle, des familles. La présence des équipes de base permet de donner de l'Église un visage de grande proximité, de manière à se situer « à portée de voix » (pour reprendre une expression du synode). L'enjeu est que chacun puisse identifier le témoignage de la foi chrétienne au sein de sa vie quotidienne. On constate ceci : le souci de la première équipe de base est souvent de faire face aux nombreuses et inévitables questions qui se posent d'abord, questions souvent très concrètes et matérielles. Puis, très vite, se pose la question de ceux qu'on ne voit pas dans la communauté, de ceux qui sont indifférents ou hostiles à la foi chrétienne. Dans des villages de taille modeste, où les gens se connaissent, des initiatives peuvent être prises de façon simple, en permettant des partenariats avec telle association locale ou avec des élus municipaux. La foi chrétienne entre alors en dialogue avec des personnes aux compétences variées, aux histoires parfois bien différentes mais qui reconnaissent dans le chrétien un partenaire crédible, lui aussi impliqué dans la complexité de notre société.

Mais il y a plus pour la vie de l'Église elle-même : une telle mission de proximité peut être assumée et donc confiée à des personnes qui auraient des difficultés à gérer un ensemble plus vaste et plus complexe : dans les communautés locales s'expérimente un apprentissage de la responsabilité à « hauteur d'homme » qui multiplie sans cesse le nombre des acteurs et offre ainsi à beaucoup l'opportunité de grandir humainement et spirituellement. Je peux vous rapporter ici de nombreux témoignages qui attestent que l'engagement au sein d'une communauté locale offre une réelle chance pour l'approfondissement de la foi comme telle.

Une dynamique de l'appel

L'intuition des communautés locales repose sur la remise en valeur de la puissance effective des sacrements de l'initiation chrétienne. Ces sacrements accordent à ceux qui les reçoivent la capacité de témoigner de l'Évangile du Christ et d'animer la vie ecclésiale. Cela suppose de tisser au cours du temps une véritable pastorale de la confiance qui reconnaît positivement la liberté des personnes comme une aptitude à la prise de responsabilité et d'initiative. La confiance placée dans les sacrements se manifeste et se traduit dans la confiance faite aux personnes qui organisent la vie de la communauté locale. Les initiatives qu'elles prendront manifestent l'actualité de la Bonne Nouvelle au cœur de la vie des personnes et de la société. Ainsi, le dynamisme ecclésial ne vient plus exclusivement de ceux qui exercent un ministère : il se fonde sur la capacité baptismale de tous.

Le synode de 2003 parle volontiers en ce sens d'une culture de l'appel : chacun est invité à contribuer selon ses possibilités, ses charismes. Chacun s'entend dire qu'il est utile à la vie du corps ecclésial. Une telle conviction se traduit concrètement par des interpellations multiples qui font souvent sens dans une société où, notamment à cause du chômage, de plus en plus de personnes se perçoivent comme étant « de trop », inutiles ou stériles. Bien entendu, une telle culture de l'appel doit être accompagnée de structures de discernement, de formation et d'accompagnement. Pour sa part, et avec d'autres, le Centre Théologique assure un ensemble de propositions de formations aux statuts différents, mais, là encore, au plus près des lieux où vivent les communautés locales. Des instances de discernement existent au niveau des conseils pastoraux de secteur et de nombreuses propositions de relectures de la mission sont faites au niveau diocésain. Il importe en effet, et c'est souvent un moment clef, un moment de crise, dans la vie des équipes de base, de passer d'un simple partage de tâches à l'engagement commun au service de l'Évangile du Christ. C'est alors que naît souvent la prise de conscience, qui deviendra un véritable enseignement, que celui qui veut annoncer la Bonne Nouvelle doit lui-même vivre une incessante conversion. Au cœur de son engagement, la personne responsable expérimente le mystère pascal comme mystère existentiel. Nous portons aujourd'hui une question nouvelle : comment permettre à des personnes qui ont porté, avec parfois beaucoup de temps et de compétence, de lourdes responsabilités dans des communautés locales, de retrouver leur place dans la communauté locale une fois leur mandat terminé et, dans le même temps, de valoriser leur expérience au profit de tous ? Souvent, l'équipe de base elle-même, une fois acquise une certaine expérience, prend l'initiative d'appels divers et nouveaux, y compris, à tel ou tel endroit, de façon maladroite, au ministère presbytéral.

La question des ministères

Une question vient souvent à propos des communautés locales : quelle est donc la place du prêtre ? N'y a-t-il pas, pour le dire brutalement, le risque de construire une Église sans prêtre ?

Redisons-le avec force : aucune communauté n'est auto-suffisante, aucune communauté n'est authentiquement chrétienne qu'en communion avec d'autres et en référence aux ministères ordonnés. Personne ne peut exister de manière isolée mais tous doivent s'inscrire dans une communion ; les communautés locales n'existent de fait que dans la solidarité d'un secteur pastoral, défini par le dernier synode comme « l'unité pastorale de base ». C'est à ce niveau qu'apparaît clairement la relation au ministère presbytéral mais aussi au service sacramentel et la relation à l'Église diocésaine. Le ministère ordonné vient rappeler que c'est dans la grâce de Dieu qu'est la source de la vie chrétienne qui se reçoit d'un Autre. Ainsi s'articule au niveau des secteurs pastoraux du diocèse de Poitiers l'origine sacramentelle de toute vie ecclésiale, à savoir les sacrements de l'initiation chrétienne et le sacrement de l'ordre (qui lui-même n'a de sens qu'en référence au baptême qui demeure toujours « premier », en tous les sens du terme).

Une telle pratique conduit à des reconfigurations du ministère presbytéral. Héritier d'une situation où le ministère presbytéral a été confondu avec la fonction de curé de paroisse, résidant et encadrant la communauté humaine alors identifiée à la communauté chrétienne, nous sommes invités à penser autrement le ministère du prêtre. Cela a déjà été rendu possible par la restauration du diaconat permanent qui a montré que le ministère presbytéral n'épuisait pas la ministérialité de l'Église. Bien plus, la présence du diacre invite à ne pas confondre la manifestation symbolique des ministères ordonnés avec leur agir fonctionnel. Là encore, il s'agit de promouvoir une pastorale de la confiance qui renonce à l'encadrement des personnes et de leur conscience pour préférer le surgissement d'initiatives libres et la mise en valeur des charismes propres. Ici, le prêtre joue un rôle essentiel de régulation, d'appel et de reconnaissance de ces charismes.

Ainsi, l'avenir du ministère presbytéral ne consiste pas en la recherche de nouvelles formes de *leadership*, de gestion bureaucratique ou de management des institutions. Il s'agit au contraire de manifester que l'origine de toute vie chrétienne se trouve dans l'initiative première de Dieu lui-même. Signe d'altérité, le prêtre renvoie sans cesse à l'urgence de la mission ; il promeut la communion ecclésiale toujours menacée par la division, au bénéfice de la réconciliation fraternelle de l'humanité tout entière. La communauté n'a pas sa source en elle-même : elle naît et grandit en accueillant la Parole dans la prière, en vivant de l'eucharistie offerte pour l'Église et pour le monde.

Aujourd'hui, ces affirmations se vivent dans le diocèse à travers le développement de deux thèmes apparus lors du synode et largement approfondis depuis : le prêtre comme un père dans la foi (qui sert la naissance et la croissance spirituelles des hommes et des femmes qu'il rencontre) ; le prêtre qui vit l'itinérance à la manière des apôtres, en allant de communauté en communauté pour manifester la communion, l'encourager et parfois rectifier telle ou telle attitude. Nous prenons conscience que cette double réflexion nous demandera de revoir profondément le mode de formation des prêtres diocésains et impose déjà des conversions fortes aux fidèles.

Un tel renouveau de l'Église diocésaine ne va pas non plus sans une certaine reconfiguration du ministère épiscopal lui-même. Si l'on peut formuler cela à l'aide de catégories mises à jour par le dialogue œcuménique, je dirais que doivent s'articuler et être manifestées davantage les trois dimensions du ministère : la caractéristique personnelle (il s'agit bien d'un croyant qui engage sa conscience au nom des sacrements de l'initiation chrétienne et du don de l'Esprit qui, par le sacrement de l'ordre, l'institue dans la succession des apôtres) ; la caractéristique collégiale puisque la consécration épiscopale situe l'évêque comme membre d'un corps qui porte la sollicitude de toutes les Églises ; la caractéristique synodale, en ce sens que, dans le gouvernement de l'Église, l'évêque fait constamment appel au *sensus fidei* du Peuple de Dieu. Nous pouvons dire que le diocèse de Poitiers avance de façon synodale et la mise en place des communautés locales en est un bel exemple depuis la première intuition d'un évêque, intuition enracinée dans la réception d'un synode, intuition reprise, travaillée, amendée par les conseils diocésains et finalement authentifiée par un deuxième synode.

Beaucoup d'observateurs estiment que le diocèse de Poitiers connaît de trop nombreuses structures. Il est évident qu'il faut sans cesse mesurer leur utilité et leur efficacité. On ne peut pas s'épuiser dans des fonctionnements lourds et jamais revisités. Cependant, ces structures sont la garantie que la parole de chacun compte et que l'Évangile cherche à s'inscrire dans un terrain particulier. Là encore, le diocèse n'a pas choisi le regroupement mais plutôt la décentralisation en multipliant les petites structures de proximité, dont le champ d'intervention et de compétence est bien défini. La structure permet ainsi aux plus petits et aux plus pauvres d'être entendus.

Sous mode de conclusion… quelle fécondité ?

Je pourrais poursuivre encore longuement l'évocation des communautés locales. Mais la démarche que je propose aujourd'hui impose de regarder le chemin parcouru et d'en déchiffrer les chances et les limites. Je n'en évoquerai ici – très rapidement - que deux fruits :

Une fécondité œcuménique

Il est tout à fait frappant de constater que cette organisation ecclésiale intéresse et interroge nos frères de différentes confessions. Une telle mise en place nécessite en effet une réflexion sur le mystère de l'Église, sur sa nature, sur la place des ministères, de la vie sacramentelle, etc. Difficile de ne pas voir ici les grands dossiers actuels du dialogue œcuménique. Je relate à ce propos un événement récent : dans une réunion rassemblant des pasteurs réformés et quelques prêtres, la question des ministères et de l'organisation pastorale de nos communautés s'est posée. Les pasteurs réformés ont dit leur intérêt pour l'organisation catholique et demandé que l'on puisse prendre un temps pour y réfléchir ensemble. Une journée est prévue sur le sujet, non pas pour opposer nos différentes perspectives (le dossier et le contentieux sont bien connus) mais pour essayer de dire comment les communautés locales manifestent la nature même de l'Église. On sort alors d'un exposé de divergences établi à partir de modèles théoriques auxquels on pourra toujours opposer telle ou telle pratique différente pour proposer à la discussion un visage d'Église concret, effectivement à l'œuvre et qui est suffisamment nouveau pour considérer sans difficulté qu'il a besoin du regard de l'autre pour se vivre conformément aux exigences de l'Évangile du Christ.

Une fécondité sociale

Ce n'est pas le moindre des fruits des communautés locales. Dans une société dont on se plaît à souligner la complexité, le témoignage des communautés locales est important.

Tout d'abord, la communauté locale est souvent l'institution qui demeure lorsque tous les services publics, les commerces de proximité sont partis. Les chrétiens manifestent alors leur solidarité effective avec une terre et une population, solidarité dont le critère n'est pas dans la rentabilité économique mais plutôt dans l'attention concrète aux personnes et aux conditions de leur vie. De nombreux maires témoignent de l'importance de ces communautés pour la vie d'une petite commune. Il n'est plus rare, par exemple, qu'un élu ait le réflexe d'appeler les membres de l'équipe de base pour aller rencontrer une famille, notamment lors d'événements douloureux (je pense à la difficile expérience de devoir annoncer le décès d'un jeune à sa famille, au milieu de la nuit) : la communauté locale est repérée comme une structure stable, bien intégrée, crédible et capable d'assurer un suivi quotidien, dans la durée, en manifestant les attitudes et les solidarités symboliques nécessaires à des situations humaines difficiles.

Par ailleurs, il n'est par rare que les membres des communautés locales soient également investis dans telle association ou tel groupe politique. Ces communautés y témoignent de l'intérêt effectif de l'Église pour les questions de société, de façon la plus concrète possible. Elles disent également que toute organisation sociale n'est pas fatalement sous le signe de l'emprise et de la domination mais que la vie humaine peut s'organiser sous le signe de la fraternité au service d'un projet commun. Nous avons de nombreux retours de la fécondité d'une telle mise en place. Il est alors frappant de constater qu'un certain nombre d'élus, souvent débordés par leur responsabilités, inquiets par les éventuelles conséquences judiciaires de la moindre de leur décision, s'épuisant à apporter des réponses techniques aux questions de leurs administrés tout en protégeant leur avenir au nom du principe de précaution, qui n'ont plus guère le temps de réfléchir à la raison même de leur engagement, se tournent volontiers vers l'Église déployée sous forme de communautés locales en attendant d'elle une aide pour réfléchir au sens profond de leur action. L'Église apparaît à nouveau comme une institution crédible, capable de dialogue et capable de nourrir la réflexion.

Ainsi, les communautés locales assument une volonté prophétique essentielle à la croisée de deux aspirations portées par nos contemporains. Tout d'abord l'aspiration des personnes à être reconnues pour elles-mêmes, au nom de la foi, dans leur volonté d'exercer leur liberté de manière responsable, dans leur capacité de témoigner authentiquement de la Bonne Nouvelle avec d'autres. En ce sens, le rappel par le Concile Vatican II de l'égale dignité de tous les baptisés et de la variété des charismes dans l'Église trouve un écho profond dans leur conscience. La seconde aspiration, inséparable et complémentaire de la première, concerne le désir d'une expérience de partage et de solidarité dans un monde trop souvent marqué par l'isolement et la technique. En ce sens, des pratiques de vie fraternelle au sein de l'Église soutiennent les personnes dans leur volonté de se mettre au service de leurs semblables, notamment les plus pauvres, et de promouvoir la justice et la paix. En offrant cette possibilité de solidarités concrètes, en évitant le risque de fermeture qui guette tout groupe, l'Église assume sa mission de « signe et sacrement du salut » selon *Lumen Gentium* 1.

Quant à l'attitude pastorale, elle privilégie l'ouverture et le dialogue envers tous, y compris à l'égard de ceux qui paraissent loin de toute vie ecclésiale. Il importe de cheminer avec eux et d'entendre réellement leurs questions : quels sont les enjeux fondamentaux de leur vie ? Quelles sont, pour eux, les questions décisives ? Il est encore nécessaire, dans l'échange et le dialogue, de réfléchir à ce qui implique l'avenir de notre communauté humaine. Les chrétiens peuvent témoigner de leur approche spécifique au nom de la foi en Jésus-Christ, s'ils écoutent les repères promus par d'autres. Ils sont crédibles s'ils vivent eux aussi les réalités exprimées par d'autres. Enfin, il revient aux chrétiens de témoigner humblement de ce que donne à vivre la Parole de Dieu : Jésus-Christ est source de vie et d'espérance pour tous.

Conclusion

Dans la situation de l'Église de France, et par rapport à une histoire pendant laquelle elle a souvent occupé la première place, nous faisons l'expérience d'une certaine pauvreté. Une telle fragilité peut conduire au repli frileux, identitaire, ou au risque d'intégrer la récession. Nous faisons le pari que notre situation impose aussi de libérer la créativité évangélique en raison d'une espérance fondée sur Pâques et Pentecôte. À n'en pas douter l'exercice même de la théologie s'en trouve également modifié en ce qu'elle (re)devient un art de vivre la foi qui encourage, questionne, donne quelques clefs de discernement. En dialogue avec des compétences multiples, en dialogue avec les acteurs de la pastorale, elle doit être attentive à ce qui naît pour en expliciter les enjeux et pour situer ces réalités naissantes dans l'histoire longue de la tradition et l'ensemble de la vie chrétienne.

Mystique et politique

Jean-Daniel CAUSSE

A priori, rien ne permet d'envisager une relation possible entre la mystique et le politique. Quel rapport peut-on établir, en effet, entre un geste – celui de la mystique – qui hisse l'humain vers le céleste, qui a pour projet l'union avec Dieu, qui semble même souvent avoir peu le souci de la contingence et l'acte politique qui, quant à lui, inscrit dans l'immanence, qui engage dans les luttes historiques, qui a pour rôle de penser et de mettre en œuvre la vie de la cité ? Un fossé immense semble séparer le monde de la mystique et le monde du politique. Il y a eu, il est vrai, une façon d'établir un lien sinon entre mythique et politique du moins entre religion et politique, mais une façon qui a été très problématique et même désastreuse. Les messianismes politiques, disons-le, ont été au XXe siècle le foyer d'une utopie à réaliser : faire descendre le ciel sur la terre, accomplir le Royaume de Dieu dans l'histoire. Les grands totalitarismes se sont nourris de tout un lexique religieux, notamment eschatologique, pour arracher le monde à sa finitude et prétendre construire une sorte de paradis terrestre.

S'il y a une articulation possible entre mystique et politique, c'est sous une autre forme qu'il faut la penser. Comment alors s'y employer ? C'est ce que je voudrais ici esquisser, pour la première fois je dois le dire, pour répondre à la demande qui m'a été adressée.

I. MYSTIQUE ET EXPÉRIENCE DE L'IMPOSSIBLE

Il faut d'abord se demander ce qu'est la mystique (sa définition, sa portée, sa fonction dans le christianisme). De quoi parle la mystique ? De quoi témoigne-telle ? Quel est l'objet de son discours ? Pour aborder cette question, Jacques Lacan et Michel de Certeau peuvent nous servir de guide. Lorsque Lacan s'intéresse à l'expérience mystique, il se pose la question de la *jouissance mystique*. C'est la jouissance mystique qui nous conduit vers l'essentiel de ce qu'il faut saisir. Dans le *Séminaire* XX, intitulé *Encore* (je reviendrai sur ce titre), Lacan l'indique à propos de Thérèse d'Avila : « Vous n'avez qu'à aller regarder à Rome la statue du Bernin pour comprendre tout de suite qu'elle jouit, ça ne fait pas de doute. Et de quoi jouit-elle ? Il est clair que le témoignage essentiel des mystiques, c'est justement de dire qu'ils l'éprouvent, mais qu'ils n'en savent rien »[1]. Il y a donc cette jouissance dont le mystique ne sait rien et dont il ne peut rien dire. C'est donc une jouissance qui est située *au-delà* du langage. Elle est en excès, c'est-à-dire qu'elle représente un débordement, un surplus, et donc elle n'est pas contenue dans ce que l'on peut dire ou connaître ou savoir. Elle met la langue dans une impasse. Lacan dit de cette jouissance qu'elle est *supplémentaire* et non pas complémentaire[2]. Elle vient en surcroît, c'est vrai, mais un surcroît qui n'est pas un complément. Elle ne vient pas compléter une jouissance déjà-là pour la totaliser, c'est-à-dire la faire accéder à un plein de jouissance. Car justement une jouissance qui accèderait à la totalité, ce serait le pire, le drame absolu. Ce serait un désastre même si ce désastre peut prendre la forme d'une merveille. Une jouissance totale serait un merveilleux désastre parce que l'accès à la plénitude serait tout simplement la mort du désir et donc la mort du sujet humain. C'est pourquoi, comme l'indique le titre que Lacan donne à ce *Séminaire*, c'est une jouissance qui permet toujours de dire « encore », c'est-à-dire qui n'en a pas assez. Le mystique est celui qui appelle toujours et encore.

Avec la jouissance mystique, il est question d'un « surplus » ou d'un « en plus » par rapport à la jouissance sexuelle – que Lacan appelle la jouissance phallique –, mais il faut bien en comprendre le sens. Ce dont témoigne la jouissance mystique, au moins en partie, c'est que ce surplus appartient au registre de la *négativité*. Ce qui est

---

[1] J. LACAN, *Le Séminaire.* Livre XX, *Encore* [1972-1973], Paris, Seuil, 1975, p. 70.

[2] J. LACAN, *Le Séminaire.* Livre XX, *Encore* [1972-1973], Paris, Seuil, 1975, p. 68.

en plus n'est pas plus de jouissance comme quand on remplit un verre jusqu'à ce qu'il déborde. Ce n'est donc pas le surplus d'une plénitude ou d'une béatitude. Ce qui est « en plus » est au contraire ce qui manque, ce que l'on n'a pas, ce qui fait défaut, ce qui échappe au langage et à la prise. Qu'est-ce qu'il y a donc « en plus », « en surcroît », dans cette jouissance ? C'est le « plus » que chacun éprouve en lui-même comme un « *en moins* », comme une absence, une perte ou un retrait. Donc, c'est une jouissance qui sans cesse rouvre le désir, indéfiniment, qui toujours relance vers une quête sans que rien ne puisse y mettre un terme. Le mystique se tient ici sur le seuil du réel. Il touche l'impossible à dire, l'impossible à savoir, mais sans franchir la limite. Il montre la limite. Il l'éprouve. Il témoigne de l'impossible qui empêche de confondre quoi que ce soit avec ce que l'on cherche car ce que le mystique cherche c'est ce qui manque à toute chose. Lorsque ce n'est pas le cas, alors la mystique prend un tout autre visage. Lacan l'indique à plusieurs reprises : il y a une forme perverse de la mystique, et aussi une forme délirante, lorsque le manque se trouve occulté. Dans le *Séminaire VII* sur *L'éthique de la psychanalyse*, Lacan évoque certains exploits mystiques où la jouissance se conjugue à l'horreur ou à l'abjection. Il s'agit alors de se livrer à un Dieu, sans limite, sans loi, tout-puissant et tout-jouissant qui peut exiger n'importe quoi dans le domaine sacrificiel : « On nous dit par exemple qu'une Angèle de Foligno buvait avec délice l'eau dans laquelle elle venait de laver les pieds des lépreux, et je vous passe les détails – il y avait une peau qui s'arrêtait en travers de sa gorge et ainsi de suite – ou on nous conte que la bienheureuse Marie Allacoque mangeait, avec non moins de récompense d'effusions spirituelles, les excréments d'un malade »[3]. Aujourd'hui, on désignera ici ces façons de s'offrir en sacrifice pour accomplir la volonté divine, même s'il s'agit par exemple de se faire exploser avec une bombe. Historiquement, on pourrait également évoquer ce qui est en question dans un certain

---

[3] J. LACAN, *Séminaire.* Livre VII, *L'éthique de la psychanalyse*, Paris, Seuil, 1985.

nombre de formes anorexiques, par exemple celle de Catherine de Sienne, que l'historien Rudolph Bell appelle l'anorexie sainte et qu'il a étudiée avec soin[4].

C'est une toute autre compréhension de la mystique que celle qui fait l'épreuve du manque. Michel de Certeau en donne une définition à la fin de *La fable mystique,* son maître-ouvrage : « Est mystique celui ou celle qui ne peut s'arrêter de marcher et qui, avec la certitude de ce qui lui manque, sait de chaque lieu et de chaque objet que ce n'est *pas ça*, qu'on ne peut résider *ici* ni se contenter de *cela.* Le désir crée un excès »[5]. Le « ce n'est pas ça » qui fait l'épreuve mystique n'est pas sans rappeler un bel aphorisme de Lacan auquel Michel de Certeau fait justement référence : « Je te demande de me refuser ce que je t'offre parce que ce n'est pas ça »[6]. Le « ce n'est pas ça » maintient la place permanente du manque. Il marque l'écart, la distance entre ce qui est demandé et ce qui est obtenu. Ce qui est obtenu n'est pas « ça ». Ce n'est pas à la hauteur de la jouissance que cherche le mystique et qui est justement l'impossible. Ce qui est « en plus » laisse donc toujours en soi la trace de son absence. C'est une blessure que rien ne peut refermer et qui fait que le mystique peut dire qu'il se meurt d'amour. C'est une insatisfaction à laquelle rien ni personne ne peut mettre un terme.

C'est pour cette raison, sans doute, que les mystiques ne cessent de lire, de commenter, de prêcher le *Cantique des cantiques* comme une mise en scène du désir de l'époux et de l'épouse qui sont pour eux des figures de Dieu et de l'âme. Les amoureux sont en quête l'un de l'autre. Ils se cherchent et lorsqu'ils se trouvent c'est pour éprouver le mystère qui les constitue l'un comme l'autre. Il y a toute une érotique qui est liée à ce jeu du caché et du dévoilé, de la présence et de l'absence. Il y a de la jouissance, mais référée au mystère de l'autre, à ce qui toujours échappe de lui et reste

---

[4] R. M. BELL, *L'anorexie sainte. Jeûne et mysticisme du Moyen-âge à nos jours*, Paris, PUF, 1994.

[5] M. DE CERTEAU, *La fable mystique. XVIe-XVIIe siècles*, Paris, Gallimard, 1982, p. 411.

[6] J. LACAN, *Séminaire.* Livre XX, p. 101.

impossible à saisir. Dans l'espace de la mystique, si l'on considère par exemple saint Bernard, immense commentateur du *Cantique des cantiques*, on peut voir qu'il ne cesse de témoigner d'une présence – la présence du Verbe, du Christ lui-même –, qu'il a seulement en creux. C'est une sorte de présence en absence. « Tant que je vivrai – dit Bernard dans le sermon 74 –, j'userai familièrement de la voix de l'Épouse, et pour rappeler le Verbe je me servirai du verbe du rappel qui est le mot 'revenez' ». L'appel est un appel qui ne cesse d'appeler celui qui ne se donne que dans son retrait. Il se donne comme déjà disparu à la manière des disciples d'Emmaüs qui reconnaissent le Christ au moment où déjà il s'est absenté. Ailleurs, dans le *Traité de l'amour de Dieu*, Bernard indique avec force ce qu'il en est de sa position : « À ceux qui recherchent la présence (*præsentiam*) de Dieu et soupire après elle, la mémoire (*memoria*) de Dieu est proche et douce ; cependant ils ne sont pas comblés, mais plus ils ont faim, plus ils sont rassasiés »[7]. À la recherche de la présence de Dieu, c'est-à-dire une présence qui comblerait le manque, Dieu répond en donnant la *memoria*, c'est-à-dire une présence qui est aussi absence, une présence qui est en creux. Plus ils ont faim, plus ils sont rassasiés, ajoute Bernard. Il y a bien un rassasiement, une jouissance, un certain repos, mais curieusement c'est la faim elle-même qui est la nourriture. Il s'agit de rassasier en donnant faim, c'est-à-dire en ouvrant le désir à l'infini qui est toujours en excès de soi. Toute une partie de la tradition mystique travaille et déploie sans cesse un désir impossible à assouvir. J'ai cité Bernard. On pourrait se référer à saint Jean de la Croix, à Maître Eckhart ou encore à Thérèse d'Avila lorsqu'elle affirme : « Pour qui aime Dieu, rien de ce qui n'est pas Dieu ne saurait le satisfaire ». Dieu est donc le nom d'une impossible satisfaction. Il nomme une attente que rien ne peut faire disparaître. Dieu n'est jamais le nom de ce que l'on a, mais de ce dont on manque et ce manque est néanmoins une présence effective au cœur de l'existence. C'est ici alors que l'on peut désigner une première articulation au politique.

---

[7] BERNARD DE CLAIRVAUX, *Traité de l'amour de Dieu*, IV, 7.

L'insatisfaction est une insatisfaction féconde lorsqu'elle empêche de simplement se contenter de ce qu'il y a, c'est-à-dire lorsqu'elle soutient une faim ou une soif que rien ne peut assouvir et qui se transforme alors en *actions concrètes* : une soif de justice par exemple qui sans cesse relance le désir de justice et qui ouvre une capacité d'agir. On se souviendra d'ailleurs, sur un plan christologique, que Dieu offre au monde sa propre faim et sa propre soif. L'insatisfaction féconde est celle qui empêche le monde de se refermer sur lui et de se résigner à ce qu'il y a. Elle maintient toujours la possibilité d'autre chose, c'est-à-dire qu'elle relance sans cesse l'imaginaire social en empêchant de confondre une figure contingente de l'histoire avec un idéal achevé. Nous trouvons ici la force de ne pas simplement nous résigner à ce qu'il y a et de pouvoir toujours imaginer d'autres possibles pour soi-même et pour d'autres que soi-même. On peut même aller un peu plus loin. La mystique construit un monde désabsolutisé, un monde inscrit radicalement dans la contingence et la finitude justement parce que le monde n'est pas Dieu, parce que rien du monde ne peut être l'objet que l'on cherche et qui manque toujours.

II. Le langage mystique

On peut alors en venir à la question du langage mystique. On sait qu'il est foisonnant, inventif, déconcertant, qu'il transgresse souvent les codes établis du lexique et qu'il s'apparente à une poétique. Le langage mystique est un style, comme le relève souvent Michel de Certeau. Il est une façon de parler. Il a une certaine tournure. J'aimerais en indiquer, ici encore, la portée politique, au moins potentiellement.

J'ai souligné que la mystique, dans le meilleur de sa tradition, est dans l'épreuve d'un manque qui ne peut que toujours lui manquer, indéfiniment. Il y a l'impossible à voir, à savoir et donc à dire. Il y a donc toujours un écart, une distance entre le mot et la chose, entre le signifiant et le réel. Or c'est justement cet impossible à dire, ce trou dans le langage, ce manque au cœur du langage, qui constitue le mouvement vivant, inventif, du discours. Pour comprendre cette structure du langage, on peut utiliser l'exemple du jeu bien connu de pousse-pousse. Il s'agit d'une plaquette, limitée par un cadre, où l'on fait glisser de petites cases qui portent chacune une lettre. Le jeu consiste à former des mots en déplaçant les lettres à l'intérieur du cadre. Le jeu fonctionne à la condition qu'une case reste vide, faute de quoi le mouvement des lettres serait tout simplement impossible. La pièce centrale du jeu est ainsi une case vide, une lettre manquante, qui permet d'écrire et de parler. C'est elle qui permet le langage représentatif. Autrement dit, les lettres et les mots sont mis en mouvement, circulent, grâce à une incomplétude marquée par une lettre qui, quant à elle, est absente ou a été retirée. C'est ce qui est au cœur de l'expérience mystique qui en elle-même reste hors langage, mais qui donne naissance à une parole et une écriture. Ce qui manque au langage mystique, ce pour quoi il n'a pas de mot, ce qu'il éprouve seulement comme perte, ce qui donc appartient au principe d'une négativité, met en mouvement tout un imaginaire et un langage très inventif. Il y a des effets de sens nouveaux et souvent imprévus. Michel de Certeau rend attentif à ces opérations sur le langage qui éloignent les mots de leurs significations établies pour faire surgir de nouvelles associations et produire de nouvelles significations. Il l'analyse à propos des tropes qui sont une façon de faire prendre au mot une signification qui le décale de son champ lexical habituel. C'est ce qui se passe avec l'oxymore dont Certeau dit qu'il caractérise fortement le style mystique. L'oxymore, dit Certeau, « mélange les genres et trouble les ordres » en combinant deux mots qui ont une sémantique opposée[8]. Ainsi Jean de la Croix évoque « une obscure clarté », « une sereine agitation », « un cruel repos », « une musique silencieuse », etc. Le discours mystique déplace les lettres et les mots comme dans le cadre d'un jeu du pousse-pousse. Il laisse les mots se conjuguer, se nouer, dans la perspective de ce que Paul Ricœur appelle des « variations imaginatives », c'est-à-dire un processus langagier qui engendre des

---

[8] M. DE CERTEAU, *La fable mystique*, p. 198.

effets de sens nouveaux et imprévus. Le discours fonctionne donc comme *poiesis*, au sens aristotélicien du terme, c'est-à-dire comme ce qui donne naissance, ce qui crée et qui donne d'être. L'expérience mystique comme expérience poétique suppose alors une démaîtrise, un abandon d'une logique de domination dans le sens où les mots portent toujours plus ou autre chose que ce que l'on en sait.

Ici encore, on peut saisir une articulation au politique, complémentaire de celle que j'ai indiquée au point précédent et qui concerne le langage. Dans un texte intitulé « Nommer Dieu », Ricœur souligne qu'il y a une « poétique de la politique » et que celle-ci consiste à « refaire le monde ». Non pas au sens d'une idéalisation évidemment, mais au sens d'une reconstruction, d'une constante interprétation, d'un effort de relecture. À cet égard, ajoute Ricœur, « comprendre le monde et le changer sont fondamentalement la même chose »[9]. L'acte politique est un acte de langage dans le sens où il suppose la capacité de se représenter l'acte, de se représenter de nouvelles possibilités d'agir (ce qui suppose la mobilité et l'inventivité, l'aspect créatif du langage). Une poétique du politique suppose un langage constitué par le manque. Ici alors dire est un acte.

III . L'« EXTIMITÉ » DE L'ÂME MYSTIQUE

Un dernier élément reste à relever si l'on veut penser quelques points d'articulation de la mystique et du politique. Il s'agit d'un lieu intime, un lieu subjectif, disons même l'intime de l'intime que Thérèse d'Avila appelle le « centre de l'âme ». De quoi s'agit-il ? Disons que le centre de l'âme appartient bien au registre topologique, mais il n'est pas une région localisable de notre organisme somatico-psychique. Ce que Thérèse appelle « centre de l'âme » n'a pas de contours et n'a rien d'une inscription repérable, pas même à la manière d'un point. Le centre de l'âme désigne plutôt

---

[9] P. RICŒUR, « Nommer Dieu », dans *Lectures 3. Aux frontières de la philosophie*, Paris, Seuil, 1994, p. 303.

une identité ultime et secrète, non pas au sens d'une profondeur mais de ce qui échappe à toute mainmise. Le centre de l'âme est une métaphore du lieu le plus intime et le plus authentique de l'être humain. C'est ce que d'autres appellent « la fine pointe de l'âme ».

Or Thérèse précise que « le centre de l'âme, c'est Dieu ». La formule est étrange et elle peut prêter à malentendu. On pourrait l'entendre, en effet, dans le sens d'une confusion entre Dieu et l'être humain, donc dans le sens d'une divinisation du croyant. Il s'agit plutôt pour elle de conjuguer un « dedans » et un « dehors », une intériorité et une extériorité dans le sens où le dedans se trouve situé dans un dehors, hors de lui-même. Le centre de l'âme, c'est-à-dire l'intime de l'intime, c'est Dieu, autrement dit, il se trouve en dehors de soi. Lacan parle de l'extime pour traduire l'être hors de soi. Thérèse évoque parfois un sanctuaire qu'elle appelle le « cellier intérieur ».

En quoi est-ce alors un problème politique ? C'est que personne ne peut se rendre maître de ce qui fait le cœur d'un être humain, c'est-à-dire son être ultime. Nul ne peut en disposer. Aucun pouvoir ne peut étendre la main sur le centre de l'âme, parce que c'est un tabernacle dans lequel personne ne peut entrer. Nul n'a le droit de violer ce lieu. Autrement dit, il y a en l'homme une part imprenable, un sujet qui demeure hors prise du pouvoir des hommes. C'est un problème pour le pouvoir, et peut-être même une menace comme le relève Charles-André Bernard dans son ouvrage sur *Le Dieu des mystiques* : « Les théologiens, relayés par les inquisiteurs, craignent que la diffusion de l'oraison mentale ne nuise à la société civile »[10]. Si on reprend l'exemple de Thérèse d'Avila, on notera qu'il y a chez elle une spiritualité qui inquiète tant le pouvoir politique que l'institution religieuse. D'ailleurs, l'Église ne s'y est pas trompée puisque nombre de ses livres vont être saisis par l'inquisition et interdits de publication. Elle ne cesse pourtant pas de donner des gages en affirmant qu'elle n'est pas théologienne, qu'elle est

---

[10] C.-A. BERNARD, *Le Dieu des mystiques* 1. *Les voies de l'intériorité*, Paris, Cerf, 1994, p. 423.

ignorante et qu'elle s'en remet aux docteurs de l'Église. Elle rassure, se montre humble et soumise. En même temps, sa persévérance est totale. Elle fonde sa parole sur une expérience de Dieu qu'elle dit soumettre à la sagacité des autorités de l'Église, mais qu'elle continue de déplier avec conviction et qui produit une certaine subversion du discours magistériel.

À partir d'un autre point de vue, on trouve chez Martin Luther une perspective proche lorsqu'il écrit que « l'âme échappe à toute emprise humaine et relève uniquement du pouvoir de Dieu ». Et ailleurs, dans un texte sur le politique, *De l'autorité temporelle*, il affirme la liberté de la conscience : « Le pouvoir temporel possède des lois qui ne concernent que les corps et les biens et tout ce qu'il y a sur terre de choses externes. Quant aux consciences, Dieu ne peut ni ne veut laisser personne d'autre qu'à lui-même le droit de les gouverner ». Il s'agit ici de fonder la liberté de croire ou de ne pas croire, mais en réalité le texte va beaucoup plus loin. Il construit le concept de conscience qui est un motif fondamental de la théologie de Luther. En effet, pour Luther, la conscience est précisément le lieu le plus intime de l'être humain, son cœur, son centre, autrement dit, ce qui le constitue véritablement comme sujet. Or Gerhard Ebeling a relevé que, chez Luther, la conscience n'est pas « une voix intérieure autonome qui rend l'homme indépendant et qui constitue le fondement de son autonomie, mais plutôt [...] que l'existence de l'homme dépend de la Parole qui l'atteint et le touche au plus profond de lui-même »[11]. La conscience est l'existence humaine en tant qu'elle dépend de la parole qui l'atteint et la touche au plus profond d'elle-même. La conscience est constituée par le dehors, par un rapport de l'intériorité à l'extériorité dans le cadre d'un forum des instances. Or, aucune autorité ne peut étendre la main sur la conscience parce que c'est le tabernacle de la Parole. Nul n'a le droit de violer ce lieu. C'est ici un principe de délibération politique et aussi un principe théologique de résistance. Il y a une

---

[11] G. EBELING, *Luther, Introduction à une réflexion théologique*, Genève, Labor et Fides, 1983, p. 105.

part imprenable, une dignité que rien ne peut anéantir, un sujet qui demeure hors prise du pouvoir des hommes. On sait justement que lorsque le pouvoir devient fou et démoniaque, son but n'est pas seulement de tuer des corps, mais aussi et peut être surtout d'anéantir le noyau de l'être, le cœur intime de l'homme. Maurice Blanchot dit de la barbarie qu'elle « cherche moins la mort de l'autre que la destruction de son âme ». Autrement dit, elle est le désir de détruire la part de l'humain en l'humain. Or, c'est un mensonge puisque l'être du sujet n'est à disposition de personne, ni de l'autre, ni de soi-même et fonde un être capable, une « capabilité » comme dit Ricœur, un courage d'être et d'agir.

Théologie et philosophie Le jeune Heidegger et la politique d'un partage

François NAULT

« J'en ai libéré plus d'un de la théologie, quant à savoir si c'est là un profit, il n'appartient pas à un homme de le dire »[1].

La question des rapports entre théologie et philosophie embrasse évidemment trop large et implique tant de mises en perspectives, notamment historiques, de délimitations préalables, qu'il apparaît impossible de seulement commencer à y répondre. Cette question est en outre piégée, en ce qu'elle semble supposer l'existence de quelque chose comme « la théologie » et « la philosophie », de pures fictions au regard de la question plus concrète des « productions théologiques » et des « productions philosophiques », question qui renvoie elle-même à la question des *producteurs*, des agents qui produisent ces discours dits « théologiques » ou « philosophiques », et qui les produisent toujours dans un certain contexte, ou plus précisément dans un certain *état du champ*. Et on touche ici à une autre difficulté de la question des rapports entre théologie et philosophie : cette question est adressée à un « producteur théologique » ; elle est donc adressée à quelqu'un qui appartient au champ théologique (plutôt qu'au champ philosophique) et dont l'appartenance à ce champ ou les modalités d'appartenance à ce champ non seulement colorent la question, la manière de l'appréhender et de l'articuler, mais détermine dans une large mesure les réponses qu'il est possible d'y apporter.

---

[1] M. HEIDEGGER, *Correspondance avec Karl Jaspers (1920-1963)*, suivi de *Correspondance avec Elisabeth Blochmann (1918-1969)*, trad. C.-N. GRIMBERT, Paris, Gallimard, 1996, p. 230.

Peut-être n'est-il pas inutile de préciser mon propre rapport au champ théologique? Disons les choses rapidement : ce rapport est tout à fait *problématique*. D'une part, j'ai pour la théologie – pour tout ce qui se présente sous ce nom et pour tout ce qui lui ressemble, même vaguement – un amour inconditionnel et infini; non seulement mes études de théologie ne m'ont pas fait perdre la foi (certains m'avaient prévenu que telle était la visée essentielle de la théologie…), mais elles me l'ont en quelque sorte redonnée, ou plutôt elles m'ont redonné une foi que je croyais, à tort, avoir perdue. Mes études en théologie m'ont permis de réaliser et de pouvoir affirmer, comme Bernard de Clairvaux, qu'il n'y a que Dieu qu'on ne cherche jamais en vain, alors même qu'on peut être sûr de ne *pas* le trouver[2]. D'autre part, cet « amour inconditionnel et infini » pour la théologie n'est pas *simple*, car le travail théologique est aussi pour moi un problème, un défi, une impossibilité même, l'occasion de toutes les remises en cause. Plus précisément, la théologie n'existe pour moi qu'*exposée*, elle n'existe vraiment que *déconstruite*, c'est-à-dire offerte à la déconstruction. La question du rapport théologie-philosophie se pose ainsi au cœur même d'un nouage inextricable entre la théologie et *son autre*, et de préférence son autre absolu, ce qui est le plus *impropre* au *propre* théologique, à la *mêmeté* théologique[3]. Le théologien qui fait de la théologie dans l'ignorance de la philosophie m'apparaît comme un philosophe qui s'ignore, donc qui risque d'être un mauvais philosophe, et aussi un mauvais théologien; et, à l'inverse, le philosophe qui philosophe dans l'ignorance de la théologie m'apparaît condamner à faire de la

---

[2] « Ne vas-tu pas te récrier devant mon insistance à poser cette question : Qu'est-ce que Dieu? Ne vas-tu pas trouver que je ne l'ai que trop souvent posée ? Ne vas-tu pas désespérer d'en connaître la réponse ? Pourtant, [...] il n'est que Dieu, si introuvable soit-il, dont jamais la recherche ne soit vaine. », BERNARD DE CLAIRVAUX, *De la considération*, trad. P. DALLOZ, Paris, Cerf, 1986, p. 140. J'ai commenté ce texte dans F. NAULT, *Une théologie en déconstructions : littérature, mystique, philosophie*, Montréal/Paris, Médiaspaul/Cerf, 2004, p. 71-87.

[3] Dans le même sens, voir l'essai pédagogique et stimulant de J. D. CAPUTO, *Philosophy and Theology*, Nashville, Abingdon Press, 2006.

mauvaise théologie et, sans doute aussi, de la mauvaise philosophie[4]. Sur ce dernier point, je suis assez d'accord avec Paul Tillich quand il déclare, dans l'introduction de sa *Théologie systématique*, que « tout philosophe créatif est un théologien caché »[5]. Tout philosophe créatif, c'est-à-dire tout philosophe qui *pense*. Or, penser n'est pas chose facile. Ainsi, pour Heidegger, on le sait, « ce qui donne le plus à penser dans notre temps qui donne à penser, c'est que nous ne pensons pas encore »[6].

C'est par cette question (heideggérienne) de la pensée, comme mise en question *pensante* de la question, que je voudrais commencer à formaliser un peu la thématique du rapport entre théologie et philosophie, thématique que j'aborderai plus directement dans un deuxième temps, toujours en dialogue critique avec Heidegger. Pourquoi aborder la question du rapport théologie-philosophie à partir de Heidegger ? Les *intérêts* impliqués dans ce choix sont divers et complexes, et on ne peut pas être sûr d'être parfaitement au clair avec cette décision de privilégier Heidegger. Bref, il faut redouter la « naturalité » et la force de ce choix. Par ailleurs, il est indéniable que le référent heideggérien continue d'être très présent dans notre espace intellectuel et qu'une explication avec Heidegger semble toujours de mise[7]. En outre, la position de

---

[4] Sur cette base, on pourrait questionner l'idée d'un « tournant théologique » ou d'un « Turn to Religion » de la philosophie contemporaine. Voir D. JANICAUD, *Le tournant théologique de la phénoménologie française*, Combas, Éditions de l'Éclat, 1991. On lira la réponse de certains philosophes concernés dans J.-F. COURTINE (éd.), *Phénoménologie et théologie*, Paris, Criterion, 1992. Voir aussi H. DE VRIES, *Philosophy and the Turn to Religion*, Baltimore/London, The Johns Hopkins University Press, 1999.

[5] « Every creative philosopher is a hidden theologian (sometimes even a declared theologian) », P. TILLICH, *Systematic Theology, v. I Reason and Revelation, Being and God*, Chicago, The University of Chicago Press, 1951, p. 25.

[6] M. HEIDEGGER, *Qu'appelle-t-on penser ?*, trad. A. BECKER et G. GRANEL, Paris, PUF, 1967, p. 24.

[7] On pourrait répéter aujourd'hui ce que Jean Grondin affirmait – un peu malicieusement! – au début des années quatre-vingt : « la fascination exercée par l'œuvre de Heidegger sur les théologiens a tout l'air d'être inversement proportionnelle au dédain apparent de Heidegger pour la portée théologique de la

Heidegger au regard de la question des rapports entre théologie et philosophie reste fascinante à plus d'un égard, notamment en ce qu'elle pose avec « radicalité » l'absoluité du partage entre théologie et philosophie, alors même qu'une analyse révèle à la fois comment ce partage ne peut être *pratiquement* maintenu et comment il procède lui-même de certains « coups de force ». De telle sorte qu'à la difficile question des rapports entre théologie et philosophie se greffe la tout aussi difficile question des rapports entre « champ théologique », « champ philosophique » *et « champ politique »*.

* * *

« Et la pensée ne commencera que lorsque nous aurons appris que cette chose tant magnifiée depuis des siècles, la Raison, est l'ennemie la plus acharnée de la pensée »[8].

Le 26 septembre 1969, dans l'hommage qu'elle rendit à Heidegger pour ses quatre-vingts ans et ses cinquante ans de carrière professorale, Hannah Arendt insista sur le fait que l'enseignement de Heidegger ne contenait pas une « doctrine susceptible d'être restituée et transmise ». Refusant d'attribuer à Heidegger une *philosophie*, elle souligna l'importance de sa *pensée* pour le vingtième siècle, alors même que cette pensée vient de « plus loin ». Il vaut la peine de citer Arendt ici, si ce n'est que pour s'amuser un peu de l'emphase du ton : « la tempête que fait lever la pensée de Heidegger – comme celle qui souffle encore contre nous après des millénaires de l'œuvre de Platon – n'a pas son origine dans le siècle. Elle vient de l'immémorial et ce qu'elle laisse derrière elle est un accomplissement qui, comme tout accomplissement, fait retour à

---

philosophie et pour les escapades philosophiques de la théologie », J. GRONDIN, « Heidegger et la théologie : à propos de quelques ouvrages récents », dans *Archives de philosophie*, t. 46, 1983, p. 459.

[8] M. HEIDEGGER, *Chemins qui ne mènent nulle part*, trad. W. BROKMEIER, Paris, Gallimard, 1986, p. 219.

l'immémorial »[9]. Je note au passage qu'Arendt arrache ainsi la figure de Heidegger à l'histoire, niant de ce fait qu'il « est sans doute peu de pensées aussi profondément situées et datées que la "philosophie pure" [...] de Heidegger »[10].

Arendt relit « l'événement-Heidegger » à partir de la distinction heideggérienne de la philosophie et de la pensée, et du constat – lui aussi heideggérien – que la pensée serait aujourd'hui menacée. Dans un texte intitulé « Sérénité », Heidegger constate le manque actuel de pensées : « l'indigence de pensées est un hôte inquiétant qui s'insinue partout dans le monde d'aujourd'hui. Car aujourd'hui tout s'apprend de la façon la plus rapide et la plus économique et, le moment d'après, est oublié tout aussi rapidement »[11]. La perte de la pensée équivaut ainsi à la perte de la *mémoire*. Le manque de pensées repose sur une dynamique qui menace « la substance la plus intime de l'homme contemporain » : cet homme apparaît comme étant « *en fuite devant la pensée* »[12]. Cette fuite est la cause de notre manque de pensées, mais « elle présuppose à son tour que l'homme ne veuille ni la voir ni la reconnaître. L'homme d'aujourd'hui la niera même carrément ».

Heidegger reconnaît bien la persistance d'un certain type de pensée, le travail d'une pensée à l'œuvre, mais c'est une pensée bien spécifique et limitée :

> « Sa particularité consiste en ceci : lorsque nous dressons un plan, participons à une recherche, organisons une entreprise, nous

---

[9] H. ARENDT, *Vies politiques*, trad. sous la direction de E. ADDA, Paris, Gallimard, 1986, p. 320.

[10] P. BOURDIEU, *L'ontologie politique de Martin Heidegger*, Paris, Éditions de Minuit, 1988, p. 9. On lira avec beaucoup d'intérêt le compte-rendu de cet ouvrage par H.-G. Gadamer. Tout en reprochant à Bourdieu le caractère caricatural de ses analyses et son « incompétence [...] là où il est question de philosophie », Gadamer reconnaît néanmoins que l'entreprise de Bourdieu « aura été féconde à plusieurs égards »; voir H.-G. GADAMER, *L'herméneutique en rétrospective*, trad. J. GRONDIN, Paris, Vrin, 2005, p. 67-75.

[11] M. HEIDEGGER, « Sérénité », dans *Questions III et IV*, trad. A. PRÉAU, Paris, Gallimard, 1990, p. 135.

[12] M. HEIDEGGER, « Sérénité », p. 136.

comptons toujours avec des circonstances données. Nous les faisons entrer en ligne de compte dans un calcul qui vise des buts déterminés. Nous escomptons d'avance des résultats définis. Ce calcul caractérise toute pensée planifiante et toute recherche. Une pareille pensée ou recherche demeure un calcul, là même où elle n'opère pas sur des nombres et n'utilise ni simples machines à calculer ni calculatrices électroniques. La pensée qui compte calcule. Elle soumet au calcul des possibilités toujours nouvelles, de plus en plus riches en perspectives et en même temps plus économiques. La pensée qui calcule ne nous laisse aucun répit et nous pousse d'une chance à la suivante. La pensée qui calculante ne s'arrête jamais, ne rentre pas en elle-même »[13].

Cette « pensée calculante » n'est pas mauvaise en soi; Heidegger n'hésite pas à lui reconnaître une légitimité propre. Par ailleurs, elle n'est pas encore une « pensée méditante », c'est-à-dire « une pensée à la poursuite du sens qui domine tout ce qui est ». Et c'est cette « pensée méditante » que nous chercherions aujourd'hui à fuir, parce « qu'elle flotte au-dessus de la réalité », croyons-nous, parce « qu'elle n'a plus de contact avec le sol », parce qu'elle « ne sert à rien dans l'expédition des affaires courantes », parce qu'elle « n'aide en rien aux réalisations d'ordre pratique » et enfin parce que, croyons-nous, cette « pensée lente et patiente est trop “haute” pour l'entendement ordinaire »[14]. Heidegger répond à cette dernière objection en reconnaissant qu'une pensée méditante n'est pas un « phénomène spontané », qu'elle « exige parfois un grand effort et requiert toujours un long entraînement »; Heidegger ajoute qu'elle n'en demeure pas moins accessible à tous : « chacun de nous, à sa manière et dans ses limites, peut suivre des voies de méditation », étant entendu que « l'homme est l'être *pensant*, *c'est-à-dire méditant* »[15].

Ainsi Heidegger distingue deux pensées, ayant chacune son site. Le site de la « pensée calculante » est la logique; c'est le site « traditionnel » et dominant de la pensée, à tel point que la pensée a

---

[13] M. HEIDEGGER, « Sérénité », p. 136.
[14] M. HEIDEGGER, « Sérénité », p. 137.
[15] M. HEIDEGGER, « Sérénité », p. 137.

pu penser s'y réduire. C'est le site de la « ratio philosophique ». Heidegger va d'ailleurs rappeler que *ratio* signifie *raison* mais aussi « compte à rendre », c'est-à-dire calcul : la raison « fournit les comptes établissant la vérité du jugement. Compte se dit en latin *ratio*. [...] La raison est *ratio*, c'est-à-dire compte à rendre »[16]. Le philosophe s'identifie ici au savant, à un ordre de la raison qui découvre et qui saisit. Pour ce qui est de la « pensée méditante », son site n'est pas la logique (ou la représentation ou la raison) mais, comme on l'a vu, la *mémoire* ou la fidélité. Ici, le penseur apparaît le complice non pas du savant mais du poète, le mot « mémoire » ne désignant pas la faculté « déterminable par la psychologie » mais le « rassemblement de la pensée » : « Mémoire pense à ce qui a été pensé. [...] Étant le nom de la Mère des Muses, "Mémoire" ne signifie pas une pensée quelconque de n'importe quel pensable. Mémoire est le rassemblement de la pensée sur ce qui partout désirerait être déjà gardé dans la pensée. Mémoire est le rassemblement de la pensée fidèle »[17]. Pour penser la pensée, il faudrait ainsi la penser à partir de la poésie plutôt qu'à partir de la logique[18].

Sur la base de ces distinctions préliminaires, est-il possible de penser une théologie pensante, c'est-à-dire une théologie *méditante* plutôt que *calculante*, trouvant son site dans la poésie plutôt que dans la logique, ou la *ratio* philosophique ? Et si oui, à quoi pourrait ressembler une telle *pensée* théologique ? Question purement hypothétique, et en vérité impensable dans le cadre délimité par Heidegger, qui réduit le christianisme à une foi – par principe étrangère à l'ordre de la pensée[19] – et à l'onto-théologie – réductible à la pensée grecque[20].

---

[16] M. HEIDEGGER, *Le principe de raison*, trad. A. PRÉAU, Paris, Gallimard, 1962, p. 250.

[17] M. HEIDEGGER, *Qu'appelle-t-on penser ?*, p. 29-30.

[18] « Aussi longtemps cependant que nous croirons pouvoir attendre de la logique un éclaircissement sur ce qu'est la pensée, aussi longtemps nous ne pourrons nous mettre à penser la façon dont toute poésie repose dans la pensée fidèle », M. HEIDEGGER, *Qu'appelle-t-on penser ?*, p. 30.

[19] Voir F. GUIBAL, *...Et combien de dieux nouveaux : approches*

* * *

« La théologie n'a rien à apprendre ici, sinon ce qu'elle n'est pas du tout. Ce qui est d'ailleurs une fort utile leçon »[21].

Pour que la théologie accède au rang de pensée méditante, il faudrait – à suivre Heidegger – qu'elle se détache de la *raison* philosophique. Or, c'est bien ce que suggérait le « jeune Heidegger », auquel je voudrais maintenant m'attacher. La question du jeune Heidegger est celle du rapport entre la « science ontologique », qui s'attache à la question de l'être et qui se tient en marge de toute vision du monde, et la théologie chrétienne, conçue comme une « science ontique », qui s'articule à partir de la foi au Dieu crucifié. Cette topique se trouve déjà en germe dans *Être et temps* (1927)[22], mais est principalement développée dans la conférence « Phénoménologie et théologie » (1927) et, dans une moindre mesure, dans le cours « Introduction à la métaphysique » (1935)[23].

---

contemporaines, t. I, *Heidegger*, Paris, Aubier, 1980, p. 19 et s.

[20] Ainsi, comme le note Marlène Zarader, dans la compréhension heideggérienne, « le seul trait original du christianisme (la foi au Dieu crucifié) ne concerne en rien la pensée, et [...] le trait par lequel il participe à la pensée n'a rien d'original : ce n'est jamais qu'un avatar de ce que les Grecs avaient déjà pensé, ou au moins pré-dessiné », M. ZARADER, *La dette impensée : Heidegger et l'héritage hébraïque*, Paris, Seuil, 1990, p. 18. Sur cette question, on lira D. FRANCK, *Heidegger et le christianisme : l'explication silencieuse*, Paris, PUF, 2004.

[21] J.-Y. LACOSTE, art. « Martin Heidegger », dans J.-Y. LACOSTE (dir.), *Dictionnaire critique de théologie*, Paris, PUF, 1998, p. 523.

[22] M. HEIDEGGER, *Être et temps*, trad. E. MARTINEAU, Paris, Authentica, 1985, p. 58, p. 169, p. 184 et p. 290. On retrouve les éléments d'une critique ou mieux d'une déconstruction de la théologie chrétienne dans *Être et temps*. Par ailleurs, les renvois indirects ou les allusions à des thématiques chrétiennes ne sont pas passés inaperçus; voir notamment R. SCHAEFFLER, « Heidegger und die Theologie », dans A. GETHMANN-SIEFERT et O. PÖGGELER (dir.), *Heidegger und die praktische Philosophie*, Frankfurt, Suhrkamp, 1988, p. 286-309. Voir aussi C. DUBOIS, « Dieu et le sacré », dans *Heidegger : introduction à une lecture*, Paris, Seuil, 2000, p. 309 et s.

[23] Sur la distinction de l'œuvre de Heidegger en trois topiques, voir

Dans la conférence « Phénoménologie et théologie »[24], Heidegger pense ce rapport de la théologie à la philosophie sous la forme d'une *discontinuité* radicale : « La théologie est une science positive et comme telle elle est absolument différente de la philosophie. Il faut par suite se demander comment la théologie étant absolument différente de la philosophie se rapporte à celle-ci. Dans notre thèse, il résulte sans plus que la théologie en tant que science positive est fondamentalement plus proche de la chimie et des mathématiques que de la philosophie. Nous formulons ainsi dans sa forme extrême le rapport de la Théologie et de la Philosophie »[25]. Cette thèse est énoncée à un moment où Heidegger est encore habité par ses intérêts théologiques initiaux; Gadamer a rappelé comment, durant la période de Marbourg, l'attention de Heidegger était encore occupée par un questionnement d'ordre théologique : « Quelles que fussent ses lectures, que le point de départ lui fût fourni par Descartes ou Aristote, Platon ou Kant, son analyse ouvrait toujours sur les expériences les plus originelles du *Dasein*, expériences qu'il mettait au jour derrière les recouvrements accomplis par les concepts traditionnels. Et c'étaient des questions théologiques qui, dès le début, se pressaient en lui »[26].

Mais dans la conférence « Phénoménologie et théologie » Heidegger insiste plutôt sur la *différence radicale* entre la théologie et la philosophie, une différence qui ne tient pas à un combat sur le plan de la « vigueur de la conviction et de l'annonce propre à la conception du monde » adopté, mais au rapport entretenu aux deux

---

P. CAPELLE, *Philosophie et théologie dans la pensée de Martin Heidegger*, Paris, Cerf, 2001. Une autre manière d'appréhender les différentes configurations de la question théologique dans l'œuvre de Heidegger est de les rapporter aux différentes figures du divin qui s'y dessinent : le Dieu des philosophies, le Dieu des croyants et le Dieu du poète ; voir H. BIRAULT, *De l'être, du divin et des dieux*, Paris, Cerf, 2005, p. 513 et s.

[24] Cette conférence a été prononcée par Heidegger le 9 mai 1927, puis a été répétée le 14 février 1928 à Marbourg.

[25] M. HEIDEGGER, « Phénoménologie et théologie », dans E. CASSIRER, *Débat sur le kantisme et la philosophie*, Paris, Beauchesne, 1972, p. 103.

[26] H.-G. GADAMER, *Les chemins de Heidegger*, trad. J. GRONDIN, Paris, Vrin, 2002, p. 51.

types de sciences distingués par Heidegger : science *ontique* et science *ontologique*. Ces deux types de science se rapportent à la définition formelle de la science, qui comprend la science comme « le dévoilement constitutif d'un domaine en soi chaque fois fermé de l'étant, c'est-à-dire de l'être, dévoilement qui a pour fin sa propre réalisation »[27]. Sur la base de cette définition formelle de la science, Heidegger propose de comprendre les sciences ontiques positives comme partant toujours d'un *Positum*, d'un « étant-toujours-déjà-donné ». Plus précisément, Heidegger affirme qu'une science ontique positive doit respecter trois conditions : d'abord, il faut « qu'un étant déjà dévoilé en quelque façon existe d'abord, dans une certaine mesure, en tant qu'il peut servir de thème à une objectivation et à une mise en questions théoriques »; ensuite, il faut que ce *Positum* ait « accès à l'étant et commerce avec lui »; et enfin, il faut « que ce comportement préscientifique envers l'étant donné (nature, histoire, économie, espace, nombre) soit déjà éclairé et dirigé par une compréhension de l'être »[28] . À l'inverse, la science ontologique ne porte sur aucune positivité : elle ne procède pas d'un regard visant un aspect de l'étant, mais de la « conversion du regard qui va de l'étant vers l'être »[29].

Il faut alors se demander comment la théologie chrétienne – puisque c'est d'elle dont parle Heidegger[30] – correspond à ces critères de positivité et de scientificité. Pour Heidegger, la théologie est une science ontique en tant qu'elle s'édifie bel et bien sur un *Positum*, sur l'étant qui lui est propre. Quel est donc ce *Positum* de la théologie ? Ce n'est pas le *christianisme* (*Christentum*) en tant qu'événement historico-culturel, ni « la conscience de soi du christianisme dans sa manifestation au cours de l'histoire universelle »[31]. Pour Heidegger, la théologie s'inscrit

---

[27] M. HEIDEGGER, « Phénoménologie et théologie », p. 102.

[28] M. HEIDEGGER, « Phénoménologie et théologie », p. 104.

[29] M. HEIDEGGER, « Phénoménologie et théologie », p. 103.

[30] Heidegger écrit en effet qu'il parle de la théologie « au sens de la théologie chrétienne », M. HEIDEGGER, « Phénoménologie et théologie », p. 103.

[31] M. HEIDEGGER, « Phénoménologie et théologie », p. 106.

plutôt dans ce qui « rend possible que quelque chose de tel que le christianisme existe »[32], bref elle se rapporte à la *christianité* (*Christlichkeit*) du christianisme, d'où la définition de la théologie comme d'un « savoir conceptuel concernant ce qui seul fait du christianisme un événement originellement historique, c'est-à-dire un savoir de ce que nous appelons tout simplement la christianité »[33]. Reprenant le concept de christianité du théologien Franz Overbeck[34], et avant lui de Kierkegaard, Heidegger distingue ainsi « l'élan premier, parfaitement authentique, de la proclamation évangélique et un lent processus de dénaturation de la foi »[35]. Ce processus de dénaturation de la foi serait lié à l'*hellénisation du christianisme*, et c'est pourquoi il faudrait revenir à une foi chrétienne libre de toute la conceptualité gréco-romaine, à une sorte de « christianisme pur » en quelque sorte[36].

Le statut *scientifique* de la théologie se joue précisément à ce niveau, dans la capacité qu'on peut (ou non) lui prêter de surmonter la crise de ses concepts fondamentaux. Je rappelle ce que Heidegger affirme dans *Sein und Zeit* de ce temps de la science comme temps de la crise : « Le "mouvement" véritable des sciences se produit dans la révision plus ou moins radicale et transparente pour elle-

---

[32] M. HEIDEGGER, « Phénoménologie et théologie », p. 106.

[33] M. HEIDEGGER, « Phénoménologie et théologie », p. 106.

[34] Voir F. OVERBECK, Über die Christlichkeit unserer heutigen Theologie, Darmstadt, Wissenschaftliche Buchgesellschaft, 1974. Voir aussi N. PETER, Im Schatten der Modernität : Franz Overbecks Weg zur « Christlichkeit unserer heutigen Theologie », Stuttgart, J.B. Metzler, 1992.

[35] P. CAPELLE, *Philosophie et théologie dans la pensée de Martin Heidegger*, p. 22. Sur l'idée de christianité, voir D. BOURG, « Christianité et déchristianisation », dans *Revue des sciences religieuses*, t. 59, 1985, p. 162-175.

[36] B. LAURET, « L'idée d'un christianisme pur », dans A. VON HARNACK, Marcion : L'évangile du dieu étranger : une monographie sur l'histoire de la fondation de l'Église catholique. Avec un essai de Michel Tardieu, Marcion depuis Harnack, Paris, Cerf, 2003, p. 285-376. Sur cette thématique, on lira P. GISEL, « La question des "origines du christianisme": la théologie face à un déplacement dans le rapport à l'histoire », dans S. Cl. MIMOUNI et I. ULLERN-WEITÉ (dir.), Pierre Geoltrain, ou comment faire l'histoire des religions ? : le chantier des origines, les méthodes du doute et la conversation contemporaine entre les disciplines, Turnhout, Brepols, 2006, p. 341-355.

même des concepts fondamentaux. Le niveau d'une science se détermine par la mesure en laquelle elle est *capable* d'une crise de ses concepts fondamentaux. En de telles crises immanentes des sciences, le rapport entre le questionner positivement scientifique et les choses interrogées vient lui-même à chanceler »[37]. Dans *Sein und Zeit*, Heidegger note qu'effectivement, « dans les disciplines les plus diverses », des tendances à de telles remises en cause se sont réveillées, et il inclut la théologie parmi ces disciplines. Pour Heidegger, « la *théologie* est en quête d'une interprétation plus originelle de l'être de l'homme par rapport à Dieu, qui soit prédessinée par le sens même de la foi et qui demeure en lui. » En d'autres termes, la théologie commencerait à considérer que « sa systématique dogmatique repose sur un "fondement" qui n'est point issu d'un questionnement primairement croyant, et dont la conceptualité non seulement ne suffit pas à la problématique théologique, mais encore la recouvre et la dénature »[38]. Ainsi, la théologie est invitée à reconnaître qu'elle s'est déployée historiquement non pas comme « science de la foi » mais comme « science de Dieu », ou encore comme science de l'homme.

Pour Heidegger, la théologie doit se ressaisir authentiquement comme *une entreprise croyante* et cesser d'être une « science empruntante ». La théologie chrétienne ne se rapporte pas à une révélation qui pourrait être communiquée par une transmission de connaissance; cette révélation ne peut être « transmise » – mais le mot est sans doute mal choisi – que de l'intérieur du site (originel) de la foi. Heidegger insiste par là sur la contemporanéité de la révélation et de la foi : « Cette communication (de la Révélation) nous rend *participants* à l'événement qu'est la Révélation, c'est-à-dire à ce qui est révélé en elle »[39]. Saisi par la foi (et dans la foi), le croyant croit à la possibilité d'exister dans sa modalité croyante, c'est-à-dire qu'il ne sait pas la foi d'un savoir théorique, mais qu'il croit toujours en croyant : « La foi ne se comprend donc toujours

---

37 M. HEIDEGGER, *Être et temps*, p. 31.
38 M. HEIDEGGER, *Être et temps*, p. 31.
39 M. HEIDEGGER, « Phénoménologie et théologie », p. 107.

elle-même que comme croyante »[40]. Dans une telle perspective, en apparence tautologique, il y a implication nécessaire du croyant dans ce qu'il croit, et donc impossibilité de se placer en dehors de cette modalité croyante d'exister : « croire, c'est exister dans l'intelligence croyante en l'histoire révélée »[41]. Si la théologie, en tant que science de la foi, est bien scientifique, ce ne peut dès lors être au regard d'un « système purement rationnel des sciences »[42] mais sur le sol même de la foi. Elle sera de ce fait, nécessairement, une *herméneutique* : non pas l'interprétation détachée d'un fait extérieur, mais l'« auto-interprétation conceptuelle [*begriffliche Selbstinterpretation*] de l'existence croyante »[43]. Il s'ensuit la disqualification de toute entreprise visant à *fonder la foi*, par exemple pour la rendre acceptable au non-croyant; il s'agit plutôt pour la théologie de « rendre la foi plus difficile », il s'agit de « rendre plus évident que la fidélité ne peut être acquise [...] uniquement que par la foi »[44] .

La théologie est science « de ce qui est dévoilé dans la foi, c'est-à-dire de ce qui est cru »; elle se rapporte à la foi comme *acte* et peut ainsi être dite « science du comportement croyant » et de « la fidélité »[45] . Mais la théologie se rapporte aussi à un *contenu* de foi : un contenu qui est pour Heidegger la foi dans le *Dieu crucifié*. Heidegger fait de la théologie chrétienne une « science ontique » complètement autonome, n'ayant d'autre fondement que cette foi au Dieu crucifié. La science théologique ne relève ni d'une connaissance métaphysique de Dieu, ni d'une prise en charge de la question de « la relation de Dieu en général à l'homme en général », ni d'une science de l'expérience humaine du divin; la théologie ne peut se soumettre à des critères externes.

---

[40] M. HEIDEGGER, « Phénoménologie et théologie », p. 107.
[41] M. HEIDEGGER, « Phénoménologie et théologie », p. 108.
[42] M. HEIDEGGER, « Phénoménologie et théologie », p. 108.
[43] M. HEIDEGGER, « Phénoménologie et théologie », p. 110.
[44] M. HEIDEGGER, « Phénoménologie et théologie », p. 110.
[45] M. HEIDEGGER, « Phénoménologie et théologie », p. 109.

S'il n'est pas question que la théologie reçoive d'ailleurs ses concepts, elle peut néanmoins accueillir positivement la philosophie dans la mesure où celle-ci la sert en opérant une sorte de « correction ontologique » de ses énoncés, en renvoyant la théologie à une conceptualité adéquate. Par ailleurs, pour Heidegger, la philosophie n'a pas besoin d'une telle relation avec la théologie et lui est en fait intrinsèquement hostile : « Cette relation particulière n'exclut pas mais inclut justement le fait que la *foi* en son noyau le plus intime, en tant qu'elle est une possibilité existentielle spécifique, demeure l'ennemie mortelle vis-à-vis de la *forme existentielle* qui appartient essentiellement à la *philosophie* et qui est en fait extrêmement changeante. À tel point tout simplement que la philosophie n'entreprend pas du tout de vouloir combattre en quoi que ce soit cet ennemi mortel »[46]. Ainsi, du point de vue philosophique, la foi ne serait rien de moins qu'un « ennemi mortel », alors même qu'elle ne mériterait que de l'indifférence.

Pour comprendre les motifs de cette hostilité, il peut être utile de se rapporter au chapitre inaugural de l'*Introduction à la métaphysique*, texte issu d'un cours dispensé par Heidegger en 1935 et très proche de la conférence de 1927 dont on vient de rappeler les motifs généraux. Heidegger y reprend la question du rapport entre le *questionner philosophique* et la *foi chrétienne*, en montrant comment il n'y a en fait « aucun rapport » entre l'un et l'autre. Ayant rappelé que la question la plus originaire de la philosophie était « Pourquoi donc y a-t-il l'étant et non pas plutôt rien? »[47], Heidegger souligne que cette question est une question *résolue* pour le croyant : « Celui pour qui la Bible est révélation divine et vérité divine possède déjà, avant tout questionner de la question "pourquoi donc y a-t-il l'étant et non plutôt rien?", la réponse, à savoir : l'étant, s'il ne s'agit pas de Dieu lui-même, est créé par Dieu »[48]. Il vaut la peine de faire une lecture très serrée du texte de Heidegger, un texte

---

[46] M. HEIDEGGER, « Phénoménologie et théologie », p. 119.

[47] M. HEIDEGGER, *Introduction à la métaphysique*, trad. G. KAHN, Paris, Gallimard, 1957, p. 14.

[48] M. HEIDEGGER, Introduction à la métaphysique, p. 19.

dense, qui établit initialement une *distinction très ferme*, absolue en fait, entre le *questionner philosophique* et la *réponse croyante* – comme dans la conférence de 1927 – pour ensuite remettre en cause le caractère assuré de cette distinction.

Suivant Heidegger, du point de vue de la foi, la philosophie ne peut être que folie, car « celui qui se tient sur le terrain d'une telle foi [...] ne peut pas questionner authentiquement sans renoncer à lui-même comme croyant avec toutes les conséquences de cet acte »[49]. Si bien que pour Heidegger « une philosophie chrétienne » est une contradiction dans les termes. L'idée que « la théologie pourrait gagner à être soi-disant rajeunie à l'aide de la philosophie, et ainsi mise davantage au goût du jour », est une idée qualifiée de « ruineuse » : « pour la foi authentiquement chrétienne la philosophie est une folie. » Par ailleurs, du point de vue du questionner philosophique, la réponse croyante ne saurait être une vraie réponse : la phrase biblique « Au commencement Dieu créa le ciel et la terre » ne constitue d'aucune façon une réponse à la question « Pourquoi donc y a-t-il de l'étant et non pas plutôt rien? ». Pour Heidegger, cette réponse croyante n'a même « aucun rapport » avec la question philosophique posée; elle n'est pas l'aboutissement d'un questionner authentique, reposant plutôt dans la *sécurité* de la foi.

Ayant ainsi départagé rigoureusement le domaine propre au questionner philosophique et le domaine propre à la foi, Heidegger s'attache alors ensuite à troubler l'absoluité de ce partage. D'abord, il reconnaît que le croyant « peut certes de quelque manière suivre le questionner de notre question et y participer », mais cela en faisant simplement « comme si ». C'est là une manière de dire que le croyant ne peut *pas* vraiment entrer dans le questionner authentique, qu'il peut tout au plus donner l'illusion d'un tel engagement, qu'il ne peut que le feindre. Mais Heidegger va plus loin, et même un peu ailleurs, en ajoutant que la foi, « si elle ne s'expose pas constamment à la possibilité de tomber dans l'incroyance, n'est pas

---

[49] M. HEIDEGGER, Introduction à la métaphysique, p. 19.

non plus un croire, mais un “mol oreiller” (*Bequemlichkeit*), et une convention passée avec soi-même de s’en tenir à l’avenir au dogme comme à un n’importe quoi de transmis »[50]. Heidegger introduit ainsi une nouvelle distinction, s’ajoutant à celle du *questionner* et du *croire*, et c’est la distinction entre *deux croire* : le croire qui s’expose au questionner – et, par là, prend le risque de l’incroyance – et le croire qui ne se refuse pas à cette confrontation, à cette remise en question, à cette réinscription dans le circuit de la question. Or, ce croire imperméable à la (remise en) question n’est pas pour Heidegger un croire authentique; il relève plutôt d’un « nivellement général où l’on peut bien désormais s’occuper de tout, peut-être même avec beaucoup d’intérêt, du croire aussi bien que du questionner ». On peut s’en occuper, mais sans s’y engager vraiment, sans questionner véritablement, pour autant que le questionnement véritable implique nécessairement de « courir le risque de questionner jusqu’au bout, d’épuiser l’inépuisable de cette question, par le dévoilement de ce qu’elle exige de demander »[51].

Ainsi, Heidegger, après avoir affirmé l’étanchéité de ce qui relève du questionnement philosophique et de la réponse croyante, en vient à reconnaître non seulement la possibilité mais l’existence d’une « élaboration, par une pensée questionnante, du monde dont on a fait chrétiennement l’expérience, c’est-à-dire de la foi ». Qu’est-ce que cette élaboration, cette « pensée questionnante »? La réponse de Heidegger : « c’est la théologie »[52]. Mais en tant précisément que démarche questionnante, comment la théologie ne serait-elle pas toujours déjà *philosophie*? C’est ce que Heidegger ne se lassera pas de nier...

* * *

---

[50] M. HEIDEGGER, Introduction à la métaphysique, p. 19.
[51] M. HEIDEGGER, Introduction à la métaphysique, p. 20.
[52] M. HEIDEGGER, Introduction à la métaphysique, p. 20.

« C'est sans doute un christianisme qui aura encore persisté chez Heidegger, jamais vraiment soumis à la déconstruction [...] »[53].

Le caractère *questionnant* de la foi se trouvant reconnu et le sens même de la réflexion théologique comme démarche *à la fois* croyante et questionnante étant assumé dans le texte de Heidegger, il resterait à montrer comment la démarche philosophique elle-même est incompréhensible en dehors du « sol de la croyance », voire – s'agissant de Heidegger – en dehors de l'horizon de la théologie, c'est-à-dire d'*une* théologie[54]. Incidemment, Heidegger a bien reconnu, un jour, la provenance théologique de sa pensée. Dans un texte intitulé « D'un entretien de la parole » (1953-1954) mettant en scène un dialogue fictif « entre un Japonais et un qui demande », Heidegger retrace les premiers usages qu'il a faits de l'expression « herméneutique »[55]. Cherchant à expliquer le choix de cette expression « herméneutique », Heidegger souligne qu'elle lui était familière depuis l'époque de ses études théologiques : « À cette époque, j'étais tenu en haleine surtout par la question du rapport entre la lettre des Écritures saintes et la pensée spéculative de la théologie. C'était, si vous le voulez, le même rapport – à savoir le rapport entre parole et être, mais voilé et inaccessible pour moi, de sorte que, à travers bien des détours et des fourvoiements, je cherchais en vain un fil conducteur »[56]. À cette remarque l'interlocuteur fictif rétorque : « par votre provenance, le cours des études de théologie, vous avez une tout autre origine que ceux qui,

---

[53] J.-L. NANCY, *Le sens du monde*, Paris, Galilée, 1993, p. 92.

[54] Il s'agit donc de contester la thèse que la pensée de Heidegger serait « de part en part philosophique », thèse soutenue notamment par : G LAFONT, « Écouter Heidegger en théologien », dans *Revue des sciences philosophiques et théologiques*, t. 67, 1983, p. 371; Y. DE ANDIA, « Réflexions sur les rapports de la philosophie et de la théologie à partir de deux textes de Martin Heidegger », dans *Mélanges de science religieuse*, t. 32, 1975-76, p. 146.

[55] M. HEIDEGGER, *Essais et conférences*, trad. A. PRÉAU, Paris, Gallimard, 1958, p. 87-140.

[56] M. HEIDEGGER, *Essais et conférences*, p. 95.

de l'extérieur, font quelques lectures pour savoir ce que contient cette discipline ». Affirmation qui reçoit immédiatement sa confirmation : « Sans cette provenance théologique, je ne serais jamais arrivé sur le chemin de la *pensée*. Provenance est toujours avenir »[57]. Ainsi Heidegger reconnaît la « provenance » théologique de sa pensée, et peut-être de la pensée tout court, de telle sorte qu'il n'y aurait qu'un pas à faire – fut-il immense et décisif – pour penser que « *théologie* » est le nom secret de la pensée. Il serait alors possible d'imaginer *une scène*, comme celle qu'imagine Jacques Derrida, prenant la forme d'un « singulier *échange* » entre Heidegger et des théologiens, un échange où « les places peuvent parfois s'y échanger de façon troublante » [58]…

Mais pour changer de places, encore faut-il en avoir une, c'est-à-dire reconnaître le lieu d'où l'on parle comme un lieu situé et déterminé. Ce que Heidegger ne fait pas, s'attachant plutôt à un travail radical de désincription, ouvrant sans cesse des brèches dans lesquelles il s'enfuit, passant du « champ théologique » au « champ philosophique » (puis de là vers le « hors-champ » de la pensée méditante), sans jamais vraiment quitter l'un de ces champs tout en tirant *profit* de la position d'extériorité qu'il revendique (pour intervenir dans le jeu théologique à partir de l'extériorité philosophique ou encore pour intervenir dans le jeu philosophique à partir de l'extériorité de la pensée méditante).

Par rapport au champ théologique, la revendication d'une position d'extériorité s'effectue notamment par l'affirmation de Heidegger, maintes fois répétées dans les années qui nous occupent, du caractère « athée » de la démarche philosophique[59] : « La philosophie elle-même en tant que telle est athée, lorsqu'elle se

---

[57] M. HEIDEGGER, *Essais et conférences*, p. 95. Je souligne.

[58] J. DERRIDA, *De l'esprit : Heidegger et la question*, Paris, Galilée, 1987, p. 178 et s.

[59] Pour une interprétation intéressante de la posture athée de Heidegger, voir : L. P. HEMMING, *Heidegger's Atheism. The Refusal of a Theological Voice*, Notre Dame, University of Notre Dame Press, 2002. On se rapportera aussi à F. DASTUR, « Heidegger et la théologie », dans *Revue philosophique de Louvain*, t. 92, 1994, p. 231-233.

comprend de manière radicale; cf. le concept de vie. » (Appendice à un cours de 1921-22)[60]; « La recherche philosophique est et demeure athéisme » (cours de 1925)[61].

C'est aussi ce que Heidegger soutient dans ses *Interprétations phénoménologiques d'Aristote* : « La philosophie est par principe athée » [*die Philosophie ist grundsätzlich atheistisch*] (1922)[62]. Comme on le sait, ce texte a été écrit en 1922 à la demande de Paul Natorp et a servi de base à l'éventuelle nomination de Heidegger à Marbourg; égaré pendant longtemps puis retrouvé à la fin des années quatre-vingt, il a été désigné par Hans Georg Gadamer comme « Un écrit "théologique" de jeunesse de Heidegger ». Pour Gadamer, il s'agit d'un texte décisif, notamment en ce qu'il révèle « la connaissance intime que le jeune chercheur Heidegger possédait de l'histoire de la dogmatique médiévale, et la manière dont il suivait les chemins de Luther, par delà Augustin et le néoplatonisme, jusqu'à Paul et l'Évangile de Jean, pour, en revenant à Aristote, tirer au clair ses propres interrogations vitales »[63]. Pour Gadamer, non seulement l'arrière-plan théologique de la pensée de Heidegger ne fait aucun doute, mais la *visée* même de Heidegger est théologique, c'est-à-dire qu'il entend prendre position dans le champ de la théologie. Rappelant « les circonstances particulières dans

---

[60] M. HEIDEGGER, *Gesamtausgabe*, 61, Frankfurt, V. Klostermann, p. 199.

[61] M. HEIDEGGER, « Prolegomena zur Geschichte des Zeitbegriffs », dans *Gesamtausgabe*, 20, Frankfurt, V. Klostermann, 1979, p. 109-110.

[62] « Athée, non pas au sens d'une quelconque théorie, comme le matérialisme. Toute philosophie qui se comprend elle-même en ce qu'elle est, doit nécessairement, en tant que modalité facticielle de l'explicitation de la vie, savoir – et cela précisément quand elle a encore quelque "pressentiment" de Dieu – que l'arrachement par lequel elle reconduit la vie à elle-même est, en termes religieux, une façon de se déclarer contre Dieu. Mais c'est par là seulement qu'elle demeure loyale devant Dieu, c'est-à-dire à la hauteur de la seule possibilité dont elle dispose ; athée signifie donc ici délivré de toute préoccupation et de la tentation de simplement parler de religiosité. L'idée même de philosophie de la religion, surtout si elle ne fait pas entrer en ligne de compte la facticité de l'homme, n'est-elle pas un pur non-sens ? », M. HEIDEGGER, *Interprétations phénoménologiques d'Aristote*, trad. J.-F. COURTINE, Mauvezin, Trans-Europ-Repress, 1992.

[63] H.-G. GADAMER, « Un écrit "théologique" de jeunesse de Heidegger », dans M. HEIDEGGER, *Interprétations phénoménologiques d'Aristote,* p. 11-12.

lesquelles se trouvait le jeune Heidegger » au moment de la rédaction du « Rapport pour Natorp » – « il venait de quitter la faculté de théologie catholique pour celle de philosophie » – Gadamer affirme qu'il cherchait « à prendre ses distances par rapport à la réception chrétienne d'Aristote et en particulier par rapport à la théologie catholique de l'époque. Ainsi sa motivation la plus propre et son effort pour élucider la vie entrent en débat avec la néoscolastique contemporaine »[64]. Et bientôt, ajoute Gadamer, Heidegger entrera aussi en débat avec « la théologie protestante ». Dans une lettre à Karl Löwith datée du 9 août 1921, Heidegger déclare d'ailleurs, dans une phrase qui ne manque pas d'ambiguïté : « Je suis un théologue chrétien (*christlicher Theo*logue) »[65]. « Théologue » et non pas « théologien », comme on le lit souvent[66].

Suivant les indications de Gadamer, il importe de replacer les thèses fortes qui sont avancées dans la conférence « Phénoménologie et théologie » (1927) et dans le cours *Introduction à la métaphysique* (1935) dans le parcours de Heidegger. En d'autres termes, il faut interpréter ce qu'avance Heidegger en tenant compte à la fois de ses origines catholiques et de sa prise de distance progressive avec « le système catholique »[67].

---

[64] H.G. GADAMER, « Un écrit "théologique" de jeunesse de Heidegger », dans M. HEIDEGGER, *Interprétations phénoménologiques d'Aristote*, p. 15. Plus largement, Gadamer considère tout le projet philosophique de Heidegger comme une forme de quête théologique; voir « La dimension religieuse chez Heidegger » et « Être, Esprit, Dieu », dans H.-G. GADAMER, *Les chemins de Heidegger*.

[65] Lettre à Löwith du 19 août 1921, cité par T. Kiesel dans O. PÖGGELER et A. GETHMANN-SIEFERT (dir.) *Philosophie und Poesie : Otto Pöggeler zum 60. Geburtstag*, Stuttgart-Bad Cannstatt, Frommann-Holzboog, 1988, p. 59 et s.

[66] Voir les remarques de F. FÉDIER, « Heidegger : Édition Intégrale, tome 60. Phénoménologie de la vie religieuse », dans *Heidegger Studies*, t. 13, 1997, p. 150-151.

[67] Dans une vaste littérature, on pourra notamment se référer à T. O'MEARA, « Heidegger and His Origins. Theological Perspective », dans *Theological Studies*, t. 47, 1986, p. 205-226 ; E. BRITO, « Les théologies de Heidegger », dans *Revue théologique de Louvain*, t. 27, 1996, p. 434 et s ; H. OTT, *Martin Heidegger : éléments pour une biographie*, trad. J.-M. BELOEIL, Paris, Payot, 1990 ; J. A. BARASH, *Heidegger et son siècle : temps de l'être, temps de l'histoire*, Paris, PUF, 1995, p. 71 et s.; J. GREISCH, « Quel Dieu peut encore nous sauver ? Le tournant

Fils du sacristain de la paroisse catholique de Messkirch, Heidegger a été pensionnaire au séminaire archiépiscopal de Constance (de 1903 à 1906), puis au séminaire de Fribourg (de 1906 à 1909)[68]. Se destinant à la prêtrise, Heidegger est entré au noviciat de la Compagnie de Jésus en 1909, à Tisis, où il n'est demeuré que deux semaines – il a dû quitter pour des raisons de santé. Admis alors au Séminaire de Fribourg, il a commencé ses études de théologie au semestre d'hiver 1909[69]. Heidegger a toutefois dû abandonner ces études deux ans plus tard, toujours pour des raisons de santé; il a été obligé de renoncer à son désir de devenir prêtre. Heidegger va poursuivre alors des recherches en philosophie médiévale, à la Faculté de philosophie de Fribourg, recherches qui le conduiront à la rédaction d'une thèse d'habilitation sur *La doctrine des catégories et de la signification chez Duns Scot* (publiée en 1916).

Les années 1915-1916 ont constitué un tournant pour Heidegger : en effet, il est passé d'une position de défense intellectuelle du catholicisme, encore visible en 1915, à une prise de distance progressive. Plusieurs facteurs peuvent expliquer cet éloignement par rapport au catholicisme. On sait qu'il a été extrêmement déçu, en 1916, de ne pas obtenir la chaire fribourgeoise de philosophie chrétienne. La rencontre et le mariage (en mars 1917) avec Elfride Petri, de confession évangélique luthérienne, est un autre facteur à prendre en compte pour saisir l'évolution de Heidegger. On sait aussi qu'il a étudié intensément l'œuvre de Schleiermacher à l'été 1917 et qu'au tout début de l'année 1919 sa rupture avec le « système du catholicisme » sera en quelque sorte consommée :

---

ontologique de l'herméneutique et ses conséquences : Martin Heidegger », dans *Le buisson ardent et les lumières de la raison : l'invention de la philosophie de la religion, t. III : vers un paradigme herméneutique*, Paris, Cerf, 2004, p. 503 et s.

[68] Pour plus de détails sur « le parcours de Heidegger de Messkirch à Fribourg », on lira H. OTT, *Martin Heidegger*, p. 47-64.

[69] Pour des informations sur la formation reçue par Heidegger, on lira B. CASPER, « M. Heidegger und die theologische Fakultät Freiburg », dans R. BÄUMER (dir.), *Kirche am Oberrhein : Festschrift für Wolfgang Müller*, Freiburg, Herder, 1980, p. 534-541.

« Une approche de la théorie de la connaissance, s'étendant à la théorie de la connaissance historique, m'a rendu le système du catholicisme problématique et inacceptable, mais non pas le christianisme et la métaphysique, celle-ci étant prise, toutefois, dans une acception nouvelle »[70]. Une lettre d'Edmund Husserl à Rudolph Otto, en mars 1919, atteste du passage de Heidegger au protestantisme[71].

Déjà bon connaisseur de la scolastique et de la mystique médiévale, Heidegger sera bientôt un familier de la théologie protestante. Dans une lettre du 23 décembre 1923, Rudolph Bultmann évoquera d'ailleurs Heidegger comme « *le* connaisseur de Luther »[72]. Durant sa période d'enseignement fribourgeois, Heidegger avait consacré un cours à saint Augustin, au semestre d'été 1921, dans lequel il renvoyait abondamment au jeune Luther et aux thèses de la Dispute de Heidelberg. On sait que, dans ses thèses, Luther propose une critique de la « théologie de la gloire », en lui opposant une « théologie de la croix » qui, insistant sur la Passion, réintroduit cette « expérience effective de la vie » propre au christianisme primitif : une expérience qui renonce à la métaphysique et touche réellement les profondeurs de la « vie historique »[73].

C'est bien cette *theologia crucis* d'inspiration luthérienne, *contre* la métaphysique et la synthèse catholique, que Heidegger sollicite dans sa conférence « Phénoménologie et théologie » (1927). Ainsi il

---

[70] H. OTT, *Martin Heidegger*, p. 112-113.

[71] « Je ne veux pas passer, dans la très catholique Fribourg, pour un corrupteur de la jeunesse, un faiseur de prosélytes et un ennemi de l'Église catholique. Je ne le suis pas. Je n'ai pas exercé la moindre influence sur le passage de Heidegger [...] au protestantisme », lettre du 5 mars 1919, citée dans H. OTT, *Martin Heidegger*, p. 124.

[72] Cité dans H. OTT, *Martin Heidegger*, p. 131. Sur l'influence de Luther sur Heidegger, voir B. D. CROWE, *Heidegger's Religious Origins. Destruction and Authenticity*, Bloomington/indianapolis, Indianapolis University Press, 2006 ; C. SOMMER, *Heidegger, Aristote, Luther : les sources aristotéliciennes et néo-testamentaires d'Être et temps*, Paris, PUF, 2005.

[73] Voir T. O'MEARA, « Heidegger and His Origins. Theological Perspective », p. 216-217.

prend bien une prise de position théologienne dans le « champ de la théologie ». En l'occurrence, par ses options théologiques, Heidegger s'inscrit alors dans un champ en pleine crise et très polarisé autour de la figure de Karl Barth, dont il connaît très bien l'œuvre[74], comme celle de Gogarten et surtout de Rudolph Bultmann, qui deviendra son collègue à Marbourg à partir de juin 1923 et dont il fréquentera le séminaire au semestre d'hiver 1923-24[75]. C'est d'ailleurs à Bultmann qu'il dédiera sa conférence de 1927, un geste qui n'est pas neutre au regard des évolutions que connaît alors le champ théologique. Quand Heidegger insiste sur le caractère *croyant* de la démarche théologique et rapporte son véritable objet, la *christianité,* à la foi dans « le Christ, le Dieu crucifié », il *privilégie* une perspective donnée, celle de la théologie comme *theologia crucis*, comme démarche croyante issue non pas d'une possibilité religieuse inhérente à la nature humaine mais issue des possibilités ouvertes seulement par la révélation. Il écarte de ce fait d'autres conceptions de la théologie. De quel lieu Heidegger parle-t-il alors, sinon du lieu de la théologie, en l'occurrence du lieu d'*une* théologie particulière[76]?

Il n'est pas question ici, on l'aura deviné, de reprocher au philosophe de jouer le jeu de la théologie; il s'agit simplement de

---

[74] Heidegger a lu le commentaire de Barth sur *L'Épître aux Romains* en 1923; c'est là qu'il a approfondi la dialectique existentielle de Kierkegaard. Sur la question de l'influence de Kierkegaard sur Heidegger, je renvoie aux remarques de J. BEAUFRET, « Heidegger et la théologie », dans J. BEAUFRET, F. FEDIER, E. LEVINAS (e.a.), recueil préparé sous la direction de R. KEARNEY, *Heidegger et la question de Dieu*, Paris, Grasset, 1980, p. 19 et s. Sur les affinités entre Heidegger et Barth, on pourra lira l'article classique de K. LÖWITH, « Les implications politiques de la philosophie de l'existence chez Heidegger », dans *Les Temps modernes*, t. 2, 1946, p. 343-360. On lira aussi avec intérêt J. A. BARASH, *Heidegger et le sens de l'histoire*, trad. S. TAUSSIG, Paris, Galaade, 2006, p. 173-199.

[75] Sur les affinités entre les perspectives de Heidegger et Bultmann, voir notamment J. A. BARASH, *Heidegger et son siècle*, p. 78 et s.

[76] « En mettant au centre de son exposé la *theologia crucis* (et en écartant tacitement d'autres conceptions de la théologie), Heidegger parle, non pas en philosophe, mais en théologien (dans la perspective de la foi) », E. BRITO, « Les théologies de Heidegger », p. 449.

porter au jour *l'intérêt* de Heidegger, c'est-à-dire les profits spécifiques qu'il retire à fixer les règles d'un jeu auquel il continue de jouer, tout en revendiquant la position d'un observateur désintéressé et la nécessité de s'en tenir aux règles propres aux jeux soi-disant entièrement autonomes de la théologie et de la philosophie. En l'occurrence, il ne s'agit pas tant de contester la thèse de l'autonomie des champs de la théologie et de la philosophie, que d'insister sur l'appartenance de ces champs au champ englobant du *pouvoir* – manière de remarquer la suture *politique* à la base d'un partage aussi formel qu'absolu.

La rationalité de la révélation

Yves LABBÉ

On se propose d'esquisser une enquête de rationalité non sur la théologie chrétienne en tant que discipline universitaire mais sur l'un de ses objets ou plutôt sur son objet même, la révélation de Dieu. Comment celle-ci peut-elle être reconnue rationnelle ? Disposés aujourd'hui à des usages et sens différents, les termes de rationalité et de révélation demandent une explication préliminaire. Celle-ci restera brève pour le premier terme. Elle s'élargira avec le second.

La rationalité applicable à la révélation est à placer sous la responsabilité du philosophe. Elle réunit alors les réquisits exigibles par celles et ceux qui cherchent à discerner les conditions de la révélation, à en interpréter le sens, à communiquer à son sujet, finalement à la comprendre en vérité aussi loin que possible. La rationalité apparaît donc plurielle. On la dira successivement critique, herméneutique, dialogique, enfin spéculative. Appelée à suivre la progression de ces quatre formes de rationalité, qui seront définies en leur temps, l'enquête annoncée tracera le programme d'un parcours de théologie fondamentale.

Il est requis de dire préalablement davantage de la révélation que de la rationalité. Elle désigne ici non une catégorie de philosophie religieuse mais un donné pour la théologie chrétienne : une récapitulation des croyances chrétiennes offerte à l'intelligence du simple croyant comme à celle du théologien confirmé. Pour l'un comme pour l'autre, Dieu s'est révélé, se révèle et se révélera en Jésus le Christ. Nous ne cherchons donc pas à construire un concept de révélation, quel qu'en soit le statut. Nous avons à partir d'un donné de la foi, un donné déjà déterminé, pour montrer comment il se soumettra positivement à une enquête de rationalité répartie entre les quatre registres indiqués.

Une recherche sur la rationalité de la révélation pourrait emprunter d'autres chemins. Le nôtre consent clairement à s'ouvrir sur une détermination de la révélation et à se poursuivre à travers une quadruple détermination de la rationalité.

I. UNE DÉTERMINATION DE LA RÉVÉLATION

Avant de définir la révélation comme le mystère chrétien de Dieu, ne convient-il pas de prendre la mesure de la diversité de sens à laquelle se prête le terme de révélation dans les religions, la science ou la philosophie des religions, enfin l'histoire même de la théologie chrétienne ?

1. La révélation dans les religions et les théologies

Dans les études du fait religieux, savantes on non, le terme de révélation connaît plusieurs usages. D'un côté, il sert à différencier les religions entre révélées et non révélées, selon un critère non de valeur mais de forme. Les religions révélées ont été parfois identifiées, et le sont encore, aux religions prophétiques, alors que les autres ont été et sont toujours dites mystiques, à l'exception des religions ethniques qui échapperaient à cette classification. Mais ne serait-il pas permis de parler de révélation chaque fois qu'une religion a conscience d'exister grâce à une donation, sous la forme aussi bien d'une illumination interne que d'une audition externe ? S'il en est ainsi, le champ du révélé recouvre largement le champ du religieux. Il reste que certaines religions, à l'exemple des trois monothéismes abrahamiques, soutiennent un sens plus étroit de la révélation : la connaissance d'un salut divin transmis par des témoins et des écritures autorisés.

D'un autre côté, le terme de révélation demeure utilisé pour simplement distinguer les religions positives d'une religion dite rationnelle ou transcendantale. C'est un héritage de la philosophie moderne, intégrant la religion positive, en fait la religion chrétienne, dans la religion rationnelle, après les avoir un temps séparées. Mais une double visée commune traverse les intégrations d'hier et d'aujourd'hui : légitimer l'unité d'une raison religieuse effectivement autonome et l'émanciper par là de la diversité d'autorités prétendument révélée. Le mot retenu ne désigne plus alors que le religieux pris dans son statut empirique, historique, particulier et soumis ainsi à la juridiction universelle de la raison.

Quand la théologie chrétienne se garde de céder à une définition générale de la révélation à laquelle la solliciteraient religions ou philosophies, elle n'oublie pas les hésitations que l'intelligence de la révélation a connues dans son propre passé. L'ancien paradigme théologique maintenu jusqu'au XXe siècle a toutefois définitivement vécu. Il réunissait alors trois postulats : intellectualiste, autoritaire, enfin doctrinaire. (1) La révélation est une connaissance que Dieu donne de lui-même. (2) Cette connaissance repose sur la seule autorité de Dieu en se distinguant d'une autre connaissance obtenue par voie naturelle. (3) Elle se constitue en un ensemble doctrinal composé d'articles à croire. Ainsi, par la révélation et à travers ses sources, Dieu a transmis des vérités sur lui-même que lui seul pouvait transmettre.

L'exposé critique des trois postulats a été souvent réalisé depuis que la révélation a été comprise comme autorévélation de Dieu. La constitution du concile Vatican II *Dei Verbum* (§ 2) a légitimé cette dernière expression, au moins indirectement et partiellement. Alors que la notion de révélation n'a représenté longtemps qu'une doctrine particulière, elle est venue occuper une position centrale au cours du XIXe siècle avec le procès intenté aux erreurs contraires du rationalisme et du fidéisme. Désormais, la révélation entend signifier rien de moins que l'essentiel du mystère chrétien de Dieu[1]. La reconnaissance de l'autorévélation de Dieu dit donc tout. Pourtant, beaucoup reste à dire.

L'usage de recueillir la foi chrétienne en Jésus dans le terme de révélation, a fortiori dans celui d'autorévélation, n'entre pas dans ses discours premiers. La détermination du mot ne peut venir d'un rapport terme à terme établi entre son usage présent et des usages

---

[1] On aura l'essentiel de cette histoire dans l'article « Révélation » du *Dictionnaire critique de théologie* dirigé par J.-Y. LACOSTE, qui signe cet article (Paris, PUF, 1998, p. 999-1005).

antérieurs. Elle se constitue plutôt au milieu d'une intelligence de la foi portée par une visée d'actualisation et de totalisation, en somme à l'intérieur d'une théologie chrétienne systématique. Or, le caractère formel de l'expression, une révélation de soi par soi, ainsi que ses antécédents philosophiques, en particulier dans une lignée hégélienne, peuvent autoriser toutes les audaces. L'aurorévélation divine trouverait ainsi sa réalisation dans l'autonomie humaine, l'inouï de la liberté divine passant dans l'inouï des libertés humaines. Tel n'est pas mon propos. On se défendra de solliciter le sens seulement formel de l'autorévélation pour en subordonner la détermination aux médiations présentes dans la tradition de la foi, et d'abord à l'autorité du référent commun de la foi, Jésus le Christ en sa confession de Seigneur et Sauveur.

2. La révélation comme autorévélation de Dieu

Il serait précipité d'introduire une détermination proprement conceptuelle de la révélation. Il apparaît au contraire indiqué et même requis d'en énumérer les traits les plus déterminants pour parvenir à en livrer une définition descriptive.

(1) Il n'y a pas de révélation sans réception. L'acte par lequel Dieu se révèle lui-même suscite et inclut une réception appropriée, à savoir la réponse que les hommes ne cessent de lui apporter à travers leur foi et le témoignage qu'ils en donnent comme à travers une conversion qui transforme leur existence.

(2) La révélation de Dieu lui-même par lui-même n'est pas immédiate. C'est en Jésus le Christ que Dieu se présente ainsi une fois pour toutes à partir de sa vie, de sa mort et de sa résurrection. La théologie chrétienne demeure une christologie, mais une christologie structurée par une interaction du Christ et de l'Esprit.

(3) Cette christologie est une sotériologie. La révélation de Dieu par lui-même s'identifie au salut du monde, non seulement comme libération du mal mais comme chemin de vie

éternelle, dès maintenant et pour toujours. La révélation engage ainsi aussi bien la destinée des hommes que la vérité de Dieu.

(4) L'unité de la révélation et du salut se résume dans l'affirmation que, par autorévélation, Dieu se présente lui-même en se disant lui-même et en se donnant lui-même. Il se dit en Jésus le Christ et se donne dans le Saint Esprit. On parlera équivalemment d'une automanifestation et d'une autocommunication du mystère de Dieu.

(5) L'autorévélation salvifique de Dieu ne cesse de se réaliser en paroles et en actes là où il est fait mémoire de Jésus-Christ, selon son ordre et sa promesse, par l'annonce de l'Évangile, l'initiation à son Mystère et le service du Monde, c'est-à-dire à travers la mission de son Église.

(6) Reconnaître que Dieu se dit lui-même et se donne lui-même conduit à reconnaître qu'il se dit lui-même à lui-même et se donne lui-même à lui-même, respectivement par le Christ et dans l'Esprit. Dieu est en lui-même ce qu'il est pour nous.

Les six traits déterminants retenus pour signifier l'autorévélation de Dieu relèvent d'une foi confessante plus sans doute que confessionnelle. Ils justifient d'arrêter une définition descriptive[2]. Selon la règle de la foi chrétienne, qui est Jésus-Christ lui-même, la révélation s'identifie à une autorévélation : *Dieu se dit lui-même et se donne lui-même non seulement à nous-mêmes, comme notre destinée, mais encore à lui-même, comme son mystère, ainsi qu'en témoigne l'Église quand elle lui demeure fidèle en paroles et en*

---

[2] « Descriptif », on l'aura saisi, ne se confond pas avec « spontané ». Les six traits tenus pour déterminants supposent non seulement une réception spécifique des témoignages apostoliques, particulièrement attentive aux marques d'interaction entre le Christ et l'Esprit, mais encore un premier mouvement d'intelligence spéculative, rendu sensible par l'emploi des termes de *dit* et de *don*. En retour, la mise en œuvre d'une rationalité spéculative impliquerait une transgression, sans autonomisation, des figures appartenant aux discours premiers de la foi. Je me permets de renvoyer à deux de mes ouvrages, le premier systématique, le second méthodologique : *Essai sur le monothéisme trinitaire*, Paris, Cerf, 1987 ; *La Foi et la Raison. Sur le christianisme, les religions et la mystique*, Paris, Salvator, 2000.

actes. Quatre questions au moins attendent alors d'être posées au nom de la raison : est-il légitime de croire à une telle révélation ? Cette croyance apporte-t-elle un gain de compréhension ? Ouvre-t-elle ou ferme-t-elle au dialogue ? Enfin, peut-elle ou non se formaliser en un concept tel que celui d'autorévélation ? Chacun des développements suivants s'ouvrira donc sur une requête spécifique de la raison, successivement critique, herméneutique, dialogique, spéculative.

II. Une rationalité critique

La raison critique a été imposée par les Lumières. Elle oblige à nous interroger, de différentes manières, sur les conditions de ce qui apparaît en dehors de nous, entre nous ou en nous. Elle y a répondu par appel à une conscience originaire (Kant), à une genèse pulsionnelle (Nietzsche) ou encore aux règles du langage (Wittgenstein). Or, ce qui s'expose présentement à une rationalité critique est la croyance chrétienne en l'autorévélation de Dieu. Selon sa détermination préalable, celle-ci ne se laisse réduire ni à des croyances atomisées ni à des croyances individuelles. Elle est avérée organique et communautaire, au-delà d'écarts d'interprétation que sa dernière définition ne manquerait pas d'éveiller. C'est le mystère de Dieu qui s'y présente, attesté par une tradition qui y reconnaît son unique raison d'être. Est-il alors rationnel ou irrationnel de croire à l'autorévélation de Dieu ? Si cette question renvoie aux conditions du croire dans son rapport au savoir, elle requiert d'être posée à l'intérieur de l'état actuel du savoir, en y incluant des stratégies éprouvées de réduction des croyances à leurs conditions psychiques ou sociales. S'il n'est pas récent, le problème reste patent. Il continue à faire se rencontrer critique épistémologique et analyses anthropologiques.

Si le souci de légitimer la croyance à la révélation suscite un soupçon de dérive, on répondra que légitimer n'est pas nécessairement prouver. Il peut être avéré aussi rationnel de croire que de ne pas croire. Le croyant n'est pas inévitablement moins intelligent ni moins honnête que l'incroyant, et inversement. Encore est-il requis qu'il puisse le montrer, y compris en prenant les dispositions requises pour être reconnu comme tel. S'il faut y voir une démarche apologétique, il convient d'y consentir sans honte. Chacun préserve le droit de garantir *a posteriori* ses croyances sinon de les justifier *a priori*, sous réserve d'en assumer les devoirs. Cette recherche de garantie ne s'oppose aucunement à la confiance que requiert la foi justifiante. Elle ne supprime pas davantage la singularité d'une connaissance de foi. La fiabilité ne menace pas la fidélité. Quand il use d'outils critiques communs, le croyant ne s'oblige ni n'est contraint à s'exiler de son expérience et de son discours. Il demeure dans la condition commune, laquelle requiert une prise de distance mais l'autorise à l'intérieur même d'une appartenance. La rationalité critique ne condamne pas à se rendre étranger à soi-même. Le prétendre n'enfermerait-il pas contradictoirement dans le fidéisme ou le rationalisme ?

Engager une requête en légitimité demande de traiter de la croyance en général, de la croyance en la résurrection, enfin de la croyance en la révélation.

1. La croyance en général

La critique du néopositivisme a réduit l'opposition, parfois même la distinction, entre croire et savoir. En même temps, elle a entraîné une relativisation de la vérité au profit du sens. Les règles du discours répondraient uniquement à des critères internes à des formes de vie[3]. L'affirmation et la négation de Dieu expriment simplement deux manières de donner un sens à la vie. Mais si les jeux de langage de Wittgenstein ont fait le bonheur de quelques théologiens, ils ont été débordés ou concurrencés : soit par une réduction anthropologique qui ne connaît plus que des effets

---

[3] J. LADRIÈRE a fait beaucoup pour introduire dans la théologie un souci épistémologique qui tienne compte des suites apportées à la critique du néopositivisme. L'initiative restait assez isolée quand est paru le premier volume de *L'Articulation du sens. Discours scientifique et parole de la foi*, Paris, Aubier-Montaigne, 1970.

incontrôlés de sens, soit par la formalisation éthique d'un sens foncièrement universel qui se pose en juge de tout sens particulier.

Cette quête du sens, d'un sens potentiellement partageable entre tous, restaure un souci de vérité, cette vérité soit-elle seulement pratique. Elle oblige à reconnaître que toute croyance n'est pas sensée, lorsque, par exemple, elle ne respecte pas la norme fondamentale d'une relation authentiquement humaine. Certaines croyances apparaissent réellement insensées, donc irrecevables. Mais le sont-elles pour des raisons simplement morales ou également cognitives ?

Un impératif moral n'y suffit pas. Il faut au moins lui ajouter des dispositions intellectuelles relevant à la fois d'un savoir être et d'un savoir faire : courage de la recherche, lucidité devant les résultats, équilibre dans la réflexion mais aussi capacités d'enquêter, de décrire, d'analyser, de comparer, de clarifier, d'argumenter, etc. Cependant, au-delà de ces conditions subjectives et intersubjectives de fiabilité, qui créditent ou discréditent une croyance, sans en décider, ne faut-il pas attribuer une valeur rationnelle à quelques considérations objectivables, celles qui relèveraient du connaissable ou au moins du pensable[4] ? Il est juste de le montrer d'abord pour la croyance en la résurrection de Jésus puisqu'elle fonde la croyance en l'autorévélation de Dieu.

2. La croyance en la résurrection de Jésus

Quand nous parlons de fondation ou de fondement, selon le propos précédent, c'est à l'intérieur d'une croyance gardant un caractère organique et communautaire. Nous ne renvoyons pas à une rationalité qui offrirait une assise extérieure et antérieure à la croyance. Nous reconnaissons simplement qu'en christianisme l'inouï de la résurrection fonde l'inouï de la révélation à partir de

---

[4] Il y aurait lieu de suivre ici les travaux de R. POUIVET, qui défendent un droit de croire : *Qu'est-ce que croire ?*, Paris, Vrin, 2003.

l'identité ici manifestée de Dieu et de Jésus. Est-il donc rationnel de croire en la résurrection de Jésus ?

La question n'a rien à voir avec le vieux catéchisme qui voyait dans la résurrection la plus grande preuve de la divinité de Jésus. Elle demande d'examiner le parcours d'acquisition de la croyance que Jésus est ressuscité, en montrant *a posteriori* que ce parcours résiste à certains *a priori* réducteurs : cette croyance serait une illusion engendrée par l'incapacité de consentir à la mortalité du vivant ou encore la seule conscience que l'éthique évangélique continue à faire grandir en humanité. S'il y a en effet un vécu de ressuscité c'est par retentissement chez les croyants d'une tradition et d'une communion ecclésiales qui attestent en paroles et en actes que la promesse de la vie éternelle passe par un Jésus éternellement vivant. Quant au parcours de cette croyance chez les premiers témoins, il invite à considérer le statut des études qui en traitent ainsi que leurs résultats les mieux garantis. Le dossier de la foi pascale est ouvert depuis longtemps aux experts, croyants ou incroyants. Il est devenu accessible à un grand nombre en même temps qu'il satisfait aux critères de la recherche : nouvelles hypothèses, permanentes confrontations, etc. Le discours de l'Église et celui de l'Université apparaissent de moins en moins juxtaposés. Rien ne peut plus être réservé. Tout est venu à découvert.

Alors que pouvons-nous en retenir[5] ? Quelque chose est arrivé à un groupe d'hommes qui a changé leur vie, immédiatement, profondément et définitivement. Ce qui leur est arrivé a été identifié comme un événement dans l'histoire mais non pas de l'histoire : l'élévation de Jésus auprès de Dieu. En revenant sur leur passé avec Jésus, les disciples ont compris que celui qui était ressuscité était le même que celui qui avait été crucifié. Ces quelques éléments ne désirent que suggérer la teneur d'une attention à la fiabilité de la croyance en la résurrection de Jésus.

---

[5] Parmi les ouvrages de synthèse, je renvoie à celui de mon collègue M. DENEKEN, *La Foi pascale. Rendre compte de la résurrection de Jésus aujourd'hui*, Paris, Cerf, 2002.

3. *La croyance en l'autorévélation de Dieu*

Avec la fiabilité de la croyance en l'autorévélation de Dieu, la rationalité se déplace de l'instance de fondation à l'instance de récapitulation. Or, la détermination apportée plus haut à la révélation aurait la capacité de montrer la cohérence qui conduit d'une instance à l'autre, ce qui est essentiel. C'est à cause de la résurrection de Jésus, entendue à partir du témoignage apostolique, que nous croyons et, partant, que nous connaissons que Dieu s'est dit lui-même et s'est donné lui-même aux hommes.

À ce point précis, celui de la connaissance de Dieu, surgit une objection qui a parcouru l'histoire du christianisme : Dieu ne resterait-il pas en définitive inconnaissable ? Ce que nous en disons ne nous dit rien de lui. L'apophatisme s'impose comme norme métareligieuse. Il relativise les religions en même temps qu'il les relie, y compris celles qui se donnent pour révélées, sans aucune exception. Au-delà des arguments tirés des règles du savoir, des traditions de la théologie ou des exigences de la mystique, c'est d'une quasi évidence qu'il s'agit souvent. Il serait acquis, toute discussion exclue, qu'une révélation ne peut être qu'une fable de l'ineffable, suivant une formule qui a montré son efficacité. Au lieu de se révéler comme caché, Dieu ferait parler les hommes de l'inconnu.

Là contre, convient-il d'en appeler au droit de Dieu, Liberté absolue, libre donc de s'absoudre de son absoluité, de sortir de son retrait, de renoncer à sa solitude ? Ce serait céder à une justification *a priori* dont le principe a été écarté. Faut-il alors s'autoriser de la foi en Jésus-Christ pour opposer le chemin de Dieu vers le monde aux chemins du monde vers Dieu ? Ce serait se réfugier dans une argumentation dogmatique qui n'a pas ici sa place et réduit en outre les compétences de la rationalité[6]. On conclura donc simplement

---

[6] Le caractère programmatique de la présente contribution empêche d'engager un débat avec des auteurs, philosophes ou théologiens, qui se profilent pourtant, nombreux, à son horizon. Ne pas les nommer pourra cependant apparaître aussi violent que les nommer, malgré l'absence de débat. Je me risque donc à

qu'il est rationnel de ne pas mettre de conditions à ce qui se présente comme inconditionné. Il n'est pas moins légitime de croire que Dieu peut être connu que de croire qu'il est inconnaissable. Nul n'échappe au cercle du croire. Ce qui convient ne se confond pas inévitablement avec ce qui est convenu et ce qui est convenu change avec le temps. Finalement, ne vaut-il pas mieux réserver sa foi pour l'inouï que pour le commun ?

III. UNE RATIONALITÉ HERMÉNEUTIQUE

La raison herméneutique est devenue familière en théologie chrétienne depuis que les problèmes d'interprétation s'y sont imposés massivement à partir de l'interprétation des écrits bibliques. Elle a aussi acquis un intérêt égal pour la fondamentale et la dogmatique. Mieux, elle a permis de réunir l'intelligibilité et la crédibilité de la révélation. D'un côté, l'autorité de la révélation se trouve rapportée résolument au révélé, soit au sens et à la vérité de la révélation, à ce qui s'y présente et tel qu'il s'y présente. De l'autre côté, l'unité que le sens réalise entre le désirable et l'intelligible se retrouve dans l'unité que le révélé manifeste entre un dit et un donné ayant leur origine en Dieu.

Dès lors, quand elle succède à l'ancienne apologétique, celle des faits et des preuves, la théologie fondamentale se pense elle-même comme une herméneutique de la révélation qui cherche à rendre celle-ci en même temps convaincante et compréhensible. Pour y parvenir, elle devra manifester sa correspondance avec une herméneutique de l'existence. Si ce fut un leitmotiv de plusieurs théologiens estimés comme des maîtres, H. Bouillard, A. Gesché, C. Geffré, le cercle dessiné entre l'interprétation de la foi chrétienne et l'interprétation de la condition humaine a été tracé dès le XVIIe

---

commettre une première exception, justifiée en partie par le fait d'avoir critiqué ailleurs ces auteurs. La fin du paragraphe précédent pourrait donc renvoyer vers S. BRETON, *Le Verbe et la Croix*, Paris, Desclée, 1981 ; ce paragraphe-ci successivement vers C. BRUAIRE, *Le Droit de Dieu*, Paris, Aubier-Montaigne, 1974 ; et E. JÜNGEL, *Gott als Geheimnis der Welt*, Tübingen, Mohr, 1977.

siècle par Pascal dans son projet interrompu de nouvelle apologie du christianisme. Celle-ci n'entendait pas déserter la raison pour habiter la foi. S'agissant de la destinée de l'homme et du mystère de Dieu, la rationalité démonstrative devait seulement se retirer devant une rationalité interprétative[7].

Cette dernière rationalité, en son état présent et au terme d'une activité soutenue, se déploie en pratiques d'articulation, d'une manière plus proche d'un art que d'un savoir. Elle ne cherche pas à clore son travail d'articulation en un système, celui-ci soit-il ouvert à de nouvelles expériences et par là confirmé provisoire. Elle procède plutôt par aller et retour, opérant alternativement ajustements et écarts, non pas entre des termes mais entre des ensembles et selon plusieurs axes. Sans possibilité de nous arrêter davantage sur la raison herméneutique, qui a connu une abondante et précieuse littérature, où l'œuvre de P. Ricœur a occupé le premier rang pour la théologie francophone et au-delà, on fera apparaître comment la foi en l'autorévélation de Dieu peut être estimée conforme à cette raison.

Trois modalités se détachent, selon l'ordre suivant. (1) La révélation constitue une offre de sens quand elle donne à comprendre de manière nouvelle la réalité et l'existence en présentant que la destinée des hommes est en Dieu. (2) Cette compréhension nous est offerte à travers des médiations sémantiques authentifiables, véritablement humaines, dans le champ de l'histoire, du langage et de la société. (3) Elle se laisse anticiper de quelque façon dans les capacités humaines de comprendre, soit dans les questions que les hommes se posent sur eux-mêmes. Sans étonnement, on reconnaîtra ici les trois moments classiques du chemin de l'interprétation, mais selon une succession inversée : d'abord la compréhension, ensuite l'interprétation, enfin une précompréhension. Ce retournement du chemin s'impose pour

---

[7] Pour cette lecture de Pascal, je tiens à honorer le maître-livre de P. MAGNARD, *Nature et histoire dans l'apologétique de Pascal*, Paris, Les Belles Lettres, 1975.

rendre compte de la conformité de la révélation, préalablement reçue selon la foi, à une deuxième forme de raison.

1. La compréhension de la révélation

Il semble rationnel d'attendre qu'un surcroît de sens vienne de la révélation. Reconduire celle-ci, par principe, dans les limites d'une simple raison, soit d'une éthique universelle, et l'assimiler à l'objectivation culturelle d'une religiosité universelle ne répondent pas à cette attente. L'expérience et le discours se trouvent ainsi enfermés, toujours par principe, dans une reproduction de sens. Ils seraient voués à la répétition, ne s'entretiendraient que d'eux-mêmes. C'est leur capacité à sortir d'eux-mêmes, à faire référence, à s'ouvrir au monde, qui se voit mise en cause.

S'il en est autrement, et il doit en être autrement aujourd'hui où la clôture du langage a été largement et diversement mise en cause, que donne à comprendre la révélation de Dieu en Jésus le Christ ? Si elle sollicite une conversion de l'agir de chacun et de tous face à la misère d'autrui, elle invite encore à croire inséparablement dans le Dieu unique et dans une destinée ultime. « Je crois » ne redouble pas simplement « Me voici ». Le théologique n'est pas une métaphore de l'éthique, comme l'exigerait un attachement sans réserve à E. Lévinas. Notre destinée est en Dieu et il se dit lui-même en se donnant à nous. La vie éternelle est une vie divine et Dieu est en lui-même ce qu'il est pour nous. Ici se croisent, en Jésus le Christ, d'une part le péché, la souffrance et la mort des hommes, d'autre part l'humanité souffrante et crucifiée de Dieu. Ainsi se confirme, en ces termes ou en d'autres, car le choix reste ouvert, que l'autorévélation de Dieu fait accéder à une réalité et une existence nouvelles. Ce qui l'autorise est d'abord ce qu'elle présente et propose. Ce qui devient force d'appel est ce qu'elle proclame.

2. L'interprétation de la révélation

Ce qui est à comprendre ne s'offre pas immédiatement, comme s'il y avait transmission pure et simple de Dieu aux hommes. Dieu a tout dit une fois pour toutes en Jésus le Christ et les premiers témoins eux-mêmes ne l'ont pas aussitôt reconnu. La condition de croyant se trouve définie par la médiation d'un champ d'interprétation. Celui-ci est partagé, chacun le sait, entre l'histoire, le langage, la société. Il est aussi doté d'une valeur normative. Ce sont une tradition qui a témoigné fidèlement par paroles et par actes ; un corpus ininterrompu mais diversifié de discours et de symboles ; enfin une communauté de communautés qui s'identifie par référence au Christ. Est-il rationnel ou non de leur faire confiance pour comprendre en vérité le sens de la révélation de Dieu par lui-même ? On ira au plus vite pour chacune de ces trois dimensions, qui se recouvrent.

Le bien-fondé de la tradition chrétienne, en termes de rationalité, s'appuie sur la capacité des traditions à ouvrir un univers de sens qui leur soit propre, malgré le risque qu'elles se transforment en idéologies : systèmes collectifs de pensée et d'action, clos sur eux-mêmes, fermés à la discussion, tout occupés à leur survie. Nous ne cessons de penser à partir de ce qui l'a déjà été. Qu'elle soit interne ou externe, la critique ne peut s'exercer que sur du donné.

Vecteurs et opérateurs de la tradition de foi, discours et symboles en actualisent le sens en paroles et en actes par rencontre de la liturgie et de la théologie. Pour mériter confiance, il leur faut certes demeurer au service de ce qu'ils ont à manifester et communiquer, mais également faire droit à la pluralité de leurs modes de signification, aux multiples différences de leurs sujets, à la distance qui les sépare à jamais de leur origine.

Quant à l'agir des communautés chrétiennes, c'est sur la constitution de leur identité que celles-ci apportent la preuve de leur rationalité. Comment leur accorder confiance si elles ne cherchent qu'à se soustraire à leur identité, par indifférence ou amalgame, ou si, inversement, elles sacrifient à leur identité la liberté pour tous et la fraternité avec tous ?

3. *Une précompréhension de la révélation*

La naissance contemporaine de la théologie fondamentale a souvent déplacé ses commencements de la métaphysique vers l'éthique. Le crédit de l'une n'a eu d'égal que le discrédit de l'autre pour ouvrir un nouvel espace de crédibilité au christianisme. On affirmera volontiers aujourd'hui, selon une perspective plus affranchie, que l'homme est l'être en quête de sens.

Quoi qu'il en soit, l'appel contenu dans le propos de la révélation ne saurait faire l'impasse sur les questions portées par l'existence en un temps où l'individu a pris un avantage sur le collectif. Si la révélation vient à la rencontre d'un sujet en recherche de sens, comment cette recherche peut-elle encore l'anticiper, non pas se l'approprier mais s'y orienter ? Pouvoir répondre à cette interrogation entre aussi dans la rationalité de la révélation.

La nouveauté attribuée à un mouvement de foi et de conversion ne cache pas que c'est dans un même être que le passage s'est accompli. S'il était l'homme ancien, il a été et reste un homme. Or, une raison herméneutique ne requiert-elle pas que la compréhension que cet homme avait déjà de lui-même puisse correspondre à la compréhension offerte par la révélation, et y correspondre d'une manière non pas marginale mais centrale, ce qui ne signifie pas fondatrice ? C'est pourquoi l'anticipation recherchée devrait s'expliciter en termes joints de destinée ultime et de rapport à l'inconditionné ou à l'absolu. Si ces derniers mots demeurent largement indéterminés, ils indiquent une direction qui en jugera d'autres insuffisantes.

Une compréhension forte de la révélation de Dieu jointe au salut des hommes ne s'accommode pas d'une précompréhension qui en serait détournée, n'offrirait aucune détermination au sens, en resterait à parler d'altérité, de différence ou d'absence. Pour y parvenir, cette précompréhension aura à prendre en charge la totalité de la condition humaine, jusqu'à son enracinement dans le cosmos et le vivant, avec également ses déchéances physiques, morales, sociales. L'élucidation concrète du sens, quand elle va à l'ultime et à l'inconditionné, connaît inévitablement le non-sens et le contresens. Jusqu'où ira-t-elle ? La question peut être ajournée bien qu'elle ne puisse être étouffée. Le problème de la possibilité d'une théologie philosophique entre dans son champ[8].

IV. Une rationalité dialogique

La transition d'une raison herméneutique à une raison dialogique substitue le dialogue à l'interprétation comme fait de la raison ou activité fondatrice de rationalité. Bien que cette troisième modalité de la rationalité compose avec les deux précédentes, il convenait que l'interprétation précède le dialogue dans la mesure où une discussion s'établira toujours entre au moins deux interprétations. Le dialogue, tel qu'il est ici entendu, ne s'arrête pas en effet à une forme de vie, idéal d'une existence intersubjective ou sociale, commandée par une norme de réciprocité dans l'ensemble des relations, à l'exemple laissé par M. Buber. Il désigne surtout une espèce de discours qui radicalise cette norme en vue d'une recherche commune de sens et de vérité.

On tiendra donc pour rationnel cela seul qui peut être dit en commun au terme d'une discussion où chacun s'accorde avec l'autre pour présenter les meilleurs arguments et y consentir en retour[9]. On parle à cet égard d'intersubjectivité en quête d'intercompréhension ou d'exigence de coopération dans la quête du vrai. Pour être universelles, les règles du dialogue resteront formelles, appliquées à la fois aux obligations morales des partenaires et aux procédures

---

[8] Je m'en suis expliqué la dernière fois dans mon livre : *Un chemin de théologie philosophique. Dieu contre le mal*, Paris, Cerf, 2003 ; à la suite, « Dieu différent en philosophie », dans *Revue des Sciences Philosophiques et Théologiques*, t. 87, 2003, p. 681-701.

[9] L'élaboration d'une raison dialogique a été conduite par le philosophe français F. Jacques à compter des années soixante-dix : F. JACQUES, *Dialogiques. Recherches logiques sur le dialogue*, Paris, PUF, 1979.

interactives de la parole. Ensuite, les théories se diviseront sur les situations imposées aux partenaires et sur les dispositions requises à leur endroit. Le dialogue ne demande-t-il pas autant d'attention que d'écoute, autant aussi de vertu que de norme et, là, autant de charité que de justice[10] ?

Une entrée de la révélation dans le dialogue prend volontiers la figure théologique d'un absolu de dialogue ou d'un dialogue du salut. Dieu serait l'être en dialogue avec le monde et avec lui-même. L'Alliance, l'Évangile ou la Révélation, trois mots pour une seule réalité, se présenterait comme un dialogue de Dieu avec l'humanité. Si le dialogue du salut peut offrir une analogie théologique, celle-ci reste à l'extérieur d'une rationalité dialogique. En outre, le théologien ne manquera pas de s'interroger sur la consistance des figures dialogales attribuées au Nouveau Testament. Si les premiers chapitres du quatrième évangile enchaînent les échanges de Jésus, avec Nicodème, la Samaritaine ou l'Aveugle-né, ces échanges conduisent à la manifestation de Jésus comme Fils de Dieu. Ce sont des formes littéraires mises au service de l'annonce de la révélation. Le procédé se prolonge dans les controverses des chapitres suivants du même évangile.

La révélation devient donc l'enjeu d'une rationalité dialogique là seulement où les croyances se trouvent exposées à une recherche concertée de consensus. C'est le cas pour des dialogues œcuméniques et interreligieux, mais aussi pour des dialogues philosophiques. Est-il alors plus rationnel de minimiser ou de maximiser les consensus sur la révélation ? Il faut distinguer les consensus simplement présupposés, parfois de manière hâtive, et les consensus patiemment construits et souvent seulement partiels. Entre ceux-ci et ceux-là, trois positions au moins peuvent se dessiner : l'identification pure et simple du dialogue à un acte de salut, l'instauration d'un dialogue entre des révélations estimées

[10] J'ai réuni mes plus récents articles sur le dialogue dans la deuxième partie de *La Foi et la Raison 2. La religion chrétienne dans l'échange : symbole et dialogue*, Paris, Salvator, 2007. Les propos à suivre s'en inspirent largement.

convergentes et complémentaires, la préservation d'une dialectique imprévisible entre dialogue et révélation.

1. Le dialogue en tant que révélation

La première position assignée au dialogue et à la révélation reste générique. Quel que soit son intérêt pour la religion et la révélation, elle pose en principe que toutes les interprétations sont à la fois incommensurables et commensurables. Elles sont incommensurables puisqu'elles sont déterminées uniquement par leur propre cohérence et leur contextualité sociale. Mais elles sont commensurables parce qu'elles expriment une vérité unique qui les transcende toutes indistinctement. Le dissensus général des discours-objets se transforme ainsi en un consensus radical dans le méta-discours : les interprétations se relativisent les unes les autres en se rapportant ensemble à un absolu éthique, métaphysique ou religieux. L'apophatisme radical y retrouve logiquement sa place.

L'échange garde cependant une fonction : parcourir indéfiniment un chemin de conversion, toujours menacé de s'arrêter sur une norme extérieure et par là d'être définitivement arrêté. En retour, le dialogue doctrinal se voit ôter toute pertinence. Comprendre l'autre implique de croire ce qu'il croit. Un crédit identique est accordé à toutes les croyances. Je dois non seulement accepter que l'autre croit ce qu'il dit mais encore croire moi-même ce qu'il dit, le tenir pour vrai[11]. Au lieu de chercher un accord sur le révélé, il faut admettre que tout révélé en vaut un autre et que le seul révélant demeure l'intersubjectivité entretenue par l'échange.

En regard de la rationalité engagée dans le dialogue, la première position arrêtée à son endroit en constitue la négation même. La coexistence des vérités remplace la coopération en vue de la vérité.

---

[11] La position décrite pourrait s'appuyer sur le « principe de charité » promu par D. DAVIDSON, *Inquiries into Truth and Interpretation*, Londres, Clarendon Press, 1984. Cfr. J. GREISCH, *Le Cogito herméneutique. L'herméneutique philosophique et l'héritage cartésien*, Paris, Vrin, 2000, p. 75-99.

2. Un dialogue entre révélations

Une deuxième position introduit un écart entre révélation et dialogue en défendant une pluralité de révélations qui soit justifiée, ordonnée, enfin coordonnée. Je n'use pas de la terminologie habituelle en théologie des religions, pour éviter d'avoir à entrer en débat avec telle ou telle œuvre, également pour ne pas détourner l'attention de la question de la rationalité[12]. Chacun des trois adjectifs avancés reçoit un sens précis. (1) La pluralité des révélations se trouve justifiée, posée de droit, de manière d'abord *a priori*, l'*a priori* étant à la fois normatif et contextuel. L'unité de l'humanité et sa diversité culturelle plaident ensemble pour une unité de révélation dans une diversité de révélations. (2) Une justification *a posteriori* s'y ajoute, en fonction de données chrétiennes, en vue de défendre la conception d'une pluralité ordonnée de révélations, soit une pluralité référée à la tradition biblique et à la confession du Christ. (3) Une pluralité coordonnée achève la justification en découvrant des ressemblances entre les traditions religieuses. Ces éléments partagés conduisent à attribuer un avantage alternativement aux unes et aux autres.

Si la question christologique n'a pas à nous retenir, la justification *a priori* d'une pluralité de révélations et sa justification *a posteriori* par comparatisme affectent une rationalité dialogique. D'une part, le principe de pluralité ne définit qu'une interprétation parmi d'autres possibles : pas plus ni moins rationnelle qu'une autre. Comme il est déjà arrivé, nous sommes en présence de convictions fortes, dont aucune n'a pour elle l'évidence de l'universel. Le principe de pluralité présenterait un avantage rationnel si et seulement si sa négation était avérée contraire à la pratique du

---

[12] Je commets toutefois une seconde exception à la contrainte de laisser dans l'anonymat les positions identifiées. Les lignes suivantes s'appliqueraient assez justement aux thèses défendues par le regretté J. DUPUIS, une première fois dans *Vers une théologie chrétienne du pluralisme religieux*, Paris, Cerf, 1997. Je suis revenu brièvement sur ces thèses dans « La théologie des religions entre création et révélation : Jacques Dupuis et Christoph Theobald », dans *Nouvelle Revue Théologique*, t. 126, 2004, p. 106-129.

dialogue. Or, maximiser le dialogue impliquerait-il de minimiser les convictions ? C'est la compréhension rationnelle du dialogue qui est en cause. D'autre part, un usage déshistoricisé et sollicité du comparatisme prend le risque de surestimer les ressemblances et sous-estimer les différences. Il tend ainsi à se substituer au dialogue qui, s'il est conforme à la raison, ne se met en recherche de consensus qu'après avoir pris la mesure des dissensus.

3. Une dialectique entre révélation et dialogue

Une troisième position, la dernière, fait le choix d'un rapport dialectique entre le dialogue et l'interprétation. On distinguera les deux côtés de la relation en évoquant successivement la forme et le contenu des dialogues rapportés à la révélation.

Selon la forme requise par un authentique dialogue, croire en la révélation de Dieu en Jésus-Christ ne doit pas fermer l'accès à l'échange, quelle que soit l'étendue des dissensus de départ et des consensus d'arrivée. Il en va de la reconnaissance de ce qui est humain, religieux ou chrétien. Une raison dialogique requiert toujours de consentir au dispositif formel du dialogue ainsi que d'en cultiver les vertus. Se tenant pour sujets également rationnels, les partenaires se connaissent les mêmes droits et les mêmes devoirs.

À quoi se trouvent donc engagés ceux qui croient à la révélation salvifique de Dieu en Jésus le Christ ? Comme tous les autres, ils ont (1) à reconnaître l'autonomie humaine, non pas seulement dans l'expression de convictions individuelles mais aussi dans la capacité de suivre les règles de l'argumentation ; (2) à identifier préalablement les dissensus comme des désaccords théoriques, qui demandent à être circonscrits, et non des intérêts pratiques, qui admettent surenchères et compromis ; (3) à faire l'effort de comprendre autrui et de s'en faire comprendre, jusqu'à mieux se comprendre eux-mêmes, etc.

Suivant maintenant le contenu des dialogues, soit ce qui s'y donne à interpréter et à comprendre, les partenaires se soumettront à des réquisits spécifiques. Là réapparaît la nécessité de distinguer dialogues œcuméniques et dialogues interreligieux quand il en va de la révélation. Ni les bases ni les espoirs de consensus ne sont du même ordre. L'écart ne se réduit pas à une extension plus ou moins grande des accords recherchés. Il affecte aussi la nature des arguments susceptibles d'être présentés et acceptés.

Il convient toutefois de rappeler que les convictions en présence ne sont pas atomisées mais organisées, souvent depuis fort longtemps. Or ce peut être une chance autant qu'un obstacle à la réalisation d'un consensus, à condition que la dialectique ne soit pas rompue entre dialogue et interprétation. C'est la raison même d'un consensus différencié. Si celui-ci appartient désormais à la méthodologie de l'œcuménisme, il répond d'abord à une contrainte rationnelle, à la fois herméneutique et dialogique. Un dialogue ne sera possible et profitable qu'entre des interprétations qui sont et resteront contextualisées et globalisantes. Une recherche d'équivalence entre interprétations apparaîtra dialogiquement plus rationnelle qu'une attente d'énoncés purement et simplement identiques.

V. Une rationalité spéculative

L'accès final à la raison spéculative ne donnera-t-il pas congé aux rationalités dialogique, herméneutique, critique ? (1) L'identité d'un système semble en effet congédier la réciprocité d'un dialogue. Le désir de transgresser les limites du pensable désavouerait un souci commun de ne jamais en demander trop. (2) De même, un discours qui entend se suffire à lui-même paraît s'opposer à un discours qui se confie à d'autres discours. L'autre sans cesse ramené à soi contredirait un soi n'existant que par d'autres. (3) La confiance placée dans l'ouverture du réel à la connaissance rendrait vaine toute recherche sur les capacités et les conditions de la connaissance. L'autojustification de l'unité du concept conduirait à rejeter les demandes préalables de légitimité.

Cependant, ces trois séries d'objections ne trahissent-elles pas une méprise sur la raison spéculative ? Celle-ci entend présenter de nouveau, dans un ultime effort d'articulation, ce qui s'est déjà présenté. Elle ne récapitule pas la rationalité, qui garde sa pluralité de compétence et d'exercice. En retour, elle récapitule sous un mode conceptuel ce qui lui est échu à dire. Le concept n'est alors ni abstrait, ni opératoire, ni générateur, mais transgressif et rétrospectif. Il s'éloigne des manières de dire et de penser dans lesquelles il reçoit ce qu'il a à comprendre, mais c'est pour en réaliser une anamnèse intellectuelle. Il fait œuvre à la fois d'imagination et de mémoire[13]. C'est à ce titre que l'autorévélation de Dieu en Jésus le Christ sera tenue pour un concept qui en récapitule le discours : non pas pour des siècles mais pour le temps qui s'achève avec lui. Le concept ne saurait avoir la durée du réel. Sa forme est systématique mais sa condition historique. Il ne se confond pas avec la promesse d'éternité portée par l'autorévélation divine. Il présente des gages de retenue ou de réserve.

Poursuivre avec la rationalité spéculative demande de préciser les rapports entretenus dans ce registre de compréhension entre théologie et philosophie. Il exige également d'esquisser un moment de réception spéculative de l'autorévélation de Dieu. À ce stade, un seul exposé de méthode ne suffit pas. Légitimer un tel chemin de raison passe par un effort de compréhension effective.

1. Un usage spéculatif de la philosophie en théologie

Nous n'avons pas attendu de recourir à une rationalité spéculative pour déterminer la révélation chrétienne comme autorévélation divine et en proposer une définition. Mais nous avions alors simplement pris au sérieux que le terme de révélation en était arrivé à signifier le fond et le tout de la foi chrétienne en Jésus. Même si la distinction est apparue poreuse, ce n'était pas là avancer une compréhension spéculative de l'autorévélation divine. Toute théologie qui parle aujourd'hui d'autorévélation ne satisfait pas à une attention spéculative et surtout n'entend pas s'y conformer. Une

[13] Je m'en suis déjà expliqué : « Une théologie spéculative malgré tout ? », dans J. FANTINO (éd.), *La théologie en questions*, Paris, Cerf - Metz, Université Paul-Verlaine, 2007, p. 79-98.

diversité de chemins reste possible quand il s'agit de reprendre tout ou partie des six traits déterminants attribués ici dès le commencement à la révélation.

La surdétermination dans la théologie chrétienne de l'idée de révélation demeure redevable pour une part à l'idéalisme allemand, plus généralement à la philosophie. Celle-ci, selon Hegel, devait commencer par poser que le vrai ou l'absolu n'était pas loin de nous, renversant ainsi un préjugé critique. Quant au christianisme, il avait affirmé non seulement que Dieu s'était révélé lui-même mais encore qu'il était révélation de lui-même à lui-même. Il avait intégré l'histoire du salut dans le mystère trinitaire de Dieu. La philosophie et le christianisme avaient donc en commun de présenter la détermination de soi par soi du réel, c'est-à-dire de tout. C'est dans l'autodétermination de Dieu que le monde devenait intelligible, se présentait lui-même dans sa forme constitutive. La philosophie spéculative affirmait donc avoir gagné le droit de se dire théologie véritable, renvoyant dos-à-dos la platitude des Lumières et le dogmatisme des Églises.

Ce raccourci inviterait à formuler des excuses, plus que pour ceux qui l'ont précédé. Mais si nos déficiences ne se transforment pas en défaillances, elles permettent de demander : une compréhension spéculative du christianisme se trouve-t-elle nécessairement vouée à intégrer la révélation dans la raison ? L'interrogation suggère une triple réponse. La raison a à apprendre auprès de la révélation. La conversion de la révélation à la raison n'implique aucune nécessité. La liberté de la théologie à l'égard de la philosophie en rejette l'arbitraire.

La révélation a déjà montré sa capacité à éveiller à elle-même une raison en recherche de compréhension. Le processus est ancien. Hegel en a tiré une œuvre magistrale en comprenant toute réalité dans la réalisation d'une liberté absolue. Certains philosophes contemporains ont emprunté d'autres voies, certes plus réservées, en identifiant l'apparaître des phénomènes à une autorévélation ou une autodonation[14]. Si le propos en cours cherchait à exposer l'autorévélation divine au jugement d'une quadruple rationalité, il ne voulait ni méconnaître ni dissimuler les effets de la révélation sur la raison, non seulement pour le sens de la foi mais encore pour le sens d'un réel auquel aucune limitation ne serait imposée. Aucun interdit n'est opposé au philosophe qui entend tirer parti du révélé au bénéfice de sa propre discipline.

Ces initiatives philosophiques ne rendent toutefois pas raison de l'autorévélation de Dieu reçue selon la foi des chrétiens. Les dernières initiatives évoquées n'ont pas nourri ce projet. Quant à la première, engagée par Hegel, il est légitime de lui en refuser la capacité. La conversion de la révélation à la raison demeure un choix de liberté qui n'interdit pas un tout autre choix, celui de maintenir la révélation en son droit, suivant le jugement de la foi. Une confrontation de conviction à conviction confirmerait que chacun anticipe ici l'avenir de la révélation en humanité. Un autre destin reste ouvert que celui du devenir seulement mondain de la révélation. Si une humanisation du Dieu révélé n'apparaît pas rationnellement contradictoire, une divinisation de l'homme sauvé ne l'est pas davantage. C'est à l'avenir de Dieu et de l'homme de trancher, dans l'ordre non de la rationalité mais de la réalité.

En troisième lieu, la raison spéculative en son usage théologique ne commencera pas avec le choix d'une philosophie. Le concept théologique demeure au service d'une détermination préliminaire de statut interprétatif, comparable à celle qui a ouvert la présente étude. Cependant, à la différence d'autres raisons théologiques, la raison spéculative accorde une place privilégiée à la philosophie parmi les médiations rationnelles. C'est là qu'elle découvre les meilleures ressources conceptuelles, sans s'y asservir, en les reprenant sous un mode créatif. Mais il n'y a pas de concept spéculatif en dehors d'un système spéculatif. L'éclectisme philosophique se trouve donc proscrit. Il condamnerait la théologie à une rationalité

---

[14] Je songe à ce qui a été appelé le « tournant théologique » de la phénoménologie, particulièrement marqué dans les travaux de J.-L. Marion et surtout de M. Henry.

dangereusement confuse ou simplement apparente : d'un côté par amalgame de concepts étrangers les uns aux autres, de l'autre côté par réduction des concepts à de simples images savantes.

2. *Une reprise spéculative de l'autorévélation divine*

Montrer à quel autodépassement se trouve conduit une intelligence de la foi invite à reprendre l'intelligence initiale de l'autorévélation divine. Non sans prolonger les témoignages apostoliques, nous entendions par là que Dieu se présente lui-même en se disant lui-même (Jésus-Christ) et en se donnant lui-même (l'Esprit-Saint), non seulement au monde mais à lui-même. Dès lors, comment comprendre l'unité de Dieu sinon en la rapportant à l'origine de sa donation (communication) comme de sa diction (manifestation) ? Mais encore, comment comprendre Dieu à son origine sinon en le pensant comme liberté absolue, soit un éternel surgissement de lui-même à lui-même ? Lorsque l'intelligence spéculative vise ainsi Dieu, Liberté absolue, la foi commune nomme Dieu le Père : un seul et même référent ultime pour l'une et l'autre, l'intelligence demeurant intelligence de la foi. Ce que l'accueil de la foi donne à connaître de l'autorévélation divine, sa reprise spéculative achemine à le reconnaître. C'est à partir seulement de sa manifestation et de sa communication que nous avons accès au mystère de Dieu, Dieu à sa source et dans son excès. Rien d'autre n'autorise à penser Dieu en raison spéculative qu'une christologie trinitaire conséquente.

Reconnaître Dieu comme Liberté absolue ne saurait l'assimiler à une liberté arbitraire. Entendue comme liberté se donnant elle-même d'une manière à la fois universelle (au monde) et unique (à elle-même), elle est libre pour aimer. Entendue comme liberté se disant elle-même historiquement et éternellement dans l'identité du crucifié et du ressuscité, elle est libre de se limiter. Reconnaître Dieu comme Liberté absolue ne saurait davantage le soumettre à un interdit apophatique. S'il est juste que chacune des rationalités appliquées à la révélation puisse solliciter un silence sur Dieu, la rationalité spéculative invite à se risquer à parler d'un silence de Dieu. L'indicibilité de Dieu ne serait-elle pas à comprendre dans sa communication, dans sa manifestation, finalement dans son mystère ? D'abord, Dieu ne se dit pas en tant qu'il se donne. Puis, Dieu se dit *sub contrario* là où il se dit. Enfin, Dieu demeure l'indicible dans le mystère de son origine. Ici, l'indicibilité de Dieu n'est plus redevable à des conditions imposées à l'inconditionné. Inversement, la liberté absolue de Dieu ne disqualifie plus de manière *a priori* le silence de Dieu. Lorsqu'il transgresse le discours premier de la foi, le discours spéculatif continue à l'homologuer.

Les précédents fragments spéculatifs, si l'on accepte cette expression et cette procédure paradoxales, avaient pour seule finalité de rendre plausible, pour une théologie chrétienne de la révélation, le dernier registre de rationalité. À défaut de preuve, ils laisseront un indice. Il restait possible de faire mieux mais pas davantage[15]. La nomination liturgique de Dieu le Père et la détermination théologique de Dieu Liberté absolue ne sauraient se rejeter mutuellement. Le mystère de Dieu est unique pour ceux qui le prient et pour ceux qui le pensent. En outre, ce sont éventuellement les mêmes. Que la liturgie porte en elle-même une théologie n'oblige pas la théologie à se laisser enfermer par la liturgie. Le concept de Liberté absolue ne transforme pas Dieu en un concept mais recueille conceptuellement un sens de Dieu. Pourquoi faut-il en rappeler constamment l'évidence ? Qui affirmerait qu'une image de Dieu réduit nécessairement Dieu à une image ? Le concept spéculatif n'engendre pas une détermination de Dieu. Il se limite à la reprendre après l'avoir reçue. La foi et sa compréhension parcourent le même chemin en vue de la même fin. Concevoir n'est pas ici donner à naître ni même à connaître, simplement à reconnaître. La Liberté absolue du théologien chrétien se distingue hautement de l'Idée

---

[15] Je renvoie, entre autres, à la fin de mon article « L'humanité face au mal, enjeux pour une théologie contemporaine », dans *Recherches de Science Religieuse*, t. 90, 2002, p 13-39. L'homme sauvé se prête aussi bien que le Dieu révélé à une reprise spéculative : cfr. « La vie éternelle ou l'autodonation divine », dans *Revue des Sciences Philosophiques et Théologiques*, t. 91, 2007, p. 693-710.

absolue du philosophe hégélien. Si la liberté prend ici et là le sens de détermination de soi par soi, elle est pour ce philosophe le sens de toute réalité se présentant dans son devenir à la pensée. Alors que l'Idée absolue s'efface dans la conceptualisation qu'elle opère de l'univers de la nature et de l'histoire, la Liberté absolue se présente dans son unicité source d'unité, référent avant d'être concept, à une intelligence au service de la foi des chrétiens.

CONCLUSION

Dans les limites qu'elle accepte, une rationalité spéculative inclut la nécessité des trois autres rationalités. Elle resterait seule à s'offrir comme une option. Bien que chacune des rationalités retenues n'ait pu être déployée à son niveau d'exigence, on conclura que la révélation de Dieu lui-même par lui-même, selon la foi chrétienne, peut être dite fiable, crédible et intelligible, communicable, enfin conceptualisable.

- *La fiabilité* de la révélation s'appuie sur les conditions et les dispositions du témoignage rendu à la résurrection de Jésus tel qu'il a été transmis et tel qu'il est reçu, sans devoir imposer de contraintes aux capacités d'une révélation de Dieu.
- *La crédibilité et l'intelligibilité* de la révélation impliquent, dans leur inséparabilité, d'une part une rectitude de l'interprétation, d'autre part une circularité dans la compréhension, entre ce qui se propose et ce qui est attendu, eu égard au mystère divin et à la destinée humaine.
- *La communicabilité* de la révélation signifie que sa croyance consent aux normes et valeurs communes du dialogue, dont une rigoureuse réciprocité dans l'action et la parole, mais elle s'accorde aussi à une différenciation des finalités cognitives de l'échange.
- *La conceptualité* de la révélation suppose que sa compréhension se prête à une anamnèse systématique de l'économie chrétienne du salut à travers la mise en œuvre

d'un espace de compréhension dont les formes transgressent d'une manière régulière les figures des premières interprétations.

Les distinctions avancées entre rationalités critique, herméneutique, dialogique et spéculative laissent aussi se découvrir des régularités ou insistances. On aura relevé un refus permanent du rationalisme : une assimilation de la révélation à ou par la raison, sous l'effet aussi bien d'une intégration spéculative que d'une réduction critique. Si la rationalité a été conformité de la révélation à la raison, en sa pluralité, une rationalisation aurait été sa soumission à la raison, dans son uniformité. L'écart de l'une à l'autre conduit à reconnaître qu'une croyance peut être rationnelle sans être universelle. Nous l'avons vérifié à chaque étape. Ni l'impossibilité de connaître Dieu, ni la réduction éthique de la révélation, ni un pluralisme de principe de la révélation, ni une intégration philosophique du christianisme ne sauraient s'imposer au nom de la raison. Si rien de ceci n'est déraisonnable, ce reste un choix qui autorise un choix contraire, celui qui a été retenu et argumenté.

La théologie de la relation entre Dieu et l'être humain pensée avec A. Vergote à la lumière de la psychanalyse [1]

Jean-Baptiste LECUIT

Si, du point de vue théologique, la foi biblique ne peut être comprise comme une émanation du seul psychisme humain, la logique de l'incarnation et du salut veut que son enracinement dans l'existence soit pensé. Dans une telle entreprise, qui mobilise assurément la « capacité de la raison théologique à entrer en dialogue avec d'autres institutions de la rationalité »[2], le théologien profite de la contribution majeure des travaux interdisciplinaires d'Antoine Vergote. L'anthropologie chrétienne, écrit ce dernier, « a pour tâche de *dégager dans l'existence humaine les traces et les structures du projet divin*, et de mettre en évidence *la rupture et la nouveauté de l'événement historique qui a lieu entre l'homme et son Dieu* »[3]. Cela suppose de montrer comment la foi biblique s'enracine dans le psychisme, et notamment dans la problématique œdipienne, sans toutefois s'y réduire.

De fait, l'approche freudienne de la religion, largement reprise par ses successeurs, est nettement réductionniste. Trois composantes peuvent y être distinguées : celle qui situe la racine du religieux dans le processus par lequel la réalité psychique inconsciente,

---

[1] Cet article reprend, avec l'aimable autorisation de l'éditeur, certains extraits de mon étude : *L'anthropologie théologique à la lumière de la psychanalyse. La contribution majeure d'Antoine Vergote* (coll. *Cogitatio fidei*, 259), Paris, Cerf, 2007. Voir aussi mon site : www.theo-psy.net.

[2] Selon l'argumentaire du projet de recherche dans lequel s'inscrit la présente contribution.

[3] A. VERGOTE, « Interprétations psychologiques du phénomène religieux dans l'athéisme contemporain », dans J. GIRARDI et J.F. SIX (dir.), *Des chrétiens interrogent l'athéisme*, Paris, Declée de Brouwer, 1967-1968, p. 497 (nous soulignons).

obscurément perçue, se trouve projetée en un monde suprasensible et suprapsychique (projection de l'endo-psychique) ; celle qui voit dans la détresse infantile la source fondamentale de l'adhésion croyante et rapporte la puissance d'attraction de la religion aux désirs inconscients qu'elle mobilise en présentant au sujet des représentations exaltées de ses figures parentales, principalement paternelle (approche psycho-structurelle) ; celle qui tente d'expliquer l'émergence des religions par celle de la problématique œdipienne, et notamment par la culpabilité pour le meurtre du père originaire et l'exaltation de la figure paternelle (approche psycho-évolutionniste)[4].

Le théologien ne peut certes entériner le réductionnisme positiviste de Freud, pour qui Dieu n'est finalement rien d'autre, résume Vergote, que le « père symbolique de l'Œdipe ». Mais le complexe d'Œdipe « donne les schémas affectifs et mentaux dans lesquels les rapports religieux au Père peuvent prendre naissance »[5]. Si, tout en récusant le réductionnisme freudien, le théologien choisit de prendre en compte l'expérience et la théorie psychanalytique dans leur contribution à l'auto-compréhension de l'être humain, il lui faut penser un enracinement structurant de la figure du Père divin dans celle du père œdipien, et une mobilisation transformante de celle-ci par celle-là[6]. La foi et la dynamique psychique qui lui correspond sont à comprendre l'une par l'autre : « l'intelligence de la foi passe par l'élucidation de la dramatique psychique et la considération de l'ordre de la foi clarifie les lois et les événements du psychisme »[7]. Cela découle d'une option fondamentale mise en œuvre par Vergote tout au long de sa carrière : entre foi et psychisme, il a refusé tant le concordisme qui voudrait trouver dans le psychisme une preuve du

---

[4] Voir J.-B. LECUIT, *L'anthropologie théologique à la lumière de la psychanalyse*, p. 417 et s.

[5] A. VERGOTE, « Interprétations psychologiques du phénomène religieux dans l'athéisme contemporain », p. 496

[6] A. VERGOTE, *Dette et désir. Deux axes chrétiens et la dérive pathologique*, Paris, Seuil, 1978, p. 179.

[7] A. VERGOTE, *Dette et désir*, p. 307.

caractère naturellement religieux de l'être humain[8], que le psychologisme qui réduit la foi à un processus psychologique, et le dualisme selon lequel il existerait une sphère spirituelle radicalement indépendante du psychisme : son refus « du divorce entre religion et psychisme s'accompagne d'un égal refus de leur hybridation »[9].

Une formule de Vergote est très révélatrice à la fois de cette position, et des deux axes selon lesquels il pense la continuité-rupture entre le psychisme et la foi : l'affirmation d'une « conjonction naturelle » entre théologie et psychanalyse, écrit-il, « se trouve contredite aussi bien par *la transnaturalité de l'ordre symbolique* que par *la surnaturalité de l'événement divin* »[10]. J'explorerai ici le second de ces deux axes, centré sur la spécificité de la religion monothéiste biblique[11]. Comme je le montrerai, la prise en compte de la psychanalyse invite et aide en effet à mettre en valeur deux caractéristiques fondamentales de la foi biblique, non prises en compte dans l'approche freudienne : l'expérience et l'auto-compréhension de la foi comme *intersubjectivité dialogale entre l'homme et Dieu*, fondée sur l'acte de parole performative de son autorévélation ; *le caractère dynamique de la vie de foi*, et l'exigence critique de *transformation* intérieure qu'elle comporte. Et le cas de Freud n'est pas isolé ; on rencontre dans la quasi-totalité des approches psychanalytiques de la religion biblique ce double présupposé concernant la foi : elle porte essentiellement sur des représentations de Dieu, sur Dieu comme « objet » psychique, ou sur le signifiant « Dieu », et non sur ce que la Bible et la tradition lui présentent comme parole personnelle de Dieu, adressée par le témoignage des prophètes et de Jésus-Christ ; de plus, elle est une

---

[8] A. VERGOTE, « Finalité en psychologie », dans *Revue d'éthique et de théologie morale,* n° 207, déc. 1998, p. 67-100, p. 71.

[9] A. VERGOTE, *Dette et désir*, p. 47.

[10] A. VERGOTE, *Interprétation du langage religieux*, Paris, Seuil, 1974, p. 19 (nous soulignons).

[11] Pour une étude du premier axe (celui de l'irréductibilité de la culture, et donc de la religion, à la nature), voir *L'anthropologie théologique à la lumière de la psychanalyse*, chap. XI et XII.

croyance gratifiante, dans le simple prolongement des attentes humaines.

Face à cela, il revient au théologien de montrer en quoi l'existence humaine et la relation à Dieu entretiennent un rapport de continuité-rupture (I), et comment penser cette relation à la lumière de la psychanalyse (II).

I. CONTINUITÉ ET RUPTURE ENTRE EXISTENCE HUMAINE ET INTERSUBJECTIVITÉ THÉOLOGALE

M'appuyant sur les recherches de Vergote, je vais montrer comment les concepts contemporains d'*intersubjectivité* et d'*acte de parole* aident à penser la foi biblique et chrétienne dans sa spécificité et à illustrer en quoi, tout en concernant l'homme dans ce qui lui est essentiel, elle échappe aux approches réductionnistes, psychanalytiques notamment. « De nos jours, (ajoute Vergote) la philosophie de l'intersubjectivité et de l'acte du langage nous aide à penser l'originalité de la religion chrétienne et à résister à l'hégémonie des pensées objectivantes, en particulier à la tendance à réduire la religion à un savoir théorique voilé »[12]. Chez Vergote, l'acte de parole est à entendre comme doté d'une force illocutoire et d'effets perlocutoires d'ordre performatif, au sens où une réalité nouvelle est instaurée, aussi importante que la paternité, le lien conjugal, la foi en Dieu[13]. De la pensée moderne de l'intersubjectivité, il retient notamment que le sujet humain est impensable sans autrui, que sa constitution présuppose l'existence d'autrui et de l'intersubjectivité. Cette importance accordée au concept d'intersubjectivité est à rapporter pour une part notable à la psychanalyse, pour laquelle il s'agit d'un concept frontière entre le psychisme et le champ interhumain : s'enracinant dans le pulsionnel,

---

[12] A. VERGOTE, *Modernité et christianisme. Interrogations critiques réciproques*, Paris, Cerf, 1999, p. 185.

[13] Voir A. VERGOTE, *La psychanalyse à l'épreuve de la sublimation*, (coll. « Passages »), Paris, Cerf, 1997, p. 253 et s.

l'intersubjectivité advient pleinement par l'acte de parole subjectivant répondant à l'interpellation des autres.

A. La révélation comme acte de parole performative

1. Dieu est le « Je » d'un acte de parole performative

Lorsqu'il ne s'agit plus seulement de la religion en général, mais de la foi biblique, une des idées-forces de Vergote est que la révélation consiste essentiellement dans la manifestation de Dieu lui-même en tant que *sujet personnel de la parole* qu'il adresse à l'homme : « le premier élément que la philosophie des actes de parole apporte donc à la compréhension de la foi chrétienne est celui-ci : Dieu est le Dieu personnel de l'acte de parole qui nous révèle Dieu comme Dieu »[14]. Dieu est personnel en tant qu'il est « l'Ego d'un acte de parole performative »[15].

L'interprétation constante, chez Vergote, du « Je suis qui je suis » adressé par Dieu à Moïse (Ex 3,14), est que Dieu ne révèle pas d'abord *quelque chose* sur lui-même, mais *lui-même* en tant que sujet de sa parole. De fait, la pragmatique linguistique a beaucoup clarifié ce facteur essentiel à l'intelligence de la révélation : « l'importance du pronom personnel “je” qui n'a d'autre contenu que le sujet de l'acte d'énonciation »[16]. Dans la mesure où il est « sui-référentiel », le je « n'est ni une représentation ni une catégorie

---

[14] Voir A. VERGOTE, *La psychanalyse à l'épreuve de la sublimation*, p. 190.

[15] A. VERGOTE, *« Tu aimeras le Seigneur ton Dieu... ». L'identité chrétienne*, (coll. « Théologies »), Paris, Cerf – Montréal, Médiaspaul, 1997, p. 122. Chez Vergote, « Ego » est un équivalent du pronom personnel « je » (*Ich* en allemand), et n'a jamais la connotation d'égoïsme que ce terme a acquise en français. En raison de cette connotation, il est préférable de dire que Dieu est « Je », plutôt que « Ego » (même si la Vulgate traduit Ex 3,14 par « *ego sum qui sum* »).

[16] A. VERGOTE, « La théologie devant les changements culturels en Europe », dans O. H. PESCH et J.-M. VAN CANGH (dir.), *Comment faire de la théologie aujourd'hui ? Continuité et renouveau*, Académie internationale des Sciences religieuses, Paris, Cerf, 2003, p. 104.

de la pensée »[17], et il échappe dès lors aux approches purement objectivantes.

Outre qu'elle communique Dieu comme sujet personnel, la parole de révélation est *performative*, en ce qu'elle effectue ce qu'elle énonce et dit ce qu'elle instaure : la relation intersubjective dialogale entre Dieu et l'homme. « Par la révélation, Dieu instaure donc une nouvelle réalité : celle de la présence comme lien personnel entre Dieu et l'homme ; à condition, bien sûr, que l'homme à qui advient cette parole médiatisée par les messagers, la ratifie par le consentement en première personne : Je crois en Dieu »[18]. L'acte de parole d'auto-révélation est de l'ordre de *l'événement*, de la production d'une réalité nouvelle : l'intersubjectivité dialogale entre Dieu et l'homme, l'engagement personnel de Dieu dans l'histoire, par le don de sa Loi, par « la parole d'alliance performative », dans laquelle s'accomplit son action de salut « à l'intérieur et en faveur de l'homme »[19].

Cet engagement trouve son accomplissement plénier dans l'incarnation de sa Parole, son Verbe, par lequel s'effectue sa paternité à l'égard des hommes, dans un acte de parole d'adoption filiale. Loin d'être un produit spontané et universel du psychisme humain, la foi en un Dieu personnel qui s'engage dans une alliance aimante avec les hommes et les appelle à l'aimer et lui adresser personnellement la parole est unique dans l'histoire des religions. C'est ce message qui peut transformer en désir de Dieu les désirs humains, car, nous le verrons, « ce que le christianisme propose au désir est tellement étranger aux désirs humains, que Freud n'a même

---

[17] A. VERGOTE, « Nom, présence, visage », dans *Explorations de l'espace théologique. Études de théologie et de philosophie de la religion*, Leuven, Leuven University Press, 1990, p. 358.

[18] A. VERGOTE, « L'oscillation de l'intention dans les métaphores religieuses : Déisme ou foi chrétienne », dans P. MILLION (éd.), *Religiosité, religions et identités religieuses*, Grenoble, Université Pierre Mendès France, 1998, p. 151.

[19] A. VERGOTE, « Approche psychologique de la prière », dans *La Maison-Dieu*, n°109, 1972, p. 72-86, p. 83. Voir « Tu aimeras le Seigneur ton Dieu... », p. 51.

pas entrevu que c'est la visée même de cette religion : susciter le désir de Dieu »[20].

2. La transcendance du « Je » divin à l'égard de la pensée objectivante

La transcendance de Dieu et de la révélation à l'égard de la raison humaine est rapportée à une caractéristique fondamentale de tout « Je » se donnant dans l'interlocution : le fait qu'il soit irréductible à un concept ou une représentation : « On peut bien considérer qu'il y a une similitude entre la reconnaissance de Dieu et la reconnaissance de la personne humaine, puisqu'il est de la nature de la personne de ne pouvoir se donner à connaître que dans ses actes de parole » [21]. Que Dieu soit « l'Ego d'un acte de parole performative », écrit Vergote, a pour conséquence que « l'homme ne le trouve pas en éliminant de son esprit toute représentation contingente, ni non plus en poussant l'esprit dans la direction d'une idée absolue »[22]. C'est d'ailleurs parce que tout sujet de parole échappe en tant que tel à l'entendement, que l'acte de parole de révélation mobilise le langage métaphorique :

> « Pas moins que le je humain, le je divin ne se laisse saisir par l'entendement. Transcendance, il échappe à toute pensée objectivante. Pour cette raison tout le langage de la révélation est un langage métaphorique : je suis la lumière, je suis le pain de la vie, je suis le royaume qui est en vous… »[23].

Précisons l'affirmation selon laquelle le « je » de l'acte de parole se dérobe à la saisie de l'entendement. Le rapport à Dieu, écrit

---

[20] A. VERGOTE, « Psychanalyse et religion », dans *Explorations de l'espace théologique*..., p. 585.

[21] A. VERGOTE, *Cultuur, religie, geloof*, Albert Dondeyne-Leerstoel, Leuven, Universitaire Pers, 1989, p. 105.

[22] A. VERGOTE, « Tu aimeras le Seigneur ton Dieu... », p. 122.

[23] A. VERGOTE, *Interprétation du langage religieux*, p. 55. Voir A. VERGOTE, *Humanité de l'homme, divinité de Dieu*, (coll. « Théologies »), Paris, Cerf, 2006, p. 296.

Vergote, « n'est pas plus paradoxal que tout rapport à autrui », dans la mesure même où prétendre comprendre autrui de part en part, c'est le manquer dans son altérité, le réduire à une chose : « l'ego personnel est si transcendant par rapport à tout contenu conceptuel, qu'on ne peut que poursuivre dans cette voie l'élaboration théologique de l'idée du Dieu qui se déclare Dieu par la parole »[24]. C'est dire que le monde n'est pas clos, mais entrouvert : « celui qui se rassemble en lui-même et qui prend position en disant "je" se pose, de l'intérieur du monde, comme se libérant de la clôture du monde. Le "je" qui se pose échappe à toute définition, car il n'a d'autre contenu que de se poser en prenant la parole en première personne »[25]. La non clôture du monde ne permet pas à elle seule un accès de la raison à Dieu, mais sa reconnaissance dispose la raison à « accueillir les signes qui viendraient d'au-delà du monde. C'est précisément ce que propose le monothéisme biblique lorsqu'il affirme que Dieu peut être connu en tant qu'Il s'est déclaré lui-même comme le Dieu personnel, le *Je* divin jusqu'alors inconnu »[26].

3. Sources et originalité de la pensée de Vergote sur la Révélation

Vergote n'est pas seul à penser la révélation comme acte de parole performative. Il connait l'article de Jean Ladrière exposant la thèse de D. D. Evans (1963) selon laquelle « Dieu "s'adresse" à l'homme dans un "évènement" ou un "acte" qui l'engage vis-à-vis de l'homme et qui exprime son Soi intérieur », acte auto-implicatif relevant du langage performatif[27]. Mais d'après mes recherches, Evans, Ladrière et Vergote sont les seuls à penser la révélation

---

[24] A. VERGOTE, *Humanité de l'homme...*, p. 137.

[25] A. VERGOTE, « Monde clos et entrouvert », dans P. DONDELINGER (dir.), *« Faut-il croire au merveilleux ? »*, Paris, Cerf, Université de Metz, 2003, p. 95. Voir A. VERGOTE, *Humanité de l'homme...*, p. 160.

[26] A. VERGOTE, « Monde clos et entrouvert », dans P. DONDELINGER (dir.), *« Faut-il croire au merveilleux ? »*, p. 95.

[27] D. D. EVANS, *The logic of self-involvement*, London, SCM Press Ltd, 1963, p. 14. Cité dans J. LADRIÈRE, « Langage auto-implicatif et langage biblique selon Evans », dans J. LADRIÈRE, *L'articulation du sens*, t. I, Paris, Cerf, 1984, p. 98.

comme acte de parole performative. Et l'idée précise que Dieu se révèle comme Ego (*Je*) de son acte de parole performative semble propre à Vergote, ainsi que son interprétation d'Ex 3,14 (à l'exception possible de Maître Eckhart). Enfin, et c'est là le plus important pour mon propos, l'originalité de Vergote est de s'appuyer sur la transcendance du « Je » et de l'intersubjectivité dialogale à l'égard de la raison théorique pour montrer en quoi le cœur de la religion biblique échappe aux tentatives de réduction, d'explication ou de négation, notamment de type psychanalytique.

4. « Verbe originaire » et Logos de la croix

On pourrait s'étonner que Vergote, dans cette entreprise, n'accorde pas une place prépondérante au langage de la croix (« *logos tou staurou* », 1 Co 1,18), au « scandale » et à la « folie » du Christ crucifié (1 Co 1,23), en tant qu'ils s'opposent à la thèse faisant de Dieu une pure production de l'homme et de ses désirs. Bien entendu, il n'ignore pas cette dimension[28]. Mais l'étonnement se dissipe, à mon avis, lorsqu'on mesure combien l'argument de la contestation, par la foi en un messie crucifié, de la production de Dieu par le désir, ne peut pas être facilement opposé à la critique psychanalytique. Il faut en effet l'accompagner d'une réponse à l'objection selon laquelle la croyance en la résurrection serait justement de l'ordre d'un puissant déni de la mort, d'une domination du désir infantile de toute-puissance sur l'acceptation des limites de la condition humaine. Or le principe d'une telle réponse n'est-il pas justement dans la prise en compte de ce qui arrache à la domination de l'infantile : l'intersubjectivité fondée sur la paternité-filiation et l'échange de la parole ? Somme toute, écrit Vergote :

> « à toutes les questions qu'on peut se poser concernant la vérité dont il convient de créditer les Écritures, le principe des réponses se trouve dans la révélation entendue comme acte de parole

---

[28] Voir A. VERGOTE, « Tu aimeras le Seigneur ton Dieu... », p. 137.

de Dieu se rendant présent à l'humanité par les humains élus à cet effet. En tant que Verbe de Dieu dans un homme déterminé, Jésus est le paradigme de la révélation dont il est aussi l'effectuation parfaite et finale »[29].

Cette optique accordant un primat au « Verbe originaire »[30], à la parole qui est « au commencement », qui s'effectue dans l'alliance et s'accomplit dans l'incarnation, place d'emblée l'attention sur ces réalités les plus essentiellement anthropologiques et théologiques que sont l'acte de parole, l'intersubjectivité, la paternité. Or ce sont ces dernières qui, précisément parce que l'économie de la création de l'homme à l'image de Dieu et de l'incarnation en fait des réalités théo-anthropologiques, doivent être placées au cœur de la problématique de continuité-rupture entre l'humain et le Dieu de la foi. La théologie de la croix, si elle n'est pas complétée par une telle approche, et place trop vite ou trop exclusivement l'accent sur la dimension de rupture, s'expose au reproche de dénier la part de continuité, et de tenter de se mettre ainsi à l'abri d'une critique à tendance réductionniste.

5. La coupure entre discours et dialogue : « plonger d'un bond dans la relation dialogale de l'interpellation »

Pour conclure ce qui touche à la révélation comme acte de parole performative, je souligne l'importance décisive de bien distinguer le *discours* sur l'intersubjectivité dialogale et le *Je* de l'acte de parole performative, d'une part, des réalités qu'il vise, d'autre part. Il y a là toute la différence, accessible à la seule expérience personnelle, entre parler du mariage et dire « je te prends pour épouse », entre parler de la foi et dire à Dieu « je crois en toi », entre prôner la théologie négative et dire à Dieu : « Ô toi l'au-delà de tout » (Grégoire de Nazianze) ; il y a là toute la différence entre parler du

---

[29] A. Vergote, « Tu aimeras le Seigneur ton Dieu... », p. 79.
[30] A. Vergote, *Interprétation du langage religieux*, p. 55.

Fils de Dieu et confesser que Dieu lui dit : « Tu es mon fils, Moi, aujourd'hui je t'ai engendré » (cf. Ac 13,33), entre parler de la paternité de Dieu et lui dire « Notre père ». Cela est particulièrement bien exprimé dans l'extrait suivant :

> « comme tel, l'homme [ne reconnaît pas l'autre] par le discours de la raison. Il lui faut, à cet effet, sortir du cercle égologique du cogito et plonger d'un bond dans la relation dialogale de l'interpellation »[31].

On cherchera en vain chez Freud, Lacan, et tant d'autres, une attention suffisante à cette dimension si essentielle de la foi[32]. Vergote en revanche y a toujours plus insisté.

B. La paternité de Dieu comme acte

Sans doute en raison de la centralité de la paternité dans l'approche psychanalytique de la religion, c'est à cette dimension de la relation de Dieu à l'homme que Vergote a commencé par s'intéresser, avant celle de la révélation personnelle dans un acte de parole. Il déplore que Freud et Lacan n'aient pas suffisamment intégré dans la théorie psychanalytique le fait que la paternité consiste principalement dans un acte de reconnaissance, d'adoption de la part du père. Cette reconnaissance est selon lui un acte de parole performative, au sens où elle instaure la réalité nouvelle du lien de paternité-filiation, en se disant « plutôt par le style du rapport, par les écoutes et les paroles échangées que par une

---

[31] A. Vergote, « Verticalité et horizontalité dans le langage symbolique sur Dieu », dans *Explorations de l'espace théologique...*, p. 525.

[32] Un texte de Lacan, récemment publié, pourrait faire exception. Mais la traduction d'Ex 3,14 par « Je suis ce que Je est » renvoie aux « lois du Je parle », bien davantage qu'à l'événement d'une autorévélation personnelle. Voir J. Lacan, *Le Séminaire*, Livre XVI, *D'un Autre à l'autre*, Paris, Seuil, 2006, p. 80. Voir aussi p. 70, 103 et 344.

paternité formellement déclarée »[33]. Cela vaut également pour la paternité de Dieu à l'égard de Jésus et des hommes :

> « la nouveauté du message de Jésus est de ne pas présenter une « idée » de la paternité divine, mais bien son effectuation. [...] Pour et par Jésus, la paternité divine n'est pas une idée générale, une expression métaphorique comme le pensait Kant et, avec lui, bien des chrétiens, plus héritiers du Siècle des Lumières que de Jésus Christ. La paternité divine est un événement, un mystère au sens originaire du terme : l'advenue effective à l'homme de Dieu comme Père »[34].

La paternité divine n'est certes pas un trait exclusif de la religion biblique. Mais ce qui est propre à cette dernière, c'est que cette paternité s'y donne comme personnellement effectuée par Dieu dans un acte d'adoption[35]. De fait, une certaine théologie métaphysique a « oblitéré des données essentielles de la foi, tel le nom divin qui est par excellence celui du Dieu chrétien : le nom de Père », et ce sont les « sciences humaines » (Vergote pense ici évidemment à la psychanalyse) « qui ont fait redécouvrir le sens complexe et la vertu structurante de la paternité, donnant ainsi au fait chrétien de mieux se comprendre »[36].

C. La foi comme acte de parole performative, enraciné dans la spontanéité psychique

Pour Vergote, la philosophie des actes de parole « aide la théologie à élaborer l'intelligence de l'acte de foi » comme acte de parole performative, en réponse à la révélation de Dieu et à son acte

---

[33] A. VERGOTE, « Psychologie et religion. Dieu, Mère, Père et Amant » dans J.-P. ROSA (éd.), *Encyclopédie des Religions*, vol. II, Paris, Bayard, 1997, p. 2281.

[34] A. VERGOTE, « Dieu notre Père », dans *Explorations de l'espace théologique*, p. 190.

[35] A. VERGOTE, *Interprétation du langage religieux*, p. 124.

[36] A. VERGOTE, *Interprétation du langage religieux*, p. 12 et 13, respectivement.

d'adoption[37]. En effet la parole de foi « Je crois en Dieu » énonce ce qu'elle effectue : le rapport intersubjectif et filial avec Dieu, qui fait de l'homme un sujet croyant et un fils de Dieu. « Je crois » est une parole performative, au même titre que la parole instaurant le lien conjugal : « Je m'y implique et je m'y engage pour une relation vécue qui transforme mon existence, de la même manière et plus fondamentalement que l'homme et la femme qui, en s'épousant, instaurent une relation et s'engagent à vivre conformément à cette investiture »[38].

En tant que réponse à la parole de Dieu, elle « fonde l'intersubjectivité entre Dieu et l'homme », une intersubjectivité de paternité-filiation[39], « théologale »[40], fondée dans la personne du Christ et médiatisée par le témoignage et la foi de la communauté ecclésiale[41].

Paul Ricœur a dénoncé « une certaine emphase des théologies de la parole qui ne remarquent que des événements de parole »[42]. Vergote ne tombe pas dans cet excès : il souligne que la *foi s'enracine dans la spontanéité du psychisme*, et qu'à vouloir l'en expurger, « on installe la critique dans sa religion à titre de surmoi féroce et mortifère ». La foi doit consentir aux désirs et à l'imaginaire humains, faute de quoi, elle « n'est plus vie relationnelle et elle s'épuise dans un savoir sur Dieu, barré encore par une négation de toute représentation positive »[43].

---

37 A. VERGOTE, « Psychotherapy after the recognition of the distinctive psychic and divine realities », dans *Psyche en Geloof, Tijdschrift van de Christelijke Vereniging voor Psychiaters, Psychologen en Psychotherapeuten*, 13/2, 2002, p. 72.

38 A. VERGOTE, « Dieu notre Père », dans *Exploration de l'espace théologique…*, p. 191.

39 A. VERGOTE, *Modernité et christianisme. Interrogations critiques réciproques*, p. 187.

40 A. VERGOTE, « L'autre au fondement de l'ego et de l'intersubjectivité », dans *Exploration de l'espace théologique…*, p. 377.

41 A. VERGOTE, « L'infaillibilité entre le désir et le refus de savoir », dans *Exploration de l'espace théologique…*, p. 187.

42 P. RICŒUR, *Lectures 3. Aux frontières de la philosophie*, Paris, Seuil, 1992, p. 291.

43 A. VERGOTE, *Religion, foi, incroyance. Étude psychologique*, Liège,

D. Ce que propose la foi chrétienne échappe au désir, mais le sollicite et l'oriente

Non seulement l'acte de parole de la révélation vient briser la clôture de la raison et s'introduit de l'extérieur dans un monde « entrouvert », mais sa reconnaissance suppose une transformation du désir. L'expérience montre que la conversion à la foi chrétienne fait passer par ce qui parait « affectivement et imaginairement une mort humaine », ayant d'ailleurs une certaine parenté avec l'expérience de renoncement inhérente au processus psychanalytique[44]. « Tout un réseau de représentations, chargées d'affectivité, sur Dieu, sur soi-même et sur le monde, demande un remaniement que nous pouvons comparer au travail d'une thérapie et pour lequel nous aimons reprendre l'expression freudienne de la perlaboration (*Durcharbeitung*) des résistances »[45], remaniement dont la nécessité est d'autant plus grande que la religion est moins « installée », et dans lequel le type d'idéalisation auquel porte la foi est profondément mis en crise. « La religion adulte consomme la rupture entre Dieu et les mouvements psychiques de l'homme »[46].

Cela tient au fait que la révélation est par essence, nous l'avons vu, de l'ordre de l'irruption d'une nouveauté radicale, celle de l'auto-déclaration de Dieu, de son offre d'une relation intersubjective avec l'homme, de la reconnaissance paternelle dans un acte d'adoption :

> « Dieu, en se révélant dans sa nouveauté toute autre, n'est plus simplement dans le prolongement des motivations et des expériences de l'homme en tant qu'être-au-monde. De la sorte Il est au-delà du psychique qui peut porter l'homme vers la religion, tout comme l'est

---

Mardaga, 1983, p. 241.

[44] A. VERGOTE, « L'esprit de la psychanalyse », dans J.-F. REY (éd.), *Spiritualités du temps présent. Fragments d'une analyse, jalons pour une recherche*, Paris et Montréal, L'Harmattan, 1999, p. 121.

[45] A. VERGOTE, *Religion...*, p. 238.

[46] A. VERGOTE, *Psychologie religieuse*, Bruxelles, Dessart, 1966, p. 320.

toujours une parole déclarative par laquelle un sujet en première personne fait irruption dans l'existence d'autrui »[47].

Or la reconnaissance d'autrui suppose un renoncement douloureux à l'origine, à l'objet premier, au mouvement indéfini du désir : « pour le désir originaire le rapport intersubjectif représente une aliénation, une exigence de se décentrer et d'accepter la perte d'un objet non identifié dont il poursuit la possession »[48]. La reconnaissance du Dieu personnel et l'engagement dans la relation intersubjective à laquelle il invite – ce que Vergote appelle « l'intersubjectivité théologale » – ne font pas exception. Cela est attesté de manière particulièrement nette par l'expérience de la conversion ou les épreuves des mystiques, et le dur « travail du négatif » auxquels ils doivent consentir[49]. La foi nécessite un engagement existentiel qui transforme le désir. Elle est « un exode envers le Dieu Tout-Autre »[50]. Elle est en conflit avec le psychisme, car elle suppose un renoncement à l'expérience directe, une acceptation de la dépendance, le dépassement de la peur de l'illusion[51]. Le « désir d'amour religieux » qu'elle suscite et entretient prend sa source, comme tout désir, « dans le désir psychologique qu'a façonné l'attachement premier à la mère ». Mais comme tout désir suppose un détachement de ce premier lien, « le désir religieux exige le renouvellement de ce type de sevrage, l'entrée dans la nuit » ; « sortir vers le Tu divin, c'est s'engager dans la nuit », la nuit du renoncement aux expériences de la sensibilité, aux représentations imaginaires ou conceptuelles, qui participent à l'élan spontané vers Dieu mais lui restent étrangers, la nuit de l'acceptation de la sécheresse et du vide intérieurs, dont la traversée débouche sur l'expérience mystique de la joie très profonde d'aimer

---

47 A. VERGOTE, *Religion...*, p. 192.

48 A. VERGOTE, « De la finalité religieuse en l'homme », dans *Exploration de l'espace théologique...*, p. 297. Voir A. VERGOTE, *Religion...*, p. 193.

49 A. VERGOTE, *Religion...*, p. 193.

50 A. VERGOTE, *Religion...*, p. 196.

51 Voir A. VERGOTE, *Religion...*, p. 237 et p. 212-236.

Dieu et d'être aimé de lui[52]. En ce qu'elle exige ainsi une mort aux attachements premiers et spontanés, la foi prolonge cette loi fondamentale mise au jour par la psychanalyse : pour vivre, il faut mourir à l'attachement à l'objet premier, selon un processus dont le sevrage et le complexe d'Œdipe constituent deux étapes décisives : « on pourrait placer la démarche analytique sous l'adage évangélique : celui qui veut gagner sa vie la perdra, mais celui qui consent à la perdre, la gagnera », écrit Vergote, pour qui cette loi du passage par la mort et la régénération pour vivre constitue un « schème initiatique » universel, mis en œuvre avec une netteté particulière dans les rites initiatiques[53].

Loin d'être dans le simple prolongement du désir, la religion chrétienne suscite le désir de Dieu. Je dirais que *le désir du Dieu de la foi ne peut être réduit à la croyance au Dieu du désir*. Cette thèse fondamentale s'oppose au réductionnisme freudien : « Ce que le christianisme propose au désir est tellement étranger aux désirs humains, que Freud n'a même pas entrevu que c'est la visée même de cette religion : susciter le désir de Dieu. [...] Un peu d'expérience des hommes apprend l'immense écart qu'il y a entre leurs désirs et l'éventuelle et douloureuse transformation de ceux-ci en désir de Dieu »[54].

II. La dynamique de la relation de l'homme à Dieu à la lumière de la psychanalyse

Entre l'humain et Dieu, écrit Vergote, « la rupture transformatrice n'abolit pas les continuités »[55]. J'ai montré comment l'intersubjectivité dialogale et la relation de paternité-filiation, l'une

---

[52] A. VERGOTE, « Psychologie et religion. Dieu, Mère, Père et Amant », p. 2286-2287.

[53] A. VERGOTE, « La mort rédemptrice du Christ à la lumière de l'anthropologie », dans *Exploration de l'espace théologique...*, p. 84.

[54] A. VERGOTE, « Psychanalyse et religion », dans J. FLORENCE, A. VERGOTE, *Psychanalyse, l'homme et ses destins*, Louvain - Paris, Peeters, 1993, p. 585.

[55] A. VERGOTE, *Interprétation du langage religieux*, p. 10. Voir aussi p. 15 et 162.

et l'autre fondées dans un acte de parole, sont au cœur de ce rapport de continuité-rupture. Il convient maintenant d'en explorer la dynamique. Je commencerai par exposer la structure tridimensionnelle de la relation à Dieu prise de manière synchronique, avant d'aborder le déploiement diachronique du processus auquel elle correspond.

A. La structure tridimensionnelle de la relation à Dieu : intériorité, hauteur, relation personnelle

L'établissement de cette structure tridimensionnelle s'appuie sur une recherche menée par Vergote avec la collaboration de membres du Centre de Psychologie de la Religion de Louvain, qu'il a fondé et dont il était alors directeur : une analyse statistique factorielle des réponses à un questionnaire portant sur l'attribution d'un certain nombre de qualificatifs au sacré et à Dieu[56]. Elle montre que l'image de Dieu et la relation à Dieu sont structurées selon trois dimensions. *La première est celle de la profondeur, ou de l'intériorité*, et relève de l'*expérience du sacré* (p. 7, p. 11). Elle est qualifiée par des items tels que « intériorité », « caché », « intimité », « mystère », « le plus profond de moi-même » (p. 11). *La seconde dimension est celle de la hauteur* (p. 13), et relève du *discours sur Dieu* (p. 7, p. 13, p. 21, p. 23), en premier lieu mythique et cultuel (p. 14 et p. 24). Les personnes interrogées lui rapportent des qualificatifs tels que « puissance », « impressionnant », « principe ordonnateur du monde » (p. 13). *La troisième dimension est celle de la relation personnelle à Dieu* (p. 17). Qualifiée également de *dimension de révélation*, car « elle fut instituée en plénitude par Jésus », elle relève « de l'ordre linguistique de *la parole performative* » (p. 21) et dialogale (p. 7). Une nouvelle forme d'intériorité lui correspond,

---

[56] A. VERGOTE, « L'imaginaire et le symbolique dans la représentation de Dieu », *inédit*, Centre de Psychologie de la Religion, Louvain, 1973 (les indications de page dans le corps du texte se réfèrent à cet article). Le texte dans lequel la méthode est exposée le plus en détail est A. VERGOTE, « Équivoques et articulations du sacré », dans *Explorations de l'espace théologique*, p. 229-250.

fondée sur la relation dialogale et qualifiée par elle (p. 24). Elle est caractérisée par des expressions telles que « quelqu'un avec qui on se sait personnellement en relation », et elle s'organise selon les deux composantes du *souci* de Dieu pour l'homme (Dieu « s'intéresse au bonheur et aux malheurs de chaque individu en particulier », « soulage dans la nécessité », etc.) et de son *autorité* (« celui devant qui on se sait responsable ») (p. 17).

Ces trois dimensions ne sont pas exclusives l'une de l'autre, puisqu'au contraire la dimension de la relation dialogale avec Dieu suppose les deux précédentes. Sans elles, l'homme serait enfermé « dans les projections imaginaires de son affectivité » (p. 7). La dimension de l'intériorité ou de la profondeur est d'ailleurs « le facteur commun de toute signification religieuse », qu'elle se rapporte ou non à un Dieu personnel (p. 12). De fait, si l'intériorité propre à la relation dialogale n'est pas « régulièrement alimentée par de nouvelles expériences de profondeur » et par le culte rendu à Dieu, elle risque de se transformer « en un vide intérieur, en un trouble émotionnel imaginaire ou en un rétrécissement oppressant » (p. 24). S'agissant de l'importance de la dimension de hauteur pour le bon déploiement de la dimension de révélation, Vergote précise que « le refus de tout discours objectif sur Dieu, et la réduction du terme Dieu à l'attitude de foi dialogale, conduit nécessairement cette foi en Dieu à se défaire de son pôle de référence externe » ; le nom de Dieu ne désigne alors plus rien d'objectif, mais le contenu subjectif de l'émotion religieuse (p. 3, cf. p. 22).

Ces trois dimensions correspondent aux trois pôles de la personnalité, du « je », du « il » et du « tu » : la dimension de l'expérience du sacré est centrée sur le moi profond, le « je » qui ne se rapporte pas encore à Dieu comme à un « il » ou un « tu » ; le discours sur Dieu, qui caractérise la dimension de la hauteur, le pose comme un « il » dont on parle ; lorsque le « je » se rapporte à ce Dieu dont parle le discours, en lui disant « tu », il se trouve dans la dimension de la relation dialogale (p. 23).

Si l'on rapproche ces résultats du caractère structurant du complexe d'Œdipe, on peut être enclin à rapporter la dimension de la profondeur et de l'intériorité au pôle maternel, et les dimensions de hauteur et de relation personnelle au pôle paternel. La comparaison avec les résultats d'une recherche « sur la signification religieuse symbolique des images paternelle et maternelle » (p. 17), amène en fait à une conclusion plus complexe. Cette recherche montre que des qualités paternelles et des qualités maternelles sont attribuées conjointement à Dieu. L'image maternelle intègre les qualités de la dimension de profondeur, jointes à celles du souci de Dieu pour l'homme, relevant de la troisième dimension. Quant à l'image paternelle, elle regroupe certaines qualités de la dimension de hauteur, et « celles de l'autorité devant qui on se sent responsable », correspondant à la seconde composante de la dimension de relation personnelle, ou dimension de révélation. Enfin, « l'image du père englobe aussi, dans une large mesure, un mode de relations qualifié par le souci » (p. 18). Vergote estime que cette seconde recherche confirme la structure tridimensionnelle de l'image de Dieu.

B. La dynamique conflictuelle d'accès à l'intersubjectivité théologale

Dans l'article présenté à l'instant, Vergote écrit que la structure de l'image de Dieu « correspond au processus religieux », lequel « s'accomplit en un mouvement d'identification objective conduisant de l'expérience intérieure à la relation dialogale »[57]. La réflexion va maintenant se porter sur cette dynamique et sur le rôle clef qu'y jouent la paternité humaine et la paternité de Dieu, selon une relation de continuité-rupture que je continuerai d'approfondir. Pour ce faire, je partirai d'un article dans lequel Vergote établit et relie la polarité des figures maternelle et paternelle à la « dynamique conflictuelle qui est au cœur de la foi chrétienne », dynamique concernant la figure paternelle en tant qu'elle vient transformer

---

[57] A. VERGOTE, « L'imaginaire et le symbolique dans la représentation de Dieu », p. 19.

l'attachement à la figure maternelle et concentre dès lors sur elle le doute ou l'opposition envers le message de la foi chrétienne[58]. L'auteur précise que ces données avaient joué le rôle d'hypothèse dans l'interprétation qu'il avait proposée de l'exposition par Paul, dans Rm 7-8, de « la loi universelle du devenir chrétien »[59]. Il résume une des conclusions principales de son étude exégétique en écrivant : « lorsqu'on est instruit par les recherches psychologiques, anthropologiques et psychanalytiques sur la fonction paternelle, on est impressionné par l'homologie entre la structuration de la personne humaine qu'ont analysée les sciences de l'homme et celle de la personnalité chrétienne telle que Paul la décrit ici puissamment »[60]. Pour saisir la teneur de cette homologie, reportons-nous à ladite étude, où elle est exposée très en détail.

1. « L'homologie entre le devenir chrétien, tracé par saint Paul, et le devenir humain, manifesté par la psychanalyse »[61]

« Apports des données psychanalytiques à l'exégèse. Vie, loi et clivage du Moi dans l'épître aux Romains » est le texte d'une conférence prononcée par Vergote lors d'un congrès biblique tenu en 1969[62]. Voici pour commencer les grandes lignes de Rm 7-8, sur lequel il porte, en soulignant les termes clefs retenus par Vergote. En

---

[58] A. VERGOTE, « Le regard psychologique sur les faits religieux », dans J. JONCHERAY (éd.), *Approches scientifiques des faits religieux*, Paris, Beauchesne, 1997, p. 182.

[59] A. VERGOTE, « Le regard psychologique sur les faits religieux », p. 183. L'étude sur Rm 7 est A. VERGOTE, « Apports des données psychanalytiques à l'exégèse. Vie, loi et clivage du Moi dans l'épître aux Romains », dans X. LÉON-DUFOUR (éd.), *Exégèse et herméneutique*, Paris, Seuil, 1971, p. 109-147 (repris dans *Explorations de l'espace théologique*, p. 95-129).

[60] A. VERGOTE, « Le regard psychologique sur les faits religieux », p. 182.

[61] A. VERGOTE, « Apports des données psychanalytiques à l'exégèse… », dans *Explorations de l'espace théologique*, p. 127.

[62] Article publié dans X. LÉON-DUFOUR (éd.), *Exégèse et herméneutique*, p. 109-147. Repris dans A. VERGOTE, *Explorations de l'espace théologique*, p. 95-129 (les indications de page dans le corps du texte renvoient à cette dernière édition).

Rm 7,5, Paul évoque une situation antérieure à la confrontation à la *Loi* : « quand nous étions dans la *chair*, les passions pécheresses qui se servent de la Loi opéraient en nos membres afin que nous fructifiions pour la *mort* » (cf. v. 9 : « je vivais jadis sans la Loi »). Au verset 7, la Loi de Moïse entre en scène, et Paul passe à la première personne du singulier, alors que les développements précédents étaient au deux premières personnes du pluriel : « *je* n'ai connu *le péché* que par la Loi ». Cette dernière révèle la *convoitise* en l'interdisant (« Tu ne convoiteras pas ! »). La convoitise est attisée par l'interdit (« le péché par le moyen du précepte produisit en moi toute espèce de convoitise », v. 8), ce qui conduit à la *mort* (v. 10) et à l'aliénation exprimée au présent par le fameux : « je ne fais pas ce que *je veux*, mais *je fais* ce que je hais » (v. 15, cf. v. 19). La Loi est reconnue bonne (v. 16, cf. v. 22), mais le péché domine (v. 17, cf. v. 20), et réduit à l'impuissance : « vouloir le bien est à ma portée, mais non pas l'accomplir » (v. 18, cf. v. 24). La libération vient de Dieu par le Christ (v. 25). Une situation entièrement nouvelle succède à la précédente : « il n'y a donc plus maintenant de condamnation pour ceux qui sont dans le Christ Jésus. La loi de *l'Esprit* qui donne la vie dans le Christ Jésus t'a affranchi de la loi du péché et de la mort » (8,1). Notons dès à présent que cette affirmation d'une nouveauté radicale invite à interroger l'interprétation spontanée selon laquelle la première personne du singulier et le temps présent dans les versets 15 à 24 indiqueraient une description de l'expérience actuelle de Paul.

a. Les termes du conflit : je, chair, vouloir, faire, convoitise, péché, loi et mort

La recherche de Vergote met en évidence un conflit à huit termes principaux : cinq termes « proprement anthropologiques » – le *je*, le corps, la chair, le vouloir, et le faire –, la convoitise (dont j'ignore pourquoi il ne la compte pas parmi les termes proprement anthropologiques), le péché, et la loi. Quant à la mort, elle est « un effet du conflit indépassable » (p. 111). Il est remarquable que le *je*, dont il faudra préciser le référent, surgit précisément en réponse à la « parole allocutive » (p. 111), à « l'injonction personnelle » de la loi interdictrice, dont l'auteur est Dieu : « Tu ne convoiteras pas » (p. 119). Tout comme le *je*, le corps (*sôma*) doit être considéré comme un terme personnel, car chez Paul il désigne l'être humain concret (p. 112). Le troisième terme anthropologique est non personnel : la chair, l'être-homme dans sa faiblesse, mais aussi, chez Paul, dans son opposition à l'Esprit de Dieu (p. 113). Anonyme, elle « représente ce qui est d'avant le *je*, ce qui demeure en lui et autour de lui comme une région non personnelle » (p. 121). Elle est le siège de la convoitise, des désirs multiples, qui ne sont jamais mauvais en eux-mêmes : s'ils induisent un mal, c'est dans la mesure même où ils s'opposent à l'exigence limitatrice de la loi (p. 113, p. 116). C'est par l'intermédiaire de la chair que le péché, autre puissance anonyme, domine le *je* (p. 122). À ces termes s'ajoutent le vouloir, qui consent à la loi (p. 111) et le faire, qui ne peut s'effectuer que par la chair (p. 121). C'est entre le vouloir et le faire que s'établit un conflit, à l'intérieur du *je* (« je ne fais pas ce que je veux », v. 15). Ces cinq termes anthropologiques sont en relation avec deux réalités « hétéronomes » : la Loi et le péché. Nous pouvons penser que Vergote les qualifie d'hétéronomes au sens où elles orientent de l'extérieur l'être humain, tout en lui étant irréductible.

L'instance hétéronome de la loi a la particularité d'être personnelle (elle est formulée comme une adresse personnelle à un « tu »), négative (elle interdit), cause d'une division intérieure (c'est à son sujet que le *je* est divisé entre vouloir qui y consent et agir qui s'en détourne), révélatrice du péché, impuissante à conférer la justice qu'elle demande (p. 111-113, p. 116). Dans cet article, Vergote ne précise pas que l'emploi, courant dans le judaïsme, de la formule « Tu ne convoiteras pas » pour exprimer la teneur de la Loi suppose que la convoitise est commune à tout ce qui relève de la transgression des commandements de Dieu ; lesquels sont fondamentalement orientés vers la reconnaissance de l'autre, qu'il s'agisse de l'être humain (cf. Rm 13,10 : l'*agapè* « est la Loi dans sa plénitude ») ou de Dieu.

La deuxième réalité hétéronome est le péché qui, à l'inverse de la loi, a pour caractéristiques d'être anonyme et d'être une puissance. Il « introduit la division dans la chair et envahit sa faiblesse », celle-ci devenant son esclave (p. 113). « Par la médiation de la chair, le péché appartient également au *je* » (p. 122).

Le conflit de Rm 7, fait remarquer Vergote, n'oppose pas la Loi et le vouloir (puisque celui-ci y consent), mais le vouloir et le faire (p. 111, cf. p. 113). La Loi introduit une division dans le *je* (et avec lui dans le *sôma*) : le *je* n'est pas tout entier du côté du vouloir conforme à la Loi, il est aussi du côté du faire, de l'agir qui s'y oppose, et à ce titre il est responsable devant la Loi (p. 112-113). Il est sous la domination de la chair et de ses convoitises, aliénées à la puissance anonyme hétéronome du péché (p. 113). Dans les termes où il est posé, ce conflit est indépassable (p. 126). Ce qui fait défaut, c'est une puissance hétéronome qui pourrait arracher le faire à l'emprise de la chair et de ses convoitises, elles-mêmes aliénées au péché, et le conformer au vouloir bon (p. 113). Cette puissance, comme il a été dit, n'est pas à chercher du côté de la Loi.

b. L'identité du « je »

L'interprétation de ce conflit repose en grande partie sur l'identité du *je* qu'il vient diviser. Vergote refuse l'alternative entre les interprétations purement autobiographiques, selon lesquelles il s'agit seulement de Paul avant ou après sa conversion, et les interprétations purement « théologico-historiques », pour lesquelles Paul fait référence aux étapes de l'histoire du salut, indépendamment de son expérience personnelle. Il fait valoir que l'histoire « inclut le devenir du sujet » (p. 106) et ne peut être réduite à « un déroulement purement objectif » (p. 109, cf. p. 118) ; d'autre part, l'expérience psychologique n'est pas réductible aux états d'âme conscients (p. 106), et consiste en « l'intériorisation subjective des structures signifiantes » qui préexistent à l'expérience et la conditionnent (p. 107). Un autre argument psychologique s'oppose à l'assimilation du discours en *je* au pur recours à un procédé rhétorique : du point de vue psychanalytique, le surgissement inopiné du *je* ne peut être un hasard, « il obéit à des intentions, conscientes ou non, et par là il révèle à l'exégète le mouvement de pensée de l'auteur » (p. 107). Le passage à la première personne du singulier indique que Paul est personnellement concerné. De quelle façon ? Vergote fait remarquer que le *je* survient au moment précis où la Loi entre en scène selon une « structure dialogale » : il « surgit précisément en réponse à la Loi qui émet une sentence en deuxième personne du singulier du mode interdictif : "Tu ne convoiteras pas" » (p. 108). Le *je* désigne donc celui qui, « en réponse à l'injonction de la Loi », assume personnellement le jugement de Dieu : Paul lui-même, mais aussi, d'après le contexte, tout juif. Et la prise en compte du début de l'Épître permet d'inférer qu'il désigne en fin de compte « tout homme religieux qui prend conscience d'avoir à répondre à la Loi de Dieu » (p. 108). Selon cette interprétation, le temps présent apparaissant au v. 15 n'est pas celui du chrétien qui s'éprouve actuellement *simul peccator et justus*, mais celui de la remémoration, de l'interprétation qui met au jour la « structure nécessaire » d'une expérience antérieure : celle « de la conscience du mal et de l'effort pour le dépasser tout en restant sous le régime de la Loi » (p. 109, cf. p. 120). Une telle mise à l'écart de l'interprétation selon laquelle Paul évoquerait une expérience actuelle, que tout chrétien pourrait s'appliquer, s'éloigne de la lecture spontanée. Elle n'est en tout cas pas propre à Vergote, même si sa compréhension du rôle subjectivant de la Loi, inspirée par la psychanalyse, est un des traits originaux de sa contribution[63].

c. La structure de l'homologie

Parmi ceux-ci, il faut certainement attribuer une place de choix à sa façon d'interpréter « le conflit paulinien à la lumière de la psychanalyse » (p. 113). Vergote fait remarquer que le conflit décrit par Paul « présente une homologie saisissante avec les situations de

---

[63] Voir S. LÉGASSE, *L'épître de Paul aux Romains*, Paris, Cerf, 2002, p. 447.

division interne que la psychanalyse nous fait connaître » (p. 114). Il pense en particulier au complexe d'Œdipe, et au rôle subjectivant qu'y exerce la loi de l'interdit de l'inceste : « celle-ci arrache le sujet à l'existence anonyme, prépersonnelle ; mais elle divise aussi le moi par un conflit inévitable », qui ne se résout que dans la réconciliation avec le père, dont ce dernier à l'initiative (p. 115). Le lecteur est implicitement renvoyé aux éléments correspondants du conflit paulinien, évoqués précédemment : la division du moi sous l'effet de la loi, dont l'intervention appelle une réponse personnelle. Vergote parle d'une homologie – « n'est-elle pas évidente » ? demande-t-il – des éléments qui, du point de vue psychanalytique, sont nécessaires au devenir humain, « avec les étapes qui rythment le devenir chrétien, selon le témoignage de Rm 6-7 » (p. 115). En voici les traits saillants.

De même que le *je* religieusement responsable surgit en réponse à la parole interdictrice de Dieu, l'avènement du sujet psychique suppose l'intervention de la loi du père (l'interdit de l'inceste), qui « arrache le sujet à l'existence anonyme, prépersonnelle » (p. 115). Tout comme le sujet croyant est entouré par la chair anonyme et ses convoitises, qui ne sont qualifiées que par la confrontation personnelle et personnalisante avec la Loi, le psychisme est habité par de multiples désirs qui précèdent et entourent l'émergence d'un *je*. Vergote souligne la parenté entre ces « désirs pré-œdipiens » anonymes, « et la chair avec ses désirs » (p. 116). Pour la psychanalyse, c'est à partir des forces pulsionnelles, prépersonnelles, que le *je* se constitue, et c'est progressivement, « au cours d'une histoire s'accomplissant sous la mouvance des données culturelles », que les réalités psychiques sont quelque peu personnalisées. De manière similaire, le *je* paulinien « peut en quelque mesure modifier son rapport à la chair » prépersonnelle. Il y a là « une parenté avec le principe freudien : *wo Es war soll Ich werden*, où ça était *je* dois devenir » (p. 121).

Le *je* paulinien est divisé entre le vouloir conforme à la Loi, et le faire qui s'y oppose. Du point de vue psychanalytique également, la loi « intervient comme une injonction négative » semblable au « Tu ne convoiteras pas » ; elle est facteur de conflit et de division interne : en interdisant le désir de la mère, « désir illimité qui est le répondant de la convoitise de la chair », elle instaure une séparation entre « un état antérieur anonyme » et « une histoire personnelle et culturelle en train d'émerger » (p. 115). Ces deux étapes ne se succèdent pas harmonieusement : elles coexistent dans un conflit entre les désirs qui portent l'enfant vers la mère et l'accrochent à elle, et « la fidélité à la loi du père » (p. 117), qu'il est « prêt à reconnaître, puisqu'avec le père il maintient un lien de tendresse » (p. 115).

De même que les désirs de la chair ne sont ni bons ni mauvais, mais ne sont qualifiés que rétrospectivement par l'intervention de la Loi, de même les pulsions et les désirs primaires, parce qu'ils précèdent la confrontation à la loi œdipienne, « ne peuvent d'aucune manière être identifiés au mal » (p. 115). En eux-mêmes ils sont moralement neutres, et c'est seulement dans la mesure où ils contreviennent à l'exigence de la loi qu'ils peuvent devenir source d'un mal (p. 116). S'agissant de la puissance du péché, « quasi mythisé » par Paul, un certain rapprochement est également possible avec la psychanalyse. Le péché est à la fois de l'ordre de la force, et de ce qui « rend compte de l'agir du *je* ». C'est « une réalité intermédiaire entre la nature (la force et le quantifiable) et le personnel (ce dont nous pouvons prendre conscience) ». En cela, le discours paulinien sur le péché comme puissance est dans une certaine parenté avec le discours psychanalytique sur les pulsions. Non pas au sens où celles-ci seraient mauvaises, nous venons de le voir, mais au sens où, comme le péché en Rm 7, elles sont à la fois de l'ordre de la force et de ce qui produit des significations dans le sujet (p. 122).

S'agissant du texte paulinien, il n'y a pas à « faire appel à la psychologie de l'inconscient, ni à celle du surmoi », et Vergote précise utilement que l'homologie qu'il met en évidence n'établit pas de correspondance entre le rapport Loi – désirs et le rapport surmoi – ça. Du point de vue psychanalytique en effet, le surmoi résulte de l'intervention de la loi et de son intériorisation. S'il fallait trouver un correspondant au conflit obsessionnel entre le surmoi et le ça, il ne faudrait pas le chercher dans ce que décrit Rm 7, mais dans le légalisme religieux « sédimenté et organisé » (p. 116). Tout comme le conflit paulinien, le conflit œdipien « est insoluble aussi longtemps que le sujet demeure sous le régime de la Loi » (p. 115) ; en effet, la confrontation à la loi est en elle-même insuffisante pour conduire à une transformation des désirs avec lesquels elle entre en opposition. Dans les deux cas, il faudra qu'intervienne un élément nouveau pour que le conflit soit résolu.

d. La résolution du conflit

L'homologie concerne aussi cette résolution. Comme il a été dit, le conflit paulinien comporte une impuissance à ajuster le faire au vouloir, en raison de la domination de la puissance anonyme du péché, via la chair impersonnelle. La puissance hétéronome capable d'arracher le faire à l'emprise de la chair et de ses convoitises et de le conformer au vouloir bon n'est autre que l'Esprit de Dieu lui même : « la loi de l'Esprit (ou même : "La loi qu'est l'Esprit ") qui donne la vie dans le Christ Jésus t'a affranchi de la loi du péché et de la mort » (Rm 8,2, cf. 8,4). Vergote commente : « alors que le péché est une puissance anonyme, l'Esprit est la puissance personnelle de Dieu. Comme telle elle libère le *je* de la force qui le tenait captif ». Cette situation entièrement nouvelle ne consiste pas en une abrogation de la Loi, mais en une modification de la relation à son auteur : « la puissance de l'Esprit donne à l'homme de s'adresser à Dieu autrement qu'à l'auteur de la Loi. [...] Par l'Esprit en lui, il voit Dieu, non plus comme auteur de la Loi, mais comme Père » (p. 126). Vergote pense évidemment ici à l'un des versets-clefs de Rm 8 : « vous avez reçu un esprit de fils adoptifs qui nous fait nous écrier : Abba ! Père ! » (v. 15). La résolution du conflit est donc fondamentalement l'entrée dans la *relation* filiale suscitée par la réconciliation et l'adoption dont Dieu prend gratuitement l'initiative. Vergote peut à nouveau souligner « l'homologie entre le devenir chrétien, tracé par saint Paul, et le devenir humain, manifesté par la psychanalyse ». De fait, le complexe d'Œdipe débouche lui aussi sur une transformation des relations, et se résout « par l'initiative paternelle d'une réconciliation », le père se manifestant « comme celui qui adopte librement l'enfant », et permettant le dépassement de « la crainte d'une Loi qui demeure négative » (p. 127, cf. p. 115 et p. 117). Un dernier aspect de l'homologie est « La similitude dans la dialectique de vie et de mort » (p. 125) : des deux côtés, le sujet passe successivement d'une vie non encore confrontée à la loi et non encore qualifiée par elle, à une vie sous la loi et en opposition avec elle – vie qui est en réalité mortifère –, et enfin à une vie personnelle et consciente qui est de l'ordre de la filiation, de la réconciliation avec le père (p. 125). Et cela moyennant l'acceptation d'une mort symbolique (d'un côté le baptême, qui unit à la mort du Christ, de l'autre la castration symbolique) qui révèle rétrospectivement la qualité mortifère de la vie en opposition à la loi.

Écarter l'interprétation selon laquelle le conflit décrit par Paul en Rm 7 est inhérent à la foi chrétienne, et parler de résolution du conflit, ce n'est pas pour autant nier l'existence d'un conflit intérieur à cette foi. Mais c'est en Ga 5 qu'est décrit ce dernier, et non en Rm 7 : « la chair convoite contre l'esprit et l'esprit contre la chair ; il y a entre eux antagonisme, si bien que vous ne faites pas ce que vous voudriez » (Ga 5,17). Il n'y a pas de « libération *magique* de la puissance du Péché » ; mais par le don de l'Esprit (Rm 8) « une issue nous est offerte » : l'entrée dans la relation filiale avec Dieu, à qui nous pouvons adresser l'invocation du Christ lui-même : « Abba ! Père » (Rm 8,15), et la possibilité d'une libération de la convoitise[64]. La « structure (psychologique et théologique) fondamentale » décrite par Rm 7 est constitutive de l'homme, et c'est pourquoi elle demeure chez le croyant chrétien, alors même que le conflit qui lui est propre est dépassé. On retrouve ici le même rapport entre dépassement du conflit et permanence de la structure conflictuelle qui le sous-tend qu'en ce qui concerne la réactivation

[64] A. VERGOTE, « Apports des données psychanalytiques à l'exégèse... », p. 158-159.

du conflit œdipien à l'adolescence : « On pourrait appliquer analogiquement [...] à l'existence chrétienne » la loi selon laquelle l'adolescence est un moment de reprise du processus œdipien, qui « doit être réassumé pour que s'effectue le passage à l'âge adulte »[65].

Dans son ouvrage consacré à la sublimation, Vergote, renvoyant à son étude sur Rm 7-8, écrira plus tard que le cheminement personnel de Paul peut être identifié « comme une progressive sublimation », une traversée de conflits qui conduit à « un lien libidinal que, dans la perspective de la sublimation, on doit caractériser par les mots de Freud : supérieur et spiritualisé »[66]. Nous verrons comment cette affirmation concerne, au-delà du cas particulier de Paul, tout itinéraire de foi dans le Dieu de Jésus-Christ.

2. « L'homologie structurale entre le complexe d'Œdipe et la foi chrétienne », au-delà du cas particulier de Rm 7-8

a. Une similitude structurale entre la dynamique d'émergence du sujet humain et celle du sujet croyant

L'homologie dégagée par Vergote a, comme je l'ai montré, une portée plus large que le cas particulier de Paul. Elle concerne chaque personne prenant conscience d'être appelée à répondre à la Loi de Dieu. Elle consiste en une « similitude de structure »[67] portant sur le « champ de forces » à l'intérieur duquel le sujet advient : « au plan de la psychologie, ce sont les pulsions, la Loi, le Père ; chez saint Paul, c'est la “chair” avec ses convoitises, la Loi, le Dieu-Père auteur de la Loi »[68]. Il n'est pas question de faire ici de la psychanalyse appliquée, ou *a fortiori* de « dresser des tableaux de

---

[65] A. VERGOTE, « Apports des données psychanalytiques à l'exégèse... », p. 159.

[66] A. VERGOTE, La psychanalyse à l'épreuve de la sublimation (coll. Passages), Paris, Cerf, 1997, p. 214-215.

[67] A. VERGOTE, « Apports des données psychanalytiques à l'exégèse... », p. 114.

[68] A. VERGOTE, « Apports des données psychanalytiques à l'exégèse... », p. 151.

correspondances entre des concepts », selon un « concordisme apologétique » qui utiliserait les concepts analytiques pour les imposer au texte paulinien, pour y lire des processus spécifiquement psychanalytiques tels que le refoulement ou le déplacement[69].

Précisons que si le texte de Paul entend avoir une portée universelle, il reste déterminé par son point de vue singulier, et ne peut recouvrir indistinctement toutes les modalités de la dynamique d'avènement du sujet croyant et toutes les façons d'en rendre compte. Mais au-delà du cas paradigmatique de ce texte et des détails de l'homologie dégagée par Vergote, l'existence d'une *similitude structurale entre la dynamique de l'existence chrétienne et celle de la vie psychique, structurée autour de la relation au père*, se voit régulièrement affirmée[70].

b. Une homologie incluant une diversité de réalisations, tout comme le complexe d'Œdipe

Parenté, similitude, analogie, homologie : derrière la diversité des termes employés par Vergote, et au-delà des variantes dans la formulation ou les insistances et au-delà de la singularité du cas de Rm 7-8, on repère une même idée maîtresse. Étant entendu qu'elle s'effectue selon la diversité rappelée à l'instant, on peut parler de « l'homologie » soulignée par Vergote, comprise comme *la similitude* structurale *entre la dynamique d'émergence du sujet humain à travers le processus du conflit œdipien et de sa résolution, d'une part, et la dynamique d'émergence du sujet croyant à travers le processus du conflit suscité par la Loi de Dieu et de sa résolution dans l'adoption filiale, d'autre part*. D'après moi, « Loi de Dieu » n'est pas à prendre ici au sens de Loi mosaïque, comme en Rm 7-8, mais au sens large de commandement de l'amour de Dieu et de tout homme, qui en est l'accomplissement (cf. Rm 13,10). La similitude

---

[69] A. VERGOTE, « Apports des données psychanalytiques à l'exégèse... », p. 103.

[70] Voir J.-B. LECUIT, *L'anthropologie théologique à la lumière de la psychanalyse*, p. 565 et s.

ne porte pas sur les termes de chaque structure dynamique : père œdipien et Dieu Père, loi de l'interdit de l'inceste et Loi de Dieu, désir incestueux et péché, etc. Elle concerne les structures dynamiques, autrement dit la complexité interne des *rapports* entre les éléments de chacune d'entre elle prise séparément, ainsi que l'*évolution* de ces rapports, selon la variété des situations individuelles et culturelles. C'est pourquoi Vergote peut affirmer, à propos du cas particulier de Rm 7-8, que « l'homologie exclut la réduction », qui consisterait à dire que Paul « *ne parle pas d'autre chose* que d'un problème humain très général »[71].

Si l'on s'en tient au sens premier des termes, il vaudrait mieux parler d'une analogie entre les structures – puisque l'analogie est une identité de rapports –, et d'une homologie (et non d'une identité) entre les termes correspondants des deux structures : le père œdipien et le père divin, l'interdit de l'inceste et la Loi de Dieu, etc. Pourtant certains textes, et singulièrement l'article sur Rm 7-8, dans lequel la mise en évidence d'une similitude structurale est la plus approfondie, manifestent une préférence pour le vocabulaire de l'homologie. Cela s'explique sans doute par le souci d'éviter la confusion entre la similitude structurale mise en évidence et l'analogie au sens théologique de mode d'attribution distinct de l'univocité et de l'équivocité. D'autre part, le vocabulaire de l'homologie peut suggérer qu'il ne s'agit pas d'une ressemblance purement formelle entre deux structures séparées, mais que les termes correspondants – homologues, précisément – sont dans une relation d'enracinement et de continuité-rupture.

c. Une homologie tenant aux « lois de structure » de l'être humain créé par Dieu

Vergote ne s'est pas beaucoup étendu sur les causes de l'homologie soulignée par lui. Les quelques indications qu'il fournit

---

71 A. VERGOTE, « Apports des données psychanalytiques à l'exégèse... », p. 151.

sont néanmoins claires. Dès 1966 il affirmait que la correspondance structurale entre le rapport enfant-père et le rapport homme-Dieu n'était pas fortuite, et il laissait entendre que le premier était une condition de possibilité du second : « en même temps qu'il s'humanise dans ses rapports familiaux, l'homme devient capable d'accéder à la vraie dimension religieuse »[72]. La correspondance structurale entre le développement du Je chrétien selon Paul et celui du Je psychique tenait aux lois régissant la structure complexe de l'être humain et son évolution : « rien ne m'advient, en tant que personne religieuse (chrétienne, ici), qu'en suivant certaines lois d'évolution que l'on retrouve partout dans le développement de la personne »[73]. Comprenons : du point de vue théologique, l'homologie tient à la cohérence même de l'économie de la création, de la révélation et de la divinisation. Créé à l'image de Dieu comme être de parole pour lequel le rapport de paternité-filiation joue un rôle structurant fondamental, l'être humain peut accueillir la parole de Dieu et l'adoption filiale qu'il lui offre gratuitement, et l'entrée progressive dans cette relation s'effectue nécessairement selon sa structuration fondamentale, telle qu'elle découle de la création par Dieu : « Pourquoi y a-t-il cette similitude, cette homologie ? Un théologien peut dire : en vertu des lois même de la nature humaine, telles qu'elles résultent de l'intention du Créateur ! Quand Dieu *parle* à l'homme, il lui faut bien inscrire sa Parole dans un discours humain » ; et le devenir de l'être humain découvrant la présence personnelle de Dieu « passe nécessairement par des lois de structure qui sont inscrites dans sa nature »[74].

---

[72] A. VERGOTE, *Psychologie religieuse*, p. 211.

[73] A. VERGOTE, « Apports des données psychanalytiques à l'exégèse... », p. 151.

[74] A. VERGOTE, « Apports des données psychanalytiques à l'exégèse... », p. 151 et 152 respectivement. Le lien entre analogie et création de l'homme à l'image de Dieu sera affirmé explicitement par Vergote dans un texte nettement plus récent : A. VERGOTE, « At the crossroads of the personal word / Al crocevia della parola personale », dans M. ALETTI et F. DE NARDI (éd.), *Psicoanalisi e religione. Nuove prospettive clinico-ermeneutiche*, Torino, Centro Scientifico Editore, 2002, p. 22.

Réciproquement, la connaissance des « lois de structure » de l'être humain permet d'affiner la compréhension du processus à l'œuvre dans la relation à Dieu. « Ce que Saint Paul décrit comme une loi de formation pour l'existence chrétienne, écrit Vergote, je puis donc, à la lumière de la psychanalyse, en comprendre mieux l'articulation interne »[75]. Ainsi, à propos du désir et de l'amour, dimension essentielle de la relation à Dieu, il écrira quelques années plus tard qu'« entre désir et amour religieux et, d'autre part, désir et amour humain, il n'y a pas que simple analogie ; c'est l'effectuation expressive du désir humain qui se transfère et s'amplifie dans le rapport à Dieu »[76]. Cette thématique du transfert concerne également le pôle paternel de l'homologie. Comment comprendre ce que Vergote appelle « la transposition sur Dieu du symbole paternel » ? Deux processus sont associés : *la métaphorisation et le transfert.* La métaphorisation, rappelle l'auteur, est le processus linguistique de « création d'un sens nouveau par l'interaction entre deux chaînes de langage »[77]. Dans le cas particulier de Dieu Père, l'interaction met en jeu le référent Dieu et les figures parentales : les croyants effectuent en eux-mêmes cette métaphorisation déjà réalisée culturellement au cours de l'histoire, en transférant sur Dieu les qualités caractéristiques des parents, « *dans la mesure où l'idée de Dieu les appelle* »[78]. Ces qualités sont relationnelles, et à ce titre elles appellent un autre type de transposition, non plus linguistique, mais psychique : le transfert, dans lequel sont reportés sur quelqu'un d'autre des affects et désirs ayant été éprouvés à l'égard des objets d'amour infantiles. Les modalités relationnelles « qui constituent les vecteurs dynamiques du psychisme tel qu'il s'est formé en rapport avec les figures prototypiques » (les figures parentales) sont reportées sur Dieu, tel que le message religieux médiatise sa

---

[75] A. VERGOTE, « Apports des données psychanalytiques à l'exégèse… », p. 151-152.

[76] A. VERGOTE, *Dette et désir*, p. 179.

[77] A. VERGOTE, *Religion...*, p. 207 (Vergote renvoie notamment à P. RICŒUR, *La métaphore vive*, Paris, Seuil, 1975, p. 129 et s.)

[78] A. VERGOTE, *Religion...*, p. 207 (nous soulignons).

présence, et tel que Jésus-Christ donne à reconnaître sa paternité[79]. Transfert et métaphorisation se répondent ainsi mutuellement, et sont indissociables : « C'est *pour autant que Dieu représente l'accomplissement des figures parentales* que le transfert agit, mais c'est aussi la métaphore religieuse qui ouvre la référence pour que le transfert s'effectue »[80].

C'est précisément *en raison de sa structuration par la référence à Dieu advenant de l'extérieur* par la médiation du message religieux et singulièrement du Christ, qu'on ne peut parler de simple projection, selon laquelle le Dieu Père ne serait rien d'autre que le père œdipien expulsé du psychisme. « Si l'autre personne n'est pas d'abord reconnue dans son identité, la relation dialogale demeure emprisonnée dans un lien transférentiel à travers lequel l'homme projette en Dieu toutes sortes de représentations tirées de ses propres désirs et des ses angoisses »[81]. Il faut plus que jamais prendre en compte la longue et difficile transformation du désir que requiert, comme il a été dit, la conversion au Dieu de Jésus-Christ, les renoncements qu'implique la reconnaissance du Dieu personnel et l'engagement dans l'intersubjectivité théologale, le dur « travail du négatif » auquel le croyant doit consentir[82].

Le transfert mobilise non seulement la relation à la figure paternelle, mais la relation à la figure maternelle : « Recevoir la vie par l'attachement à celui qui assure un amour inconditionnel, tel est le désir qui, depuis l'attachement maternel, se transfère sur Dieu » ; quant à l'attente à l'égard du père qui est transférée sur Dieu, c'est essentiellement celle qui vise la reconnaissance inconditionnelle de soi comme sujet d'une existence personnelle : « se trouver définitivement et sans mesure confirmé dans son existence et reconnu dans sa personnalité singulière, dans ses entreprises et dans

---

[79] A. VERGOTE, *Religion...*, p. 207.

[80] A. VERGOTE, *Religion...*, p. 208 (nous soulignons).

[81] A. VERGOTE, « L'imaginaire et le symbolique dans la représentation de Dieu », p. 21. Voir aussi A. VERGOTE, *Psychologie religieuse*, p. 212.

[82] A. VERGOTE, *Religion...*, p. 193.

son effort de vérité, telle est l'attente adressée au père que le croyant transfère sur Dieu »[83].

À cette thématique du transfert doit être combinée celle de l'enracinement, ou de l'ancrage : la religion chrétienne est « profondément ancrée dans le psychisme tel qu'il est formé par le lien affectif primordial, celui de l'enfant à la mère »[84] ; de même, le nom d'un « père » divin peut s'ancrer dans le nom du père au sens psychanalytique[85] ; et plus généralement les idées communes à la psychanalyse et à la théologie, comme le désir, la figure paternelle, ou la loi, « s'ancrent dans des expériences originaires appartenant à tout homme »[86]. Il est essentiel de préciser ici que si « indubitablement, la figure paternelle médiatise la relation à Dieu », il ne s'agit pas d'abord et seulement du père réel, mais de la figure du père telle qu'elle a été tracée en chacun par le complexe d'Œdipe[87].

---

83 A. VERGOTE, *Religion...*, p. 208. Voir aussi p. 20.

84 A. VERGOTE, « Psychologie et religion. Dieu, Mère, Père et Amant », p. 2278. Voir A. VERGOTE, *Dette et désir*, p. 173.

85 A. VERGOTE, « Psychanalyse et religion », p. 324.

86 A. VERGOTE, « Psychanalyse et religion », p. 319.

87 A. VERGOTE « Psychologie et religion. Dieu, Mère, Père et Amant », p. 2278. Voir *Psychologie religieuse*, p. 199.

d. Une universalité liée à celle du complexe d'Œdipe

Ici se pose à nouveau la question de la portée universelle ou simplement particulière de l'homologie établie par Vergote, en dépendance directe de la question de l'universalité du complexe d'Œdipe. Au sujet de cette dernière, beaucoup estiment que la variabilité interculturelle de l'ordre familial n'était pas de nature à remettre en cause l'universalité de ce qui fait le cœur de la problématique œdipienne : l'interdit de l'inceste, en tant qu'il est représenté par un tiers appelant au dépassement de la relation duelle enfant-mère. Il n'en reste pas moins, écrit Vergote, que dans une société qui ne serait pas structurée à partir de la famille, « on trouverait un autre type d'homme, et ce que Freud a écrit entrerait en jeu tout autrement » ; « sous ce jour, [...] on ne peut pas parler d'un *homme universel* », ou d'une « *nature humaine générale* ». De même, ce qu'écrit Paul en Rm 7-8 ne vaut que dans le cas particulier d'une religion monothéiste dans laquelle le Dieu-Père s'adresse au croyant et lui donne sa Loi[88]. Longtemps après, Vergote est revenu sur cette question, en précisant que très vraisemblablement, chaque modalité particulière du processus œdipien joue un rôle organisateur dans la structuration de la relation à la divinité, selon les différentes religions[89].

3. La validité de l'homologie : ni dualisme, ni réductionnisme, ni concordisme

Vergote qualifie l'homologie de saisissante, évidente, frappante. L'une ou l'autre fois, il en vient à formuler explicitement l'idée que cette correspondance peut être portée au crédit de la foi chrétienne. Ainsi écrit-il, à la suite du texte-clef présenté plus haut, que l'« analogie structurale entre la foi chrétienne et l'ordre humain », si

---

[88] A. VERGOTE, « Apports des données psychanalytiques à l'exégèse... », p. 162.

[89] Voir A. VERGOTE, « Le regard psychologique sur les faits religieux », p. 182.

« frappante », peut « inciter l'analyste à réfléchir [*ponder*] à la vérité de la religion chrétienne », et que le croyant peut y voir « une confirmation de sa foi »[90].

Le caractère satisfaisant pour l'esprit de l'homologie proposée par Vergote n'a pas manqué de susciter la critique. C'est ainsi que le jésuite psychanalyste Louis Beirnaert, visant explicitement l'article de Vergote sur Rm 7-8, dénonce « l'illusion spéculative et spéculaire » sous-tendant la problématique de l'homologie, laquelle supposerait une déformation des discours de la psychanalyse et de la foi, leur confrontation et leur conciliation. Il y aurait là une méconnaissance du fait que la psychanalyse ne peut être opposée à rien, dans la mesure où elle porte sur l'inconscient, en tant qu'il « supporte les discours à leur insu même »[91]. En se laissant prendre au piège d'une correspondance spéculaire entre les discours de la foi et de la psychanalyse, on méconnaîtrait la scission du sujet de l'inconscient et du sujet de la foi.

Une telle critique se tient très à distance du texte qu'elle vise, ne le citant qu'une fois et le résumant en quelques lignes. On ne s'étonnera donc pas trop qu'elle taise la place centrale qu'y occupent la division du sujet et l'opposition soigneuse entre homologie structurale et identification des termes homologues. Plus significativement, elle méconnaît totalement une idée-force contredisant l'accusation d'illusion spéculaire, ce qui souligne par contraste la difficulté et l'importance de la prise en compte de cette idée. Je pense au fait que l'homologie ne consiste pas à identifier ou même simplement à rapprocher deux à deux des termes apparentés, mais à analyser le rapport entre deux structures dynamiques *intrinsèquement conflictuelles*, et dans lesquelles l'élément déterminant n'est pas une simple image ou représentation du père, mais ce qui est donné comme un *acte de paternité* comportant inséparablement la donation de la Loi et l'adoption filiale. Or c'est précisément dans la confrontation à cet acte de parole que se jouent

---

90 A. VERGOTE, « At the crossroads of the personal word », p. 22.

91 L. BEIRNAERT, « Psychanalyse et vie de foi », dans *Aux frontières de l'acte analytique*, Paris, Seuil, 1987, p. 137 et 138, respectivement.

le conflit et sa résolution. Il ne s'agit pas là d'idées séduisantes, de belles représentations ou d'illusoire harmonie, mais d'un acte procédant de l'initiative d'un autre et sollicitant une réponse personnelle qui, comme l'atteste l'expérience de la persévérance dans l'engagement de foi, n'est pas dans le droit fil des attentes spontanées.

En définitive, *la négation de toute homologie*, ou sa non prise en compte, *relèverait d'un dualisme mettant la relation à Dieu à l'abri de tout enracinement dans le pulsionnel et dans la problématique œdipienne.* L'homologie, telle que Vergote la pense, évite le piège du dualisme, déjà amplement dénoncé au sujet d'*éros* et *agapè* et à propos de l'origine de la religion ; elle évite également, comme je l'ai montré, le piège symétrique du concordisme, et a fortiori du réductionnisme.

4. La loi du père et l'acte de paternité, au cœur de la relation de continuité - rupture entre la foi et l'existence

Dans sa conception de l'homologie, Vergote articule continuité et rupture, enracinement et dépassement. La correspondance entre la foi et l'existence n'est pas immédiate, mais « brisée »[92]. Si l'on ne tient pas cette articulation entre continuité et rupture, telle que la pensée de l'homologie la met en œuvre, on tombe dans l'un ou l'autre de ces deux écueils : honorer l'exigence d'insertion de la foi dans l'être humain concret au point d'en faire un pur prolongement, voire un pur produit du désir humain, ou bien, par peur de cette conclusion, ne pas reconnaître ladite insertion. En d'autres termes, il s'agit d'éviter les pièges classiques de l'immanentisme et de l'extrinsécisme dans la conception des rapports entre la grâce de Dieu et l'être humain. En ce qui concerne la dimension psychique de l'être humain, l'articulation entre la théologie chrétienne et l'anthropologie se jouera autour de « la position centrale et dynamique que l'anthropologie freudienne accorde au symbole

[92] A. VERGOTE, *Interprétation du langage religieux*, p. 15.

paternel » (laquelle sera par ailleurs réinterprétée et complétée par Vergote). « L'anthropologie chrétienne », selon l'affirmation citée en commençant cette réflexion, doit tout à la fois « dégager dans l'existence humaine les traces et les structures du projet divin », et « mettre en évidence la rupture et la nouveauté de l'événement historique qui a lieu entre l'homme et son Dieu »[93]. Ce dernier point est décisif. *La réalité où se jouent la continuité et la rupture est précisément une réalité intrinsèquement conflictuelle qui, je l'ai montré, dialectise en elle-même la continuité et la rupture* : l'intersubjectivité dialogale fondée sur l'acte de parole du don de la Loi et de l'adoption filiale, moyennant la traversée du conflit suscité par la Loi paternelle. Nous retrouvons les deux dimensions de la foi négligées par Freud et tant d'autres : l'intersubjectivité théologale, fondée sur l'acte de parole performative de la révélation, et le caractère dynamique de la vie de foi, exigeant une profonde transformation intérieure. Ce cœur de la foi chrétienne est ignoré et n'est donc pas atteint par la critique freudienne de la religion. Cela dit, l'absence de preuve d'une origine purement humaine de la foi chrétienne n'est pas la preuve de son absence. Pas plus que Vergote, je n'entends faire de l'irréductibilité des événements du Christ et de la foi en lui aux processus reconstitués par Freud dans son approche de la religion, la garantie de leur origine divine. Symétriquement, le fait que l'homologie mise en évidence par Vergote implique un enracinement de la relation à Dieu dans la problématique œdipienne et un transfert sur Dieu des figures parentales, certes régulé par les exigences propres de la révélation, n'implique aucun réductionnisme. Au contraire, la théorie de la production de l'idée de Dieu par les désirs humains est contredite par le fait que leur transformation « en désirs orientés religieusement se fait à travers une réelle épreuve, épreuve homologue à celle que représente le complexe d'œdipe et la castration symbolique pour les désirs imaginaires du narcissisme »[94]. Mais une telle approche s'oppose à

---

[93] A. VERGOTE, « Interprétations psychologiques du phénomène religieux dans l'athéisme contemporain », p. 497.

[94] A. VERGOTE, « Psychanalyse et religion », p. 320.

tout dualisme de la vie spirituelle et de la vie psychique, et exige la prise en compte de ses implications.

CONCLUSION

L'actualité de ces réflexions ne découle pas seulement de l'indépassable prégnance du psychique et singulièrement de la problématique œdipienne en chacun. Elle tient aussi à sa contribution au dialogue entre foi et culture contemporaine, à sa mise en valeur du rôle structurant de la loi et de la paternité dans un contexte où ce rôle est en crise, et, dans le contexte interreligieux, à son apport à la pensée de la spécificité et de l'essentiel de la foi biblique. Enfin et surtout, elle contribue à rendre compte des dimensions à la fois profondément humaine et transcendante de la foi chrétienne, alors que ces deux dimensions sont peut-être plus contestées que jamais. Et ce, d'une façon qui constitue un modèle d'articulation entre psychanalyse et théologie, sans réductionnisme ni dualisme, sans psychologisme ni spiritualisme.

La prise en compte de la psychanalyse a conduit Vergote à souligner sans cesse les dimensions essentielles de la relation à Dieu que la théologie métaphysique ne prenait pas suffisamment en compte : la filiation adoptive, le rôle structurant de la loi paternelle et la conflictualité qu'elle implique, l'intersubjectivité dialogale, la révélation comme acte de parole.

Il est bon d'attirer pour finir l'attention sur le risque inhérent au décalage entre discours et expérience. En théologie comme en psychanalyse, l'expérience subjective, bien loin de constituer l'élément perturbateur qu'il faudrait méthodiquement tenir à l'écart de la recherche de vérité, en est en quelque sorte le lieu natif et la condition permanente. Pas de psychanalyste sans analyse personnelle, toujours en chantier ; pas de théologien sans implication croyante, toujours en chemin. Je pense que le parcours et l'œuvre de Vergote illustrent de manière exemplaire la possibilité d'une intelligence de la foi éclairée et éprouvée par l'expérience et la théorie analytiques. Mais ce que j'ai dit à propos du décalage entre discours et expérience invite à attirer l'attention sur le risque d'une réassurance superficielle, faisant l'économie d'une exposition persévérante à la lumière de la psychanalyse. Il est des portes qui, une fois ouvertes, ne peuvent être refermées. De façon complémentaire, la profonde satisfaction que peut procurer la lecture d'une œuvre comme celle de Vergote risque d'atténuer subrepticement l'essentiel : non pas le *discours* sur le dépassement du conflit dans la relation filiale à Dieu, sur l'intersubjectivité théologale, sur son accomplissement dans l'amour-*agapè*, mais leur effectivité. Il s'agit, dit Vergote, de « plonger d'un bond dans la relation dialogale de l'interpellation »[95].

---

95 A. VERGOTE, « Verticalité et horizontalité dans le langage symbolique sur Dieu », dans *Explorations de l'espace théologique...*, p. 525.

Les théologiens et la métaphysique
Repères historiographiques

Vincent HOLZER

I. LA THÈSE DE L'IDENTITÉ DE LA MÉTAPHYSIQUE ET DE LA THÉOLOGIE

La thèse de l'identité entre métaphysique et théologie a eu son heure de gloire. Elle a trouvé son moment d'accomplissement lorsque la thèse de l'univocité de l'être fût affirmée comme fondement commun d'une science de l'Étant suprême et de l'étant fini : « Dieu ne peut être compris sans la connaissance préalable des raisons communes de l'être »[1]. Cette affirmation célèbre de Suarez fut promise à une postérité spéculative qui illustre à elle seule les développements tardifs de la néoscolastique et son triomphe durable. En effet, c'est presqu'un lieu commun que de le rappeler, c'est sur le concept d'être que s'édifie l'alliance entre ontologie et théologie. Sans l'ontologie, la théologie ne pourrait être un savoir, et sans la théologie l'ontologie se verrait privée de son fondement ultime : « [...] L'expression être en tant qu'être reste vide et désespérément générique, tant que lui manque le concept suprême qui en couronne l'effort et en révèle l'authentique portée »[2]. Th.W. Adorno a parfaitement rendu compte de cette alliance :

> « Le point central d'une métaphysique est probablement toujours à chercher là où elle passe dans la théologie. Chez Aristote, cela a lieu très précisément à propos de cet immobile qui est en même temps médiatisé par le mouvement du fait qu'il attire à lui tout ce

---

[1] F. SUAREZ, *Disputationes metaphysicae*, I, 5, 15.

[2] S. BRETON, *De Rome à Paris : itinéraire philosophique*, Paris, Desclée de Brouwer, 1992, p. 61.

qui simplement existe. Le mouvement est, d'une certaine manière, également présent dans le simple étant puisque, en tant que potentialité, ce dernier a la possibilité de se mouvoir vers l'être le plus parfait et le plus haut. L'idée d'*analogia entis*, d'une analogie entre le créateur et la créature, est déjà approchée, si vous voulez, dans cette théorie d'Aristote »[3].

Il semble donc possible de définir la métaphysique dans les limites de son usage théologique. Une telle entreprise relève d'une démarche historiographique complexe, dont l'exhaustivité ne peut être atteinte qu'au prix d'explorations longues et minutieuses dans des corpus divers, à des époques différentes. Une histoire de la métaphysique se mue nécessairement en une histoire des métaphysiques. On peut partir de l'hypothèse selon laquelle théologie et métaphysique sont cependant deux sciences distinctes[4], en dépit d'une croyance tenace selon laquelle la métaphysique, comme le rappelle Adorno à ses auditeurs, « est malgré tout fréquemment associée aujourd'hui à la théologie par la conscience populaire ; beaucoup parmi vous ont sans doute également tendance à ne pas distinguer trop nettement les concepts de théologie et de métaphysique et à les mettre dans le même sac, celui de la transcendance »[5]. Il n'en demeure pas moins que dans l'Occident latin la réflexion sur l'être (*esse*) se solde progressivement par la désignation d'une discipline supérieure, appelée théologie[6], comme l'attestent les traités théologiques de Boèce. Les *opuscula sacra* de Boèce énoncent d'ailleurs une thèse qui n'est pas totalement éloignée de l'emblématique formule ontologique de Suarez

---

[3] T. W. ADORNO, *Métaphysique : concept et problèmes*, trad. C. DAVID, Paris, Payot, 2006, p. 101.

[4] On peut même avancer l'hypothèse que la métaphysique constitue, chez Aristote, l'instance correctrice qui permet de distinguer ce qui, naguère, était attribué au monde des dieux, et ce qui désormais relève d'une science des principes et des causes.

[5] T. W. ADORNO, *Métaphysique*, p. 37.

[6] BOÈCE, *De Trinitate*, dans H. F. STEWART, E. K. RAND et S. J. TESTER (éd.), *The Theological Tractates*, Lord classical Library, Cambridge, Mass-London, 1978; trad. H. MERLE, *Courts traités de théologie*, Paris, Cerf, 1991, p. 130.

précédemment citée : la foi chrétienne achève et réalise la « primauté des règles universelles sur la base desquelles l'autorité de cette même religion devient claire à l'intelligence »[7]. Boèce offre le modèle d'un rapport d'achèvement de la métaphysique dans la théologie[8].

En dépit de la difficulté presque insurmontable à définir la métaphysique dans son lien à la théologie, nous prendrons comme point de départ, non pas tant la définition que la lecture de son destin faite par Martin Heidegger. La thèse classique de l'identification de la métaphysique à la théologie rationnelle remonte à Kant et se prolonge chez Heidegger. Cette identification est un cas particulier du rapport entre théologie et philosophie. Elle n'en épuise pas l'histoire, et encore moins la forme quasi immémoriale. En effet, le questionnement philosophique est toujours « et par soi » double, ontologique et théo-logique, comme le rappelle le cours de 1936 que Martin Heidegger consacra à Schelling. La thèse classique de l'identification a trouvé un écho plus récent sous la plume de Jean-

---

[7] BOÈCE, *De Trinitate*, I, dans H. MERLE, *Courts traités de théologie*, p. 128.

[8] Ce rapport d'achèvement s'illustre avec virtuosité dans la résolution du problème trinitaire auquel est confronté Boèce : la répétition des unités ne crée pas de différence substantielle dans leur essence. Il n'y a pas trois dieux en Dieu, mais un seul Dieu et une seule essence. Il faut rappeler le principe selon lequel l'immuable ne peut devenir changeant. Ainsi, « les incorporels ne sont pas dans un lieu » (*De Hebdomadibus*, I). Boèce s'appuie dès lors sur les lois concernant les incorporels pour montrer que les personnes divines du Père, du Fils et du Saint-Esprit ont bien une certaine différence entre elles, mais cette différence n'entraîne pas – ce qui serait le cas dans les choses corporelles – une pluralité spatiale, une différence essentielle. Il s'agit plutôt d'un jeu de rapports dans une essence numériquement une : « Il y a là, en effet, une vérité profonde de cette règle qui veut que chez les incorporels les distinctions se fassent en vertu de leurs différences, et non en vertu des lieux [...] Puisque aucune relation ne peut se reporter à elle-même, vu qu'elle est en elle-même une attribution dépourvue en tant que telle de relation, la multiplicité de la Trinité est le résultat du fait qu'il y a attribution de relation, mais l'unité a été préservée du fait qu'il n'y a aucune différence soit de substance, soit d'activité, soit, en général, de toute attribution se disant par rapport à elle-même. Ainsi donc, la substance maintient l'unité, la relation multiplie la Trinité (*multiplicat Trinitatem*) [...] », BOÈCE , *De Trinitate*, V, VI.

Luc Marion[9], lequel s'est en somme rallié sans condition au diagnostic heideggérien :

> « Si nous nous remémorons comme il convient l'histoire de la métaphysique, nous devrions savoir que celle-ci, depuis Platon et Aristote, ne pense l'étant en tant qu'étant qu'en pensant toujours en même temps l'étant suprême, et elle pense à vrai dire ce dernier comme fondement et cause première (*arché*, *aition*) de tout étant et par conséquent de l'être. Pensant l'étant en tant qu'étant (*ón hé ón*), la métaphysique est ontologie. Pensant l'étant en tant qu'étant à partir de l'étant suprême, la métaphysique est théologie. La métaphysique est dans son essence ontothéologie. Cela ne vaut pas seulement pour la métaphysique de Platon et pour la métaphysique d'Aristote ni même pour la métaphysique chrétienne. La métaphysique moderne est elle aussi, depuis Descartes jusqu'à Nietzsche, une ontothéologie. La justification et l'évidence du principe de la certitude de soi de l'*ego cogito* reposent sur l'*idea innata substantiae infinitae*, c'est-à-dire *Dei*. Chaque monade perçoit l'univers d'un point de vue déterminé, et perçoit par conséquent la monade centrale qui est Dieu (...) Et l'être en tant que 'volonté de puissance' n'est aussi possible chez Nietzsche que sur la base de l'inconditionné qu'il ne peut plus exprimer que sous la forme du 'retour éternel du même'» [10].

La lecture heideggérienne du destin onto-théologique de la métaphysique est à la fois partagée par les représentants de la théologie herméneutique et de la phénoménologie de la révélation. Cette dernière somme les théologiens à renoncer à des herméneutiques anthropologique, existentiale, sémiotique, pratique,

---

[9] « (...) L'institution réelle de la notion de philosophie première, tout comme d'ailleurs celle de métaphysique, provient moins d'Aristote que de sa postérité. Puisque nous ne prétendons évidemment pas ici même esquisser une histoire détaillée de la philosophie, nous considérons directement la position de Thomas d'Aquin. ». Voir J. L. MARION, *De surcroît*, Paris, PUF, 2001, p. 8.

[10] M. HEIDEGGER, « Hegel : Die Negativität ; Erläuterung der 'Einleitung' zu Hegels 'Phänomenologie des Geistes' », dans *Gesamtausgabe*, III, *Abteilung* : *Unveröffentlichte Abhandlungen*, Band 68, Klostermann, 1993 ; trad. A. BOUTOT, *Hegel : La négativité ; Éclaircissement de 'l'introduction' de Hegel à la 'phénoménologie de l'Esprit'*, Paris, Gallimard, 2007, p. 99.

pour enfin recevoir le donné tel qu'il se donne, le donné dans sa différence originaire, sans préjuger de ses conditions d'apparaître. Ce dernier point n'est plus d'inspiration heideggérienne, mais husserlienne. En effet, on considère généralement Heidegger comme celui qui a fourni les bases d'une ontologie « herméneutique » lorsqu'il affirme la quasi-identification de l'être et du langage. Pour Heidegger, « être-dans-le-monde » ne signifie pas banalement être en contact réel avec l'ensemble des choses du monde, mais être en familiarité avec une totalité de significations, dans un contexte référentiel. C'est pourquoi, le cercle de la compréhension et de l'interprétation forme la structure constitutive de l'être-dans-le-monde[11]. Cette forme de pensée va migrer dans le champ de la rationalité théologique et s'imposer comme une alternative possible à la métaphysique. La théologie se range du côté des sciences herméneutiques et se définit à partir d'une tradition de l'interprétation. La science des textes occupe alors l'essentiel de la base rationnelle dont se dote la théologie, d'où l'importance décisive que va acquérir la science historique et son corrélat exégétique, véritable instance régulatrice du savoir théologique : « On peut – écrit Claude Geffré – contester l'interprétation historique du destin de la métaphysique occidentale faite par Heidegger. Mais, à la lumière de ce que celui-ci nous a dit sur l'essence cachée de la métaphysique comme 'onto-théologie', nous sommes invités à nous interroger sérieusement sur le blocage du *métaphysique* et du *théologique* dans la théologie chrétienne[…] »[12]. Quant aux phénoménologues versés dans les sciences théologiques, ils s'inspirent de l'opposition que le théologien Balthasar a naguère élevée contre les réductions dites anthropologique et cosmologique manquant le phénomène de révélation, dans *Glaubhaft ist nur Liebe* : « (…) Pourquoi ces derniers (les théologiens) n'entreprennent-ils pas ou si peu (H.U. von Balthasar restant ici

[11] M. HEIDEGGER, *Prolégomènes à l'histoire du concept de temps*, trad. A. BOUTOT, Paris, Gallimard, 2006, p. 222-250. Voir le chapitre III : La constitution fondamentale du *Dasein* comme être-au-monde.

[12] C. GEFFRÉ, *Un nouvel âge de la théologie*, Paris, Cerf, 1972, p. 51.

insuffisant et exceptionnel) de lire phénoménologiquement les événements de révélation consignés dans les Écritures, en particulier dans le *Nouveau Testament*, au lieu de toujours privilégier des herméneutiques ontique, historique ou sémiotique ? »[13].

Pour appuyer sa thèse, Jean-Luc Marion rappelle qu'il faut distinguer entre deux théologies, la seule distinction manifestement opératoire, la *théologie métaphysique* d'une part, et la *théologie révélée* d'autre part. La première s'appuie sur « la transcendance réelle, la causalité, la substantialité et l'actualité »[14], la seconde s'appuie sur « des faits donnés, qui se donnent positivement comme des figures, des apparaîtres et des manifestations ». De nombreuses difficultés surgissent si l'on s'en tient à cette étrange partition. On peut se demander, à titre provisoire, de quelle provenance elle tire sa légitimité. A-t-elle jamais été posée ainsi en théologie, comme si la théologie dite révélée coïncidait avec des phénomènes de révélation qu'elle serait capable d'enregistrer comme des données positives. La conception que Marion propose de la théologie révélée semble paradoxalement très proche de l'opposition que Hegel a formulée entre la théologie rationnelle, qualifiée d'« abstraite métaphysique d'entendement », et la religion révélée (*offenbare Religion*) ou accomplie (*vollendete Religion*)[15].

Avant de reprendre le débat avec Jean-Luc Marion, revenons à la thèse de l'identité entre métaphysique et théologie telle qu'elle est clairement posée par Heidegger. Il s'agit là d'un acte d'interprétation qui peut être contesté. Les théologiens sont partagés à ce sujet, forts d'une relecture critique de leur tradition, et l'on peut établir sans trop de peine une ligne de démarcation entre les partisans résolus du diagnostic heideggérien et ceux qui ont résisté à la déconnexion préconisée entre métaphysique et théologie. L'œuvre

---

[13] J.-L. MARION, *De surcroît*, p. 34.

[14] Ces catégories sont issues de la métaphysique aristotélicienne, ou plus exactement, du projet aristotélicien de la métaphysique, tel que relu par toute une tradition de pensée scolastique.

[15] G.W.F. HEGEL, *Leçons sur la philosophie de la Religion. 1, Introduction - le concept de la religion. (d'après le cours de 1824)*, trad. P. GARNIRON, Paris, PUF, 1996.

la plus emblématique à ce sujet est probablement *Analogia entis* d'Erich Przywara, écrite en 1932. Pour corroborer le diagnostic heideggérien, il semble à première vue aisé d'établir que la métaphysique est bien *théologie* chez Platon et Aristote. Mais on se heurte ici à un conflit non résolu d'interprétation. Que la métaphysique soit ou ne soit pas théologie chez Aristote, c'est-à-dire science du divin, ou science de l'être en général, n'apparaît pas comme une interrogation interne à l'œuvre aristotélicienne. Cette interrogation résulte d'une interprétation seconde, liée à la *réception* ou à l'usage théologique de cette œuvre. Cet usage est controversé dans la métaphysique du Moyen Âge tardif, comme l'atteste par exemple Siger de Brabant dans les *Questiones in metaphysicam*[16]. Il pose la question cruciale qui sera la question de la métaphysique au Moyen Âge, c'est-à-dire celle de son *sujet*, autrement dit la métaphysique est-elle « science divine » ou « science de l'étant commun » (*ens commune*). C'est Duns Scot (1255-1308) qui, dans le dernier tiers du 13e siècle, instaure l'opposition entre deux interprétations possibles de la philosophie première, comme science de l'étant en tant qu'étant, ou comme science divine : « Le concept à la fois le plus parfait et le plus simple qui nous soit possible est le concept d'étant infini (*conceptus perfectior simul et simplicior, nobis possibilis, est conceptus entis infiniti*) »[17]. L'interprétation heideggérienne du destin onto-théologique de la métaphysique est

---

[16] SIGER DE BRABANT, *Questiones in metaphysicam*, dans A. MAURER (éd.), Introduction, Q. 1, (texte de la Reportation de Cambridge), Louvain, Peeters, 1983, p. 24 : « Bien que cependant l'étant ait la raison du sujet, comme le veut le Philosophe au livre IV de cet ouvrage, ainsi qu'Avicenne dans sa *Métaphysique*, certains posent cependant que Dieu est le sujet de cette science, en l'appelant théologie » (*Quamquam tamen ens habeat rationem subiecti, ut vult Philosophus IV° huius*, et *Avicenna* in METAPHYSICA sua, *quidam tamen deum ponunt esse subiectum huius scientiae, ut vocantes eam theologiam*).

[17] JEAN DUNS SCOT, *Ordinatio*, d. 3, a.1, p. 1, Q. 1-2, n. 57. Voir O. BOULNOIS, « Duns Scot théoricien de l'analogie de l'être », dans L. HONNEFELDER, R. WOOD et M. DREYER (éd.), *John Duns Scotus. Metaphysics and Ethics*, Leiden-New York-Köln, 1996, p. 295-315.

déterminée par la thèse scotiste, mais c'est aussi la *Schulmetaphysik* qui est contenue en germe dans la thèse de l'univocité de l'être[18].

Quoi qu'il en soit de ce débat complexe, pour Thomas d'Aquin, comme pour Avicenne, il ne fait pas de doute que la métaphysique inclut une recherche des causes conduisant jusqu'au premier principe, ce que Thomas désignera dans son *Commentaire sur Boèce* comme « théologie des philosophes »[19]. Il est donc vrai que la métaphysique comme science de l'*ens commune* se retourne en quelque sorte en science de la *causa essendi* et aboutit à l'idée d'un principe de l'être en général, désigné comme *primum ens*, *ipsum esse*, *esse purum* ou *esse tantum*. En revanche, la distinction que propose Jean-Luc Marion entre « théologie métaphysique » et « théologie révélée » ne recouvre en rien la distinction qu'opère Thomas entre la « théologie des philosophes » et la « sacra doctrina ». La « sacra doctrina » de Saint Thomas ne saurait correspondre à la conception « phénoménologique » de la « théologie révélée ». Cette dernière apparaît plutôt d'inspiration hégélienne, bien que les phénoménologues incriminés s'emploient à récuser ce point de vue[20].

---

[18] J.-F. COURTINE, *Suarez et le système de la métaphysique*, Paris, PUF, 1990.

[19] J.-L. MARION, *De surcroît*, p. 33.

[20] Il s'agit pour Aristote, dans le texte de *Métaphysique* E 1, de hiérarchiser les savoirs. Ils peuvent porter sur trois domaines : 1. La nature qui considère les corps en mouvement ; 2. Les mathématiques qui considèrent des réalités non séparées mais immuables ; 3. La *phusis tis mia*, c'est-à-dire, le divin immuable et séparé, si, comme le précise Aristote, « il y a du moins une telle essence immuable », *Métaphysique* E 1, 1026 a 29-31. Le concept de métaphysique remonte à la mise en ordre du *Corpus Aristotelicum* par Andronicos de Rhodes vers 50-60 avant J.C. Il s'agit du classement de l'œuvre principale qu'Aristote a consacré après la *Physique*, *metà tà physiká*. Ce principe de mise en ordre littéraire fut interprété comme ayant un contenu, littéralement « ce qui va au-delà de la nature », ou ce qui se tient « derrière la nature » comme sa cause. C'est dans les traités théologiques de Boèce que la division aristotélicienne des sciences théorétiques apparaît dans le monde latin, sous cette forme précise d'une réflexion sur l'être (*esse*) et d'une désignation de cette discipline par le terme de théologie.

II. GRANDEURS ET LIMITES DU RAPPORT ENTRE MÉTAPHYSIQUE ET THÉOLOGIE : LA THÉOLOGIE COMME SCIENCE ET LA QUESTION DE L'ÊTRE

Le rapport de la métaphysique à la théologie se traduit-il par un rapport d'inféodation, ou doit-il être interprété comme un rapport possible de corrélation, ce qui suppose que quelque chose comme la « métaphysique » ne soit pas dépourvue de signification pour une théologie qui veille à sa rationalité. Sauf à estimer que le questionnement sur l'être soit nul et non avenu, on peut montrer que le destin de la métaphysique en théologie est inséparable d'une herméneutique critique, dont les répercussions ont fait naître des œuvres aussi contrastées que celles de Przywara, de Karl Rahner ou de Hans Urs von Balthasar, trois œuvres qui ont en commun une estime égale pour la doctrine de l'analogie de l'être dont il convient de saisir la portée non seulement théologique, mais proprement épistémologique. Dans ce domaine, les ébranlements sont venus du dehors. Les crises furent externes et leur onde de choc a peu à peu lézardé l'édifice dogmatico-métaphysique édifié à l'âge d'or de la période scolastique, au moment où la théologie accède pleinement au rang de *scientia* : « La théologie au Moyen Âge occupait légitimement la première place dans un ensemble coordonné du savoir, et il n'y avait pas de rupture entre le langage de la théologie et le langage culturel du temps [...] Aujourd'hui, que voyons-nous ? L'ancien domaine de la théologie comme science constituée, hiérarchiquement organisée et maîtresse de sa méthode et de son langage, est fragmenté entre une « exégèse » qui a la prétention légitime d'être scientifique au sens des disciplines modernes, un discours philosophique polymorphe qui selon les traités emprunte ses thèmes à l'ontologie traditionnelle [...] enfin, une herméneutique du langage scripturaire et dogmatique qui n'est pas encore au fait de ses méthodes et de ses critères »[21]. Il est vrai qu'à cette époque il n'y

---

[21] C. GEFFRÉ, *Un nouvel âge de la théologie*, p. 46.

a pas de différence de nature entre la science du théologien, suspendue à celle de Dieu et de ceux qui le voient *facies ad faciem*, et celle des autres sciences dites subalternées. Les unes et les autres ont un point commun qui assure leur scientificité. Elles sont dépendantes de principes établis et tirés d'une science supérieure. Ainsi, les sciences secondarisées, à l'instar de la théologie, de la perspective ou de la musique, présupposent les principes établis dans une science supérieure. On pourrait penser que Thomas d'Aquin répartit le domaine du savoir selon ce qui serait connu, d'une part, par la lumière naturelle de l'intellect, et d'autre part, par celle de la foi. Or, il n'en est rien. La hiérarchisation ou la distinction entre les sciences est établie à l'intérieur de ce qui s'offre à la lumière naturelle. La théologie n'échappe pas à cette sphère. C'est la raison pour laquelle Thomas établira une véritable canonique du discours théologique, conforme aux principes naturels de la raison. Ainsi, la théologie peut être considérée comme une science conforme aux principes de la discursivité scientifique, celle qui va des principes aux conclusions.

L'Aquinate établit avec soin, dans son *Commentaire au De Trinitate de Boèce*, une distinction entre la théologie des philosophes, d'une part, appelée *scientia divina*, et la théologie en tant que participation à la *cognitio divine*, d'autre part. Cette distinction ne doit en aucun cas briser les cadres de l'épistémologie aristotélicienne. C'est précisément à ce sujet que Thomas se révèle le plus aristotélicien. La *scientia Dei*, ou *sacra doctrina*, est la science par excellence et non par défaut. En effet, la science que les philosophes appellent *scientia divina* ne représente qu'une des modalités possibles de la connaissance des choses divines, celle qui précisément tire ses principes du sensible. Le lien de continuité entre le domaine des sciences se fonde sur une interprétation de la *Métaphysique* d'Aristote au livre A. La *scientia divina* que recherchent les philosophes a pour ultime principe la *scientia Dei* : « (...) dicendum quod sacra doctrina non supponit sua principia ab aliqua scientia humana, sed a scientia divina, a qua, sicut a summa sapientia, omnis nostra cognitio ordinatur »[22]. L'analogie que pose Thomas dans le cas de la *doctrina sacra* repose sur l'équation *articuli fidei = principia scientiae.*

C'est cette représentation de la théologie comme science qui est incriminée dans le procès que l'on intente à la collusion entre métaphysique et théologie, sans considérer avec suffisamment de soin que Thomas fait jouer l'analogie des principes à l'intérieur de la rationalité commune qui prévaut à l'époque où l'on adopte l'épistémologie d'Aristote. Dans la crise que traverse la métaphysique, qu'est-ce-que l'on met en cause exactement ? Il est difficile de répondre globalement à cette question. Plusieurs facteurs ou plusieurs modèles de pensée sont en quelque sorte récusés, au premier chef le statut d'une science de l'être, puis celui de la théologie qui en dépend. Ces deux pôles se conditionnent mutuellement. En effet, la science de l'être est une science des causes. Elle peut assurer le lien de continuité entre la théologie des philosophes, *scientia divina*, et la théologie qui a Dieu pour sujet. Dans l'un et l'autre cas, Dieu est implicitement ou explicitement sujet de la science en question. Ce modèle va se consolider et se rationaliser, jusqu'à son dépérissement. La renaissance de la métaphysique ne s'en trouvera pas totalement compromise. Elle amorcera son renouveau dans la redécouverte du corpus thomasien, et en particulier dans la reconsidération de la science de l'être. L'être[23] reste l'*articulus stantis vel cadentis theologiae* dans la théologie catholique des premières décennies du 20e siècle. Mais les écoles et les œuvres lui réservent des herméneutiques pour le moins contrastées. Il y a une leçon heideggérienne que nombre de théologiens ont entendue, y compris Hans Urs von Balthasar. Ils acquiescent à la description de la métaphysique comme une sorte de déclin (*Abfall*) rationaliste de la compréhension originelle de l'être et

---

[22] THOMAS D'AQUIN, *Somme théologique*, Ia, Q. 1, a. 6, ad 1m.

[23] L'être commun est sujet de la métaphysique, *ens quod de omnibus praedicatur* (*De Veritate*, 10, 11). L'être, selon le texte célèbre du *De Veritate*, est le premier connu, toujours déjà présent à toute opération de l'intellect, présupposé à toute autre conception.

en dédouanent Thomas d'Aquin : « Il existe certes un jugement positif sur Dieu, mais il ne fait que fonder le jugement négatif sur son altérité radicale »[24]. La naissance du thomisme transcendantal avec Rousselot et Maréchal, son intégration à la théologie rahnérienne de l'homme, auditeur potentiel de la Parole révélée, la relecture critique, d'inspiration barthienne, de la doctrine de l'analogie de l'être chez Przywara et Hans Urs von Balthasar, sont autant de facteurs qui montrent que le rapport métaphysique-théologie ne meurt pas de sa belle mort. Il renaît à la faveur d'étranges recompositions, de pactes ou d'alchimies inattendues, c'est le cas du thomisme transcendantal. L'hypothèse est que la métaphysique dépérit lorsque la *scientia divina* devient autonome et s'accomplit en une onto-théologie. Cet accomplissement relève d'un phénomène intra-philosophique. Il s'amorce lorsque l'être est réduit à un concept univoque, capable d'englober Dieu et la créature et d'en fournir une connaissance commune. Stanislas Breton a étonnamment décrit ce processus par une série d'axiomes étroitement corrélés et interdépendants, parcourant tous les degrés du savoir et l'unifiant en une science unique. Ces axiomes ont une valeur d'amplification d'une thèse thomiste classique, celle que formalise Thomas dans le *De Veritate* : « Dicendum quod ens quod est primum per communitatem, cum sit idem per essentiam rei cuilibet, nullius proportionem excedit ; et ideo in cognitione cujuslibet rei ipsum cognoscitur » (*De Veritate*, 10, 11). L'être est toujours le premier connu, présent à toute opération de l'intellect et présupposé par toute autre conception. Ce que la néoscolastique

---

[24] E. PRZYWARA, *Analogia Entis*, München, Kösel und Pustet, 1932 ; trad. P. SECRETAN, Paris, PUF, 1990, p. 114-115 : « Dans tout ce qui est dit en commun de Dieu et de la créature (…), on ne réfère pas Dieu et la créature à quelque chose de commun. Tout ramène à l'irréductible primauté de Dieu : le créé (ontique et noétique) est à tous égards ordonné, par-delà soi-même, à Dieu comme à un *prius*, sans possibilité d'en appeler à un troisième (Être, etc.), puisque Dieu est l'absolument premier (…) Cette 'analogie des relations d'altérité ' (*analogia proportionis secundum convenientiam proportionalitatis*) atteint à sa pleine expression dans : la *toujours plus grande dissemblance* jusque dans *la plus étroite ressemblance* (…) comme manifestation du *Deus tamquam ignotus* ».

semble méconnaître, c'est l'oubli d'une distinction que pose aussitôt Thomas lorsqu'il s'interroge pour savoir comment l'être entendu à titre de plus commun peut encore se prédiquer de Dieu. Il introduit la nouvelle distinction entre ce qui est commun *per praedicationem* et ce qui l'est *per causalitatem*. C'est parce que l'effectivité de l'*actus essendi* marque intrinsèquement chaque étant et que l'*esse* est en lui ce qu'il y a de plus intime, qu'il peut aussi être le plus commun, comme le thématise la *Question* 3 du *De Potentia*. On pourrait aussi rappeler qu'après avoir montré que l'expression, « Celui qui est », dérivée du passage de l'Exode (3,13-14), représente « le nom le plus idoine pour Dieu [*maxime proprium*], en raison de son illimitation », Saint Thomas se ravise, et revenant sur sa première affirmation, ajoute pour finir : « mais plus propre encore est le tétragramme sacré qui nous signifie une singularité incommunicable »[25]. C'est cette tradition de lecture qui prévaut dans les œuvres théologiques les plus significatives du 20e siècle. L'analogie de l'être redevient paradoxalement l'indice d'un renouveau. Elle n'a pas d'abord une valeur gnoséologique, mais épiphanique et phénoménologique. Elle ne se réduit pas à un moyen de connaissance par le truchement d'un medium que serait l'être commun[26]. L'être n'est pas divisible en fini et infini. Le seul moyen d'échapper à cette « partition » conceptuelle consiste à reprendre, à partir de la thèse heideggérienne sur la différence ontologique, une pensée de l'étonnement au sujet de l'Être apparaissant (*das Verwunderung über das Sein*), pour reprendre le vocabulaire balthasarien.

---

[25] THOMAS D'AQUIN, *Somme théologique*, Ia, Q. 13, a. 11.

[26] K. Barth entend l'analogie à partir de la notion étroite et restrictive d'analogie d'attribution intrinsèque : « Es gäbe also zwischen Schöpfer und Geschöpf eine *analogia entis* und insofern einen Oberbegriff, einen Generalnenner, ein *Genus* ' Sein', das beide, Gott und Geschöpf, umfasst », *KD*, III, 3, 116, cité par H. BOUILLARD, *Karl Barth : Genèse et évolution de la théologie dialectique*, t. 1, Paris, Aubier, 1957, p. 205. Le concept suprême, appelé ici *Oberbegriff*, s'apparente bien à la logique du dénominateur commun, le genre « être » embrassant (*umfassend*) Dieu et la créature.

III. La fin de la « philosophie première » et l'aurore possible d'une « philosophie dernière » : la lecture de Theodor W. Adorno

Il est éclairant d'aborder le rapport entre métaphysique et théologie en procédant à l'analyse et à l'interprétation d'œuvres, modernes ou contemporaines, qui se sont donné pour tâche de relire le destin de la métaphysique, en particulier sous l'angle de son lien à la théologie. C'est le cas de Theodor W. Adorno dans *Metaphysik. Begriff und Probleme*, texte constitué des leçons qu'il prononça à l'université Johann-Wolfgang-Goethe de Francfort, à partir de 1964. Dans sa critique de la métaphysique, Adorno procède à son sauvetage possible, en affirmant la nécessité de la sauver (*retten*), tout en repoussant avec véhémence l'idéologie de la « métaphysique ressuscitée d'aujourd'hui (*der auferstandenen Metaphysik von Heute*) »[27]. Adorno vise, non pas tant la néoscolastique thomiste que les philosophies qui se caractérisent par une idéalisation de l'origine, comme celles de Husserl ou de Heidegger. On pourrait y inclure, aujourd'hui, celle de Michel Henry et de la cohorte des phénoménologies d'inspiration théologique, récemment dénoncées en leur projet théologique inavoué par Dominique Janicaud.

Adorno distingue deux parties dans ce travail qui prépare *l'opus magnum* qu'est *Dialectique négative*, parue en 1966. La première partie des leçons est consacrée à l'exposé de la métaphysique aristotélicienne, à ses points saillants, à ses ressources spéculatives, puis la seconde partie, tentative de « sauvetage » de la métaphysique, prend la forme d'une *minima metaphysica*, appelée aussi « expérience métaphysique », seule possibilité qui s'offre désormais à la pensée soucieuse de se transcender, c'est-à-dire d'assigner un sens à l'existence après la catastrophe d'Auschwitz. L'époque n'est plus à la formulation d'une « philosophie première »,

[27] T. W. Adorno, *Dialectique négative*, trad. G. Coffin, Paris, Payot, 2001, p. 359.

mais d'une « philosophie dernière » capable « de faire s'exprimer la souffrance », car « telle est désormais la condition de toute vérité ».

> « (...) Là où il n'y a plus de vie, la tentation de confondre les restes de celle-ci avec l'absolu, avec un sens lumineux est infiniment grande (...) Pourtant, rien ne peut être expérimenté comme vivant qui ne promet quelque chose qui transcende la vie. Cette chose transcendante existe et en même temps n'existe pas : il est très difficile et probablement impossible de penser au-delà de cette contradiction »[28].

Ce sont les dernières pages de *Dialectique négative* qui caractérisent au mieux les chemins possibles de cette « philosophie dernière » : « Il n'est plus possible d'affirmer que l'immuable est vérité et que le mû, l'éphémère est apparence, c'est-à-dire l'indifférence réciproque du temporel et des idées éternelles »[29]. Cette indifférence réciproque, d'origine platonicienne, et à laquelle Aristote opposa une thèse contraire, refait son apparition avec le nominalisme et ouvre l'ère de la société technicienne et du « monde administré ». Ce diagnostic adornien est à la fois une interprétation et un « sauvetage » possible de la métaphysique qui doit déchoir de son statut de « philosophie première » pour devenir une « philosophie dernière ». Cette ultime possibilité résulte de la catastrophe d'Auschwitz. La catastrophe finale interdit désormais toute idéalisation de l'origine : « L'horreur de la fin éclaire d'une façon aveuglante le mensonge de l'origine »[30]. Revenir en deçà d'une métaphysique comme savoir de l'origine, c'est aussi déjouer les illusions et les pièges d'une métaphysique capable de disposer d'un savoir sur Dieu : « Le point central d'une métaphysique est probablement toujours à chercher là où elle passe dans la théologie »[31]. Cette remarque de Theodor W. Adorno semble

---

[28] T. W. ADORNO, *Métaphysique*, p. 209.

[29] T. W. ADORNO, *Dialectique négative*, p. 437.

[30] T. W. ADORNO, *Minima moralia : réflexions sur la vie mutilée*, trad. E. KAUFHOLZ, Paris, Payot, 1991, p. 212.

[31] T. W. ADORNO, *Métaphysique*, p. 101.

accréditer la thèse selon laquelle la métaphysique s'accomplit nécessairement en une théologie. Mais le vocabulaire de l'accomplissement ne doit pas faire illusion. L'achèvement est une dégénérescence ou un phénomène d'occultation, un aveuglement ou un fourvoiement persistant dont il convient de se dégager.

Nous l'avons vu, Heidegger a établi la lignée ininterrompue de ceux qui ont identifié l'être à la théologie comme science de l'être. Il y décèle le processus qui a conduit au triomphe d'une science de l'étant au détriment de l'être. Il est possible de lire l'œuvre de Heidegger comme la tentative la plus puissante qui consiste à revenir en deçà de l'identification entre l'être et Dieu, tant il paraît difficile de résister à cette identification. Cette propension semble contenue dans le projet de toute métaphysique : « (...) La métaphysique a protesté contre l'idée selon laquelle tout existerait au sens de la facticité ordinaire, au sens des choses individuelles que l'on trouve çà et là, de ces choses qui s'appellent *ta onta* chez Platon, et s'est précisément définie contre elle »[32]. Il semble qu'en devenant théologie, la métaphysique ne dépérisse pas, mais accomplisse bien plutôt sa propre essence dans la catégorie de *causa*, identifiée à une transcendance causatrice et explicative.

De la métaphysique à la théologie, il n'y a qu'un pas. La pensée contemporaine, sous l'injonction notoire de Martin Heidegger, nous convie à un *Schritt Zurück*, un pas en arrière, plus radical que le *passo indietro* kantien. La métaphysique doit être dépassée, niée ou renversée, pour que la différence ontologique puisse apparaître. Nietzsche n'y serait point parvenu, Hegel, quant à lui, consacrerait le règne d'une métaphysique accomplie en une ontothéologie[33]. Ce jugement historique ne dispense pas de procéder à une vérification minimale, de saisir là où naît la métaphysique et surtout de vérifier si, d'emblée, elle est *théologique*. Une telle tâche s'avère difficile à satisfaire, nous l'avons déjà noté, même lorsque la consécration théologique de la métaphysique semble indubitable. La

---

[32] T. W. ADORNO, *Métaphysique*, p. 34.

[33] M. HEIDEGGER, *Éclaircissement de l'introduction à la* Phénoménologie de l'Esprit, p. 99.

métaphysique n'a pas toujours été reçue comme une science constituée, homogène, puisée dans un unique corpus, référée à une source unique faisant autorité. L'intégration de la *Métaphysique* d'Aristote à la théologie remonte à Boèce et semble trouver un équilibre maximal dans la période médiévale, en provoquant une assomption inédite de la théologie au rang de science. Cette assomption peut être comprise comme une dépendance de la théologie à l'égard de la métaphysique. La position auxiliaire ou ancillaire de cette dernière s'en trouverait du même coup nuancée. Comment convient-il de situer la relation de dépendance ? Est-il d'ailleurs légitime de parler, sans autre précision, d'usage auxiliaire de la métaphysique en théologie ? Pour trancher la question, l'approche historiographique est indispensable. Mais cette approche historiographique ne peut que se saisir de thèses herméneutiques. La lecture à rebours, celle que pratique Adorno, consiste à montrer les accointances du *métaphysique* et du *théologique*, en dépit de leur irréductible différence. La lecture d'Adorno est ici assez proche de celle de Heidegger. Elle s'en sépare dans la question du rapport à la mort, sereine et horizon des possibles pour Heidegger, tragique et irréductible à toute pensée et représentation pour Adorno. Toutes deux veulent néanmoins ouvrir vers une pensée possible de l'*expérience* métaphysique, ce qu'Adorno appelle une « métaphysique négative ».

Adorno intéresse le théologien dans la mesure où la métaphysique ne traduit pas d'abord l'activité suprême de la raison, productrice de concepts universels et fondement d'une science de l'universel. Elle traduit bien plutôt une expérience ou un « pâtir » du monde et non une science des étants comme telle. Il semble que dans son rapport à la métaphysique, le théologien cherche à « transcender » la positivité des expressions de la foi en recourant à une discipline censée lui fournir les deux dimensions d'une science rationnelle, une objectivité notionnelle et une science des principes[34].

---

[34] L'objectivité notionnelle appartient à l'ordre des concepts. La science des principes fournit aux concepts et aux notions l'objectivité normative qui en découle. Prenons l'exemple de la notion de procession en doctrine trinitaire. Elle

Ainsi, le rapport du théologien au « métaphysique » est plus instrumental que phénoménologique.

IV. LE CAS DE L'ONTO-THÉOLOGIE

L'approche historiographique ne peut manquer de se saisir de la crise[35] qui a ébranlé, pour la première fois de manière méthodique et radicale, le rapport de la métaphysique à la théologie, crise qui coïncide avec la critique kantienne des preuves de l'existence de Dieu et de la *théologie rationnelle* qui les sous-tend. Cette théologie rationnelle, Kant l'appellera une *ontothéologie*. Ce dernier concept, de création kantienne, renferme le destin d'une métaphysique qui s'accomplit en savoir théologique et prend la forme d'une théologie rationnelle, ou, comme la nomme étrangement Kant, une théologie transcendantale[36]. Dans un premier temps, Kant distingue la

---

repose sur la distinction entre deux types d'action que recense Aristote. Ces deux types d'action, transitive et intransitive, permettent de transcender le rapport d'antériorité et de postériorité et de poser la parfaite concomitance ou simultanéité des termes qui procèdent.

[35] L'une des premières crises qui a ébranlé la métaphysique est l'opposition d'Aristote à Platon. La première thèse de l'aristotélisme est que l'universel n'est pas substantiel, qu'il n'est pas comme les Idées platoniciennes, c'est-à-dire quelque chose qui existe en soi et pour soi, indépendamment de sa réalisation : « La thèse selon laquelle il y a des concepts substantiels qui ne sont pas *kôris*, qui ne se tiennent pas au-delà des étants singuliers mais sont seulement incorporés aux choses singulières et leur sont immanents est réellement la thèse centrale de la *Métaphysique* d'Aristote ». Voir T. W. ADORNO, *Métaphysique*, p. 67. On sait, bien entendu, que Platon a revalorisé l'étant contre l'Idée, dans des textes de la maturité, notamment dans le *Parménide*. Le multiple peut tout aussi peu exister sans l'Un, sans son Idée, que l'Un ou l'Idée sans le multiple. Il s'agit des diverses choses en tant qu'elles sont opposées ou rapportées à une Idée unique sous laquelle chaque chose appartient à un genre d'être.

[36] Pour Kant, la théologie transcendantale est le type de théologie qui caractérise la preuve ontologique : « Si j'entends par théologie la connaissance de l'être originaire, elle est issue ou bien de la raison (*theologia naturalis*) ou bien de la révélation (*revelata*). Or, la première, ou bien conçoit simplement un objet par la raison pure, par l'intermédiaire de concepts purement transcendantaux (*ens originarium*, *realissimum*, *ens entium*) et elle s'appelle la *théologie transcendantale*, ou bien elle le conçoit à l'aide d'un concept qu'elle tire de la nature (de notre âme), en y voyant la suprême intelligence, et elle devrait s'appeler

théologie naturelle de la théologie transcendantale, et, dans un deuxième temps, il les identifie en manifestant leur commune impuissance et leur commune illusion. Kant réduit en effet toutes les preuves à l'argument ontologique, c'est-à-dire à l'effort pour déduire l'existence de Dieu à partir de son concept. Pourtant, à quelques pages d'intervalle, il va revenir sur son propos initial, en le nuançant. La théologie transcendantale s'avère d'un usage possible, dans la mesure où son rôle régulateur l'apparente à une activité légitime de la raison.

> « La théologie transcendantale demeure donc, en dépit de tout ce qu'elle a d'insuffisant, susceptible d'un important usage négatif et qu'elle est une constante censure de notre raison, quand cette dernière n'a affaire qu'à des Idées pures qui, justement pour cela, n'admettent nul autre critère d'appréciation qu'un critère transcendantal (...) La théologie transcendantale, jusqu'alors problématique, montre alors ce qu'elle a d'indispensable à travers la détermination qu'elle procure à son concept et la manière dont elle se soumet à une censure incessante de la raison »[37].

Dans la métaphysique scolaire (*Schulmetaphysik*) qu'incrimine Heidegger, la théologie rationnelle occupe une place centrale, dans la mesure où elle ne veut pas être privée de son rapport à la science de l'être pour ne pas perdre le fondement rationnel à partir duquel elle peut s'égaler au rang d'une science des fondements, sans immédiatement recourir à l'autorité surnaturelle de la révélation. Ainsi, la crise de la métaphysique en théologie est dépendante du statut de la science de l'être. L'apparition du *syntagme* ontothéologie qui en est l'expression se trouve dans la 7e section du chapitre III de la « Dialectique transcendantale » de la *Critique de la Raison pure* de Kant.

---

alors la *théologie naturelle* ». Voir E. KANT, *Critique de la raison pure. Dialectique transcendantale*, ch. III, section 7, trad. A. RENAUT, Paris, Aubier, 1997, p. 553.

[37] E. KANT, *Critique de la raison pure*, ch. III, section 7, p. 558-559.

> « La théologie transcendantale, ou bien pense dériver l'existence de l'être originaire à partir d'une expérience en général (sans déterminer quoi que ce soit de plus précis sur le monde auquel elle appartient), et elle s'appelle cosmothéologie ; ou bien elle croit connaître son existence par simples concepts, sans l'aide complémentaire de la moindre expérience, et elle s'appelle ontothéologie »[38].

Bien entendu, l'on pourrait remonter en deçà de l'œuvre de Kant, et affirmer que la métaphysique fait son entrée en théologie dès lors qu'il s'agit de confesser la pleine divinité du Christ, en tout identique et égale à celle du Père. La métaphysique et son destin théologique seraient alors solidaires de la christologie. En effet, le problème théologique qu'avaient à résoudre les théologiens de la période patristique était de passer de l'affirmation biblique du Dieu *unique* à l'énonciation métaphysique d'un Dieu *un* en plusieurs suppôts. La théologie, avec en son centre l'affirmation de foi trinitaire, constitue un cas d'école pour penser le rapport de l'un et du multiple, et plus généralement le problème du fondement de la différence, à savoir l'unité de l'être même, unité qui précède toutes les choses particulières et singulières. Comme le concède Adorno, « c'est au point qu'il faut finalement aller chercher la formule de 'l'unité dans la diversité' chez les Grecs tellement l'ensemble de la pensée occidentale est sous le charme de cette tradition »[39]. On pourrait ajouter que la postérité philosophique de cette tradition a été assurée par la théologie et les problèmes qu'elle avait à résoudre, tant sur le plan christologique que trinitaire. Il y a bien une relève théologique de la métaphysique : « Quand Dieu est ainsi considéré du strict point de vue de son être en soi et pour soi, c'est alors qu'on peut dire, même s'il est déterminé comme être trinitaire, que la

---

[38] E. KANT, *Critique de la raison pure*, ch. III, section 7. Critique de toute théologie issue de principes spéculatifs de la raison, *op.cit.*, p. 553 ; « Die transzendentale Theologie (…) glaubt durch blosse Begriffe, ohne Beihülfe der mindesten Erfahrung, sein Dasein (Gottes) zu erkennen, und wird *Ontotheologie* genannt », cité par B. MABILLE, *Hegel, Heidegger et la métaphysique. Recherches pour une constitution*, Paris, Vrin, 2004, p. 133.

[39] T. W. ADORNO, *Métaphysique*, p. 70.

tradition chrétienne est devenue porteuse de l'idée du Dieu de la philosophie »[40]. La crise arienne est, comme nous l'avons déjà souligné, exemplaire. Elle occupe encore l'essentiel de l'argumentation trinitaire de Thomas d'Aquin, lequel doit d'ailleurs mener un combat sur deux fronts, celui de l'arianisme et celui des présupposés philosophiques de l'aristotélisme en lequel il puise pourtant l'essentiel de son argumentaire philosophique[41] à propos de la nature immanente de la procession et du caractère substantiel de la relation. C'est dire que le théologien innove autant qu'il reçoit, sous l'injonction d'un événement de révélation qui n'est autre que l'Incarnation du Verbe.

---

[40] J. MOINGT, *Dieu qui vient à l'homme*, t. 1, (coll. *Cogitatio fidei*, 222), Paris, Cerf, 2002, p. 463. Le diagnostic de J. Moingt rejoint celui de ceux qui, en critique philosophique, imputent la naissance de l'ontothéologie aux besoins d'une théologie chrétienne cherchant à résoudre la possibilité d'une génération divine selon la substance à l'aide d'une philosophie de l'être : « En stricte théologie biblique, Dieu est un seul en tant qu'il est le seul à être ce qu'il est ; le *propre* de Dieu, par définition, lui appartient à lui seul, c'est d'être unique. À Nicée, le Fils est proclamé 'consubstantiel' au Père sur la base d'une autre conception de Dieu posé comme être générique, comme nom de genre, sous la raison du divin ou de la divinité *commune* ; la nature est détachée de l'existant censé solitaire et lui associe d'autres partenaires à qui échoit en héritage ce qu'il a de propre. Cette opération sémantique ne pouvait être conduite à bon terme que grâce à l'aide puissante d'une philosophie de l'être », p. 460.

[41] La possibilité de concevoir une procession immanente et non transitive, identique à l'être de Dieu, réclame le secours d'Aristote. *A contrario*, la possibilité de concevoir la relation dotée de l'être substantiel, oblige le théologien à quitter Aristote, ou, à tout le moins, à opérer une transgression que la rationalité philosophique comme telle ne saurait justifier. La position substantielle de la catégorie de relation obéit tout autant à une logique de la foi qu'à une cohérence interne possible de la raison, si cette dernière accède à la cause première en laquelle rien ne *peut* être dit « accidentel ». C'est là une affirmation de raison, soumise au principe de non-contradiction : « Ce qui est en soi, la substance, possède une antériorité naturelle à la relation, laquelle est semblable à un rejeton et à un accident de l'être ». Voir *Éthique à Nicomaque*, I, 1086 a 20, trad. J. TRICOT, Paris, Vrin, 1997; *Organon*, I, 8 a, 12-35, trad. J. TRICOT, Paris, Vrin, 2008 ; *Métaphysique*, 1020 B 25 – 1021 A 11, trad. J. TRICOT, Paris, Vrin, 1991.

V. La conceptualisation de l'être: l'occultation de la question du *sens* de l'être et de sa différence

On connaît la postérité théologique à laquelle fut promise la distinction *puissance* et *acte* en théologie philosophique. Theodor W. Adorno semble même affirmer qu'elle serait à l'origine de la doctrine classique catholique de l'analogie de l'être. Il a sans doute puisé cette conviction dans *Analogia entis*[42] d'Erich Przywara, même s'il est assez difficile de le vérifier, bien qu'une note de la huitième leçon de son cours de *Métaphysique* semble l'indiquer assez clairement. On y trouve les termes dans lesquels Przywara définit l'analogie de l'être : « La doctrine scolastique de l'*analogia entis*, dogme officiel de l'Eglise depuis 1215, régule les correspondances entre Dieu et ce qu'il a créé en termes de ressemblance et de dissemblance; le théorème contient, au fond, le cœur de l'ontologie telle qu'elle s'est développée depuis les présocratiques pour atteindre un sommet puis prendre un nouveau tournant chez Thomas d'Aquin »[43]. Plusieurs termes sont ici importants : *ressemblance* et *dissemblance*, d'une part, *ontologie*, d'autre part. Le syntagme « ontologie » va se substituer progressivement au syntagme métaphysique, pour n'évoquer que la seule question de l'*être*, résidu d'une métaphysique qui englobait la philosophie de la nature, sous la forme d'une cosmologie, et la psychologie rationnelle, sous la forme d'une métaphysique des appétits et des tendances de l'être rationnel, esprit qui connaît et qui veut. Progressivement, et surtout dans la période contemporaine, la question dite « métaphysique » se réduit à

---

[42] « Dans tout ce qui est dit en commun de Dieu et de la créature (être, vrai-bon-beau), on ne réfère pas Dieu et la créature à quelque chose de commun. Tout ramène à l'irréductible primauté de Dieu : le créaturel (ontique et noétique) est à tous égards ordonné, par-delà soi-même, à Dieu comme à un *prius*, sans possibilité d'en appeler à un troisième (Être, etc.), puisque Dieu est l'absolument premier (…) La toujours plus grande dissemblance jusque dans la plus étroite ressemblance, et de ce fait dans la manifestation du Est (Vérité, etc.) divin comme manifestation du *Deus tamquam ignotus* », E. Przywara, *Analogia entis*, p. 115.

[43] T. W. Adorno, *Métaphysique*, note 122, p. 239.

la question de l'être comme unité qui « précède » ou actualise toutes les choses singulières. La question est alors de savoir si l'être est un concept *analogique* ou un concept univoque[44].

La métaphysique se transforme en une nouvelle « ontologie », une science de l'être comme concept. Cette épure est probablement liée à l'effondrement de la cosmologie classique et à la naissance de la physique newtonienne. Quoi qu'il en soit des facteurs qui ont conduit à ce resserrement autour de la question de l'être, on peut dire que la question métaphysique a conservé une actualité autour de la question de l'être, et plus généralement, de la *différence* de l'être. *Différence de l'être* et *ontothéologie* sont en quelque sorte les deux faces opposées d'une même question fondamentale : qu'est-ce que l'être et sous quels modes se donne-t-il ? Cette opposition entre *différence de l'être* et *ontothéologie*, cette dernière signifiant et consacrant la résolution de la différence en l'identifiant à un Étant suprême, a été introduite par Martin Heidegger dans le texte célèbre sur la « constitution ontothéologique de la métaphysique »[45]. L'expression sert à qualifier le système hégélien, autrement dit la logique spéculative déployée par Hegel dans l'*Encyclopédie* et la *Phénoménologie de l'Esprit*. La discussion serrée que mène Heidegger à l'encontre de la conception hégélienne de la « constitution » de la métaphysique ne s'apparente pas directement à la question qu'ont eue à traiter les interprètes modernes du texte aristotélicien, celle de savoir si la métaphysique est premièrement

---

[44] La question posée est particulièrement complexe à résoudre. Il s'agit en effet de savoir en quel sens les médiévaux interprètent la formule aristotélicienne de la métaphysique, « science de l'étant en tant qu'étant ». Pour Thomas d'Aquin, l'*ens* (étant) est *esse* (acte d'être ou exister) dans les limites d'une *essentia*. En tout étant fini, c'est-à-dire créé, l'*esse* s'ajoute à la faveur de la causalité efficiente de l'*esse* divin. Pour mémoire, on précisera que Thomas d'Aquin ne distingue pas l'être de l'étant, mais *intérieurement* à l'étant, il distingue l'acte d'être entendu comme existence, et l'essence entendue comme intelligibilité de l'étant. L'être se distingue ainsi de l'*essentia*, non de l'*ens* : « Or, l'exister est en chaque chose ce qu'il y a de plus intime et qui pénètre au plus profond ». Voir THOMAS D'AQUIN, *Somme théologique*, Ia, Q. 8, a.1, Resp.

[45] M. HEIDEGGER, « Die ontotheologische Verfassung der Metaphysik », dans *Identität und Differenz*, Pfüllingen, 1957.

science de l'être en général, c'est-à-dire *ontologie*, ou science de l'être suprême, c'est-à-dire *théologie*. Cependant, il ne fait aucun doute que, pour Heidegger, Hegel manque la différence de l'être et ne perçoit pas la question fondamentale de la philosophie, celle du sens de l'être de l'étant, c'est-à-dire celle du sens du verbe *être* lorsque nous l'employons à propos de quelque étant que ce soit. S'inscrivant dans une filiation platonicienne, Heidegger reprend la plainte de Platon qui, dans le *Sophiste*, désapprouve que la question de la généalogie des étants à partir d'un Étant premier supplante et occulte la question du sens de l'être[46]. Une réminiscence de cette plainte est également présente dans la *Métaphysique* d'Aristote, mais cette fois elle ne concerne pas la dimension impensée de l'être, mais celle de son essence véritable. L'on sait que l'une des tendances les plus fortes de la philosophie grecque avait consisté en un effort vers la vision d'un seul dieu, d'une unité de plus en plus affinée et ceci depuis les présocratiques[47] pour qui la recherche du principe de

---

[46] PLATON, *Sophiste*, 242 c, 244 a. Comme le précise Bernard Mabille, en citant M. Heidegger, « il s'agit de savoir comment dans l'énoncé simple, du type a est b, résonne le 'est'. Que signifie 'être' lorsque nous en usons dans nos énoncés touchant n'importe quel étant ? Ce qui caractérise l'onto-*théo*-logie, c'est qu'au lieu de découvrir à partir de la position de la question de l'être de l'étant que 'l'être de l'étant n'*est* pas lui-même un étant', elle résout cette question (…) en cherchant un étant suprême, ou un suprêmement étant (…) », dans B. MABILLE, *Hegel, Heidegger et la métaphysique. Recherches pour une constitution*, Paris, Vrin, 2004, p. 129.

[47] « Le point de départ, dans cette tradition aux lointaines origines qui considère l'essence divine comme indicible, est la vue présocratique de la différence plus que qualitative entre le divin et toute autre chose ; Héraclite avait déjà affirmé que l'Un régit tout comme mis à part de tout ce qui est et, du même coup, pleinement et absolument séparé. À cette vue se rattachait une vive critique de toute humanisation du divin, et spécialement de l'autorité pédagogique d'Homère. Héraclite et Xénophane sont connus comme des critiques inexorables du langage anthropomorphique sur le divin (…) À cela correspondent les précisions de Platon sur les rapports du 'mythos' et du 'logos' quant à la possibilité de parler avec justesse de l'être premier, suprême, dernier qui est 'au-delà de ce qui est présent' (*epékeina tès ousias*) », E. JÜNGEL, *Dieu mystère du monde : fondement de la théologie du crucifié dans le débat entre théisme et athéisme*, trad. sous la direction de H. HOMBOURG, t. 2, (coll. *Cogitatio fidei*, 116-117), Paris, Cerf, 1983, p. 17-18.

toutes choses a été assimilée à la quête d'un élément divin, distinct de la réalité elle-même. Cet élément pouvait être identifié à l'eau, l'air, le feu, ou d'autres éléments, dont la multiplicité est établie de manière récapitulative dans le Livre A de la *Métaphysique*. Aristote résumera ce vaste mouvement en notant que, dans l'opinion courante, « Dieu paraît bien être une cause de toutes choses et un principe »[48]. On doit noter que, par un côté, la métaphysique chez Aristote veut échapper à la théologie, s'en éloigner. Aristote poursuivrait et achèverait la sécularisation des concepts théologiques entamée par Platon. Ce diagnostic est celui d'Adorno.

Heidegger hérite de la critique platonicienne du mythe qui raconte des histoires et qui prend la forme du discours théologique. Le processus qui conduit à l'identification de l'être et de Dieu confirme, sous la plume de Martin Heidegger, qu'il se réfère à la tradition scolaire de la métaphysique, pour remonter, à travers elle, jusqu'à son origine aristotélicienne. Ce diagnostic a été établi par Pierre Aubenque dans les riches analyses qu'il a consacrées à la question de l'être chez Aristote. Le débat critique est loin d'être clos : la *philosophie première* d'Aristote est-elle d'abord une ontologie, ou une théologie ? Une précision éclaire la question posée, sans la résoudre de manière définitive. Dans le contexte où elle apparaît, la *theologia* à laquelle Platon donnera pour la première fois son nom, se réfère non pas d'abord à une science ayant pour objet un type d'être transcendant dont elle aurait la charge de démontrer la nature et les propriétés, mais les discours des poètes sur les dieux, les contes qu'ont élaborés Hésiode et Homère[49], les fictions rapportées par les épopées, les poèmes et les tragédies. Pour Platon, le récit mythique s'identifie à la *theologia*, qu'il convient de faire accéder à un savoir digne de ce nom. En effet, parce qu'elle s'identifie au récit mythique, la *theologia* est à la fois révélatrice et trompeuse. Il échoit à la philosophie d'exercer une fonction correctrice afin que la *théologie populaire* se purifie de

---

[48] ARISTOTE, *Métaphysique*, A, 2, 983, 8-9.

[49] PLATON, *République*, II, 377, d. Platon s'attaque ici à la théogonie d'Hésiode.

représentations indignes de la raison. C'est la raison pour laquelle Platon procèdera à la vérification d'une rectitude doctrinale de ces récits en leur assignant des types et des modèles, c'est-à-dire une véritable canonique du discours religieux comparable à une orthodoxie constituée. C'est dans la *République*, au Livre II, que Platon emploie pour la première fois l'expression *types de la théologie* (*tupoi peri theologias*[50]). Quant à Aristote, il use plus communément d'un adjectif et non d'un substantif lorsqu'il traite de théologie. Cet adjectif (*theologikè*) désigne l'une des sciences théorétiques. Cette science dite « théologique », que le philosophe tient pour la plus haute des sciences théorétiques, a pour objet « les substances séparées et immuables » ou « cet être séparé et immuable » qui est à l'origine des mouvements du monde[51]. La théologie astrale est donc inséparable de la célèbre théorie du « Premier Moteur » à laquelle Pierre Aubenque a consacré des pages très éclairantes, marquant toute la distance qui sépare le « Premier Moteur » de sa christianisation médiévale[52]. Ce Premier Moteur du monde meut comme objet d'amour l'univers entier. Il est à lui-même sa propre pensée et il est nommé, en deux brefs passages du Livre A de la *Métaphysique*, *Theos*. Chez Aristote, il n'y a pas équivalence stricte entre la *theologia* et le *theologikè*.

L'assimilation de cette forme de théologie philosophique à une science des causes, et en particulier de la Cause nécessairement première de l'étant dans sa totalité, a ouvert la voie à la science de cette Cause, c'est-à-dire du divin. Ainsi, sous cet aspect précis, la métaphysique s'identifie à une ontothéologie. Cette conception a été reprise par les synthèses médiévales et intégrée à une théologie de la création. On doit cependant ajouter que, pour Thomas, ce n'est pas la question de l'identité de l'être qui constitue le point de départ de la preuve *a contingentia mundi*, mais « des choses qui peuvent être

---

[50] PLATON, *République*, II, 379, a, 5-6 : « (…) Je voudrais savoir quels sont ces types de la théologie qu'il faut suivre pour parler droitement ».

[51] ARISTOTE, *Métaphysique*, E 1, 1026 a 19 ; 1026 a 16 ; 1064 a 33.

[52] P. AUBENQUE, *Le problème de l'être chez Aristote*, Paris, PUF, 1962, p. 366-367.

et ne pas être »[53], ce que Heidegger occulte systématiquement. Il existe aussi, à l'intérieur de la théologie, un débat critique sur l'assimilation de la science du premier à la science de l'universel. Il est représenté par la conception suarézienne de la métaphysique, à la fin du 16e siècle. La métaphysique va devenir de façon apriorique connaissance de l'*abstractissima ratio entis*. En tant qu'ontologie, la métaphysique n'entretient pas de rapport particulier, ou constitutif, avec la théologie. Elle s'en détache bien plutôt. On pourra alors parler d'une partition de l'être en fini et infini. En tant qu'il est l'Etant le plus éminent, Dieu est l'objet principal de la métaphysique sans en être l'objet adéquat. Il n'en demeure pas moins que la connaissance des propriétés transcendantales de l'être est la condition de possibilité de la connaissance de tout étant, l'Étant suprême y compris. Le processus de conceptualisation de l'être inaugure ainsi un nouveau départ dont Heidegger dénotera l'ambiguïté fondamentale dans l'avènement de la *Schuhlmetaphysik*.

VI. ALLER JUSQU'AU BOUT DE LA DÉCONSTRUCTION : UNE THÉOLOGIE NON MÉTAPHYSIQUE ?

Heidegger est l'artisan d'une déconstruction radicale de l'ontothéologie, avènement de l'occultation de la différence ontologique. Kant avait déjà très largement amorcé le processus en montrant que l'argument ontologique, auquel il réduit toutes les preuves de l'existence de Dieu, était à la fois un cas particulier et le point culminant de la quête métaphysique. Ce qui interdit de tirer l'existence de Dieu de son essence, c'est que l'existence se rencontre empiriquement mais ne se déduit pas. Prenant appui sur la finitude de l'expérience sensible, Kant précise : « S'il s'agissait d'un objet des sens, je ne pourrais pas confondre l'existence de la chose avec le

---

[53] « Invenimus enim in rebus quaedm quae sunt possibilia esse et non esse : cum quaedam inveniantur generari et corrumpti ; et, per consequens, possibilia esse et non esse. Impossibile est autem omnia quae sunt, talia esse. Quia quod possibile est non esse, quandoque non est », THOMAS D'AQUIN, *Somme théologique*, Ia, Q. 2, a. 3.

simple concept de la chose »[54]. L'existence seulement pensée, fût-elle celle de Dieu, n'est qu'une existence possible. Sans expérience, le concept d'un être nécessaire, c'est-à-dire d'un être dont la non-existence est impossible, n'est que le concept ou la simple possibilité de cette impossibilité[55]. L'existence est irréductible à la logique spéculative. Il ne fait aucun doute pour Heidegger que la preuve ontologique caractérise la logique spéculative hégélienne qui, en son centre, est une théologie. L'unité de la théologie spéculative et de l'ontologie s'accomplit dans le projet hégélien : « La notion de *structure ontothéologique* sera un puissant instrument de *déconstruction* de la métaphysique, *déconstruction* qui ouvrira la voie à son *dépassement* »[56]. Dans la *Schulmetaphysik*, la différence ontologique est réduite à une différence de degré, elle est dépassée dans un terme médian, homogène et commensurable à la totalité de l'étant qu'il fonde.

La théologie amorce sa séparation d'avec la métaphysique en recevant le diagnostic heideggérien. Pourtant, ce diagnostic va profondément atteindre la théologie, en la confinant au rang de science régionale, celle d'une herméneutique conforme à son objet, le *fait* chrétien, la *Christlichkeit*. Ce n'est là qu'un aspect du séparatisme théologique. Karl Löwith va plus loin. Il n'a pas hésité à situer M. Heidegger dans le moment historique de « destruction » des « concepts fondamentaux de la théologie chrétienne », ce que

---

[54] E. KANT, *Critique de la Raison pure. Dialectique transcendantale* ; ch. III : *L'idéal de la Raison pure*, 4ème section, p. 534.

[55] J. RIVELAYGUE, *Leçons de métaphysique allemande*, t. 2, *Kant, Heidegger, Habermas*, Paris, Grasset, 1992, p. 228-239. Comme le précise Rivelaygue, toutes les preuves se ramènent à l'argument ontologique, de structure syllogistique : l'être parfait est un être nécessaire, puisqu'il inclut nécessairement l'existence dans ses perfections. L'argument fait ainsi reposer la nécessité de l'existence sur le concept d'être nécessaire, c'est-à-dire d'être parfait. Kant subvertit la forme historique traditionnelle de l'argument. Pour Kant, l'entendement et la raison sont impuissants à fournir une intuition, ou une idée de l'infini actuel. L'Idée n'est qu'un idéal, une méthode permettant de construire quelque chose. Ainsi, pour Kant, l'Idée d'Infini est nécessairement celle qui résulte d'une constitution indéfinie d'objets de l'expérience.

[56] P. AUBENQUE, « La question de l'ontothéologie chez Aristote et Hegel », dans *La question de Dieu selon Aristote et Hegel*, Paris, PUF, p. 263.

semble confirmer ce passage de *Sein und Zeit* : « [...] L'affirmation de vérités éternelles [...] appartient aux résidus de la théologie chrétienne qui n'ont pas encore été radicalement extirpés de la problématique philosophique »[57]. Tous sont pourtant au fait de la célèbre distinction heideggérienne établissant la ligne de frontière entre la pensée philosophique et la pensée théologique. Le premier mode est originaire, il ne porte pas sur un « positum », c'est-à-dire sur un étant particulier, mode auquel ne peut s'égaler la théologie. Elle n'est pas de l'ordre du penser « initial » [*anfänglich*]. Dans la conférence de 1927, intitulée « Théologie et philosophie »[58], Heidegger définit expressément la théologie comme une science positive, puisqu'elle traite d'un *positum* qui est Dieu, en qui la différence de l'être est identifiée en sa source et sa suprême réalisation. La théologie consiste en une identification fautive entre l'être et Dieu. Cette position est somme toute d'origine kantienne. Cependant, Heidegger conserve de ses études théologiques une approche doctrinale et positive. Elle lui permettra de qualifier la théologie de discipline « ontique », différente de la philosophie, qui est non positive, occupée purement et simplement de l'être[59]. Les

---

[57] M. HEIDEGGER, *Sein und Zeit*, Tübingen, Niemeyer, 1993, 17e édition, p. 229. « Lentement, elle (la théologie) recommence à comprendre l'aperçu de Luther, suivant lequel sa systématique dogmatique repose sur un 'fondement' qui n'est point issu d'un questionnement primairement croyant, et dont la conceptualité non seulement ne suffit pas à la problématique théologique, mais encore la recouvre et la dénature », p. 10.

[58] M. HEIDEGGER, *Phänomenologie und Theologie*, Frankfurt, Klostermann, 1970.

[59] M. HEIDEGGER, *La doctrine de Platon sur la vérité*, *Questions II*, trad. K. AXELOS, Paris, Gallimard, 1968, p.156, Voir aussi THOMAS D'AQUIN, *De Veritate*, Q.I, a.4, resp. : « Veritas proprie invenitur in intellectu humano *vel* divino » : « La vérité se rencontre proprement dans l'intellect humain ou divin ». Heidegger commente : « La vérité n'est plus ici *alêtheia*, mais *homoiôsis* (*adaequatio*) » ; Voir M. HEIDEGGER, *Introduction à la métaphysique*, trad. G. KHAN, Paris, Gallimard, 1967, p. 188-189 ; « Depuis que l'être a été interprété comme *idea*, la pensée tournée vers l'être de l'étant est métaphysique, et la métaphysique est théologique. Par théologie, il faut entendre ici, et l'interprétation pour laquelle la cause de l'étant est Dieu, et le transfert de l'être dans cette cause, qui contient en soi l'être et le fait jaillir de soi, parce qu'elle est, de tout ce qui est, l'Étant maximum. », p. 160.

théologiens feront également grand cas de la phénoménologie de l'inapparent développée par Heidegger en 1973, dans le cadre du séminaire de Zärhingen.

Heidegger semble pourtant avoir infléchi la position selon laquelle la théologie n'est qu'un *penser* secondaire et non primaire[60]. Cet infléchissement a trouvé en théologie une « caisse de résonance » inattendue, certains théologiens et non des moindres, étant soucieux de faire coïncider la thèse heideggérienne de l'auto-dévoilement, ou désabritement de l'être [*Entbergung des Seins*], avec la théologie chrétienne de l'auto-révélation divine. Quand la pensée heideggérienne et la théologie se rencontrent, cela peut donner ce qu'écrit un théologien comme Heinrich Ott, auquel se réfère d'ailleurs une étude importante de Claude Geffré[61]: « Nous partons de cette prémisse, que la théologie est assurément un penser au sens original et essentiel, non dépassable en tant que penser, que nulle autre sorte de pensée ne saurait excéder [...] Il s'ensuit donc que la théologie est le penser initial et essentiel »[62]. Pour corroborer cette thèse, Heinrich Ott s'en tient à un banal mimétisme langagier : « L'*être de Dieu* signifie [...] un *événement de dévoilement* : que Dieu se dévoile lui-même à la pensée comme celui qu'il est ; que Lui-même advient à la pensée comme un destin et s'impose à Lui comme sujet-à-penser »[63].

Les positions heideggériennes sur le destin du christianisme semblent pourtant sans ambiguïté. Elles sont clairement exprimées dans le cours sur Nietzsche de 1940, « das Neue der neuen Zeit », texte auquel se réfère de manière inaugurale une étude récente sur la querelle de la sécularisation[64]. Heidegger y caractérise les Temps

---

[60] M. HEIDEGGER, *Sein und Zeit*, p. 10, L'exégèse de ce texte fondamental est en soi une énigme, la figure de Luther accréditant la thèse d'une séparabilité définitive entre théologie et métaphysique.

[61] M. HEIDEGGER, *Sein und Zeit*, p. 80.

[62] H. OTT, *Denken und Sein. Der Weg Martin Heidegger und der Weg der Theologie*, Zollikon, 1959, p. 171, cité par E. Brito, *Heidegger et l'hymne du sacré*, Peeters, Leuven, 1998, p. 283 et s.

[63] H. OTT, *Denken und Sein*, p. 149.

[64] J. C. MONOD, *La querelle de la sécularisation : théologie politique et*

modernes comme une sortie du christianisme, sortie à vrai dire paradoxale, dans la mesure où l'on ne cesse d'insister sur l'apport spécifique du christianisme à la culture, où l'on souligne son héritage, tout en montrant « à quel point décisif le christianisme a perdu sa force médiévale, capable de forger l'histoire [*seine mittelalterliche geschichtsbildende Kraft*] »[65]. Cette thèse heideggérienne sur le destin du christianisme est solidaire d'une autre thèse, celle de l'importance historique du christianisme pour la pensée qui cherche à conquérir sa liberté originaire : « (...) Depuis le début des Temps modernes, et à travers ceux-ci, il (le christianisme) reste constamment ce *sur le fond de quoi* [*wogegen*], explicitement ou non, il faut que la nouvelle liberté se détache »[66]. Le « pas en arrière », qui seul peut faire advenir la nouvelle liberté, suppose que l'on se livre à la thèse de l'identité de l'être et du temps, ce qui fait « éclater tout le subjectivisme de la philosophie moderne – voire [...] tout l'horizon des questions de la métaphysique, laquelle était confinée à la compréhension de l'être comme présence »[67].

***

La thèse heideggérienne a gagné la faveur des théologiens au moment où ils voulurent se libérer de la langue néoscolastique et de ses axiomes métaphysiques. La thèse philosophique de l'identité de l'être et du temps s'est en effet prêtée, sans doute par facilité, à des usages théologiques. De tels usages l'ont inévitablement désolidarisée de ses intentions propres en la faisant concourir à des fins visant à produire une nouvelle image de Dieu. L'historiographie

philosophies de l'histoire de Hegel à Blumenberg, Paris, Vrin, 2002, p. 9.

65 M. HEIDEGGER, *Nietzsche*, t. 2, Pfullingen, Neske, 1961, p. 144; trad. P. KLOSSOWSKI, Paris, Gallimard, p. 117, cité par J. C. MONOD, *La querelle de la sécularisation*, p. 9.

66 M. HEIDEGGER, *Nietzsche*, p. 144.

67 H. G. GADAMER, *Vérité et méthode. Les grandes lignes d'une herméneutique philosophique*, trad. P. FRUCHON, J. GRONDIN et G. MERLIO, Paris, Seuil, 1996, p. 278.

métaphysique révèle ici toute la complexité qui la caractérise et la difficulté qu'il y a à vouloir parler de « la » métaphysique en un sens univoque. Plus largement, il y va du rapport entre philosophie et théologie dans un contexte qui ne permet pas de trancher trop vite la question de l'inféodation d'une discipline au bénéfice ou au détriment de l'autre. L'histoire des métaphysiques montre que la théologie, se constituant progressivement comme science, et ceci dès les *Opuscula Sacra* de Boèce, a engendré une métaphysique dont les principes et les thèses purent parfois se trouver en contradiction potentielle avec l'*organon* aristotélicien. L'histoire de la formation du dogme trinitaire et ses reprises spéculatives constituent probablement le meilleur exemple de ces situations de mutation paradoxale. A cela s'ajoute une autre donnée, plus complexe à décrire et à évaluer. Il y eut un débat interne à la métaphysique engendrée par le questionnement théologique. La thèse suarézienne radicalisant le processus de conceptualisation de l'être fut tout autant une thèse de nature théologique que philosophique. La période contemporaine et les débats portant sur la *Denkform* catholique identifiée à la doctrine de l'analogie de l'être entendent précisément se démarquer de la conception suarézienne de l'univocité de l'être, pour faire droit à ce que le génial Erich Przywara a appelé une « analogie mouvante », conforme aux principes contenus dans les déclarations du 4ème Concile du Latran : « Il existe un jugement positif sur Dieu, mais il ne fait que fonder le jugement négatif sur son altérité radicale ». Ainsi, « dans tout ce qui est dit de commun de Dieu et de la créature (être, vrai-bon-beau, etc.), on ne réfère pas Dieu et la créature à quelque chose de commun. Tout ramène à l'irréductible primauté de Dieu[68] ». Le débat est loin d'être clos. La phénoménologie d'inspiration husserlienne s'est logée elle aussi dans le débat intra-théologique portant sur l'Être de Dieu et sa juste nomination. Il y est encore question de métaphysique et de son dépassement dont, paradoxalement, on ne parvient pas à bout.

---

[68] E. PRZYWARA, *Analogia entis*, Paris, PUF, 1990, p. 114-115.

Les auteurs

Yves LABBÉ, professeur à l'Université de Strasbourg

Michel DENEKEN, professeur à l'Université de Strasbourg

Hervé LEGRAND, professeur à l'Institut catholique de Paris

Éric BOONE, directeur du centre théologique de Poitiers

Jean-Daniel CAUSSE, professeur à l'Université Paul-Valéry Montpellier 3

François NAULT, professeur à l'Université Laval

Jean-Baptiste LECUIT, professeur à l'Université catholique de Lille

Vincent HOLZER, professeur à l'Institut catholique de Paris

Table des matières